KB028072

# 수비학

'수비학은 소우주와 대우주를 연결하는 체계이다'

**GANESHA MANTRA**

गजाननम् भूत गणादि सेवितम्

कपित्थ्य जम्बू फल चारु भक्षणम्

उमा सुतम् शोक विनाशकारकम्

नमामि विघ्नेश्वर पाद पंकजम्

누구나 쉽게 따라하는

# 수비학

운명을 바꾸는 행운의 숫자를 조합하라

**하리쉬 조하리** 지음 / **이혜안** 옮김

〰 물병자리

누구나 쉽게 따라하는 **수비학**

초판 1쇄 인쇄일 2017년 11월 22일
초판 1쇄 발행일 2017년 11월 27일

지은이 | 하리쉬 조하리
옮긴이 | 이혜안
펴낸이 | 류희남
편집기획 | 천지영
교정교열 | 신동욱
본문디자인 | 강지원
그림 | 피터르 웰테브레테

펴낸곳 | 물병자리
출판등록 1997년 4월 14일 (제2-2160호)
주소 03173 서울시 종로구 새문안로5가길 11, 801호 (내수동, 옥빌딩)
전화 02) 735-8160 팩스 02) 735-8161
이메일 aquari@aquariuspub.com
트위터 @AquariusPub
홈페이지 www.aquariuspub.com

ISBN 978-89-94803-43-2 03180

이 도서의 국립중앙도서관 출판도서목록(CIP)은 서지정보유통지원시스템 홈페이지(http://seoji.nl.go.kr)와 국가자료공동목록시스템(http://www.nl.go.kr/kolisnet)에서 이용하실 수 있습니다. (CIP제어번호: CIP2017030296)

# 차례

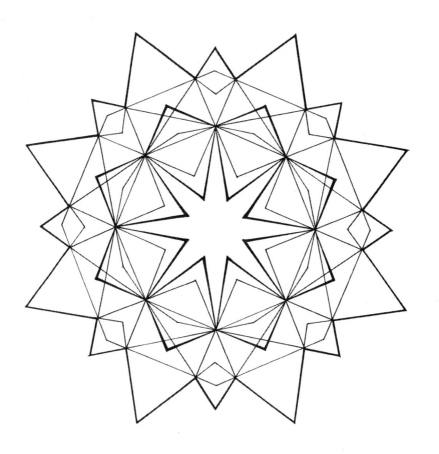

# 서문

수비학은 인간 행동의 열쇠로서 숫자를 사용한다. 수비학은 인간 성격의 깊이를 재는 마음의 직관적인 능력을 사용하는 비교적 배우기 쉬운 체계이다.

수비학자는 자신의 정체성을 잊고 다른 사람의 성격을 탐색하기 위해 자신을 완전히 바쳐야 한다. 그들은 직관을 사용할 수 있기 전에 반드시 고요하고 텅 빈 상태가 될 수 있도록 배워야 한다. 수비학의 기술 실행은 견딤, 인내심, 집중을 만들어낸다. 경험은 책이 가르칠 수 있는 이상으로 수비학자를 가르친다. 책에 있는 정보는 마음의 창문을 열 뿐이다. 그런 다음 그 정보에 대한 자신의 개인적인 이해와 함께 작업해야 한다. 단지 정보만이 지식은 아니다. 그래서 직접적인 경험이 정보가 지식이 되기 이전에 추가되어야 한다. 수비학은 배우기가 단순하고 창조적인 예술처럼 매우 매력적이다. 수비학은 다른 사람을 향한 동정심을 가르치는 것이다.

나는 여러분에게 다음의 정보를 맹목적으로 단순하게 받아들이지 말라고 조언한다. 자신의 세 가지 숫자(사이킥, 데스티니, 이름)와 다른 사람의 숫자와의 관계를 살펴봄으로써 이해한 것을 설명하기 위해 자신의 언어를 만들어야 한다. 모든 숫자는 좋기도 하고 나쁘기도 하다는 것을 기억해야 한다. 다른 숫자보다 우월한 숫자는 하나도 없다. 모든 숫자는 다른 사람의 신체를 통해 다르게 작용하는데, 각각은 그 자체의 유전적인 행동 패턴을 갖고 있다. 모든 숫자는 그 환경의 독특한 특성에 의해 그리고 집단무의식에 의해 영향을 받는다. 우리는 숫자를 이해하려고 노력할 수 있지만 숫자를 판단하고 분류할 권한은 없다.

수비학은 대우주와 소우주를 연결시키는 체계이다. 실습과 더불어 수비학자는 인간 이해와 행위에 대한 천체의 영향을 이해하기 시작한다. 물질세계의 모든 대상은 아홉 행성과 관련된다.

수비학자에게 행성은 인간 형상으로 구현된 것이다. 수비학자는 우주 놀이의 한 부분으로서 행성을 면밀히 관찰할 수 있다.

천체와 별의 영향을 바라보는 자유를 자신에게 허용하지 않는 사람들은 이 놀이를 관찰할 수 없다. 그들에게 행성은 자신의 육체와 정신의 구성에 영향이 없는 외부 공간의 대상이다. 그들에게 모든 예측 과학은 소용없다. 그러나 시간과 믿음과 충분한 인내가 있는 사람들은 이 놀이를 지켜볼 수 있고, 그것에서 다음 세대의 의식을 안내해 줄 학문을 배울 수 있다.

수비학은 완전한 과학이 아니다. 단지 예측 과학의 한 분파이다. 훌륭한 수비학자가 되기 위해서는 반드시 훌륭한 관찰자가 되어야 하고 인내심 있는 경청가가 되어야 한다. 인상학과 어스트랄러지에 대한 공부가 매우 필요하다. 수비학은 어스트랄러지보다 훨씬 더 단순하고 복잡한 수학적인 계산을 요구하지 않는다. 수비학자가 알 필요가 있는 것은 단지 세 가지이다. 즉 주인공이 태어난 달의 요일, 주인공의 일반적인 이름의 수비학적인 값, 그 사람의 출생 전체에 대한 정보(생년월일)이다. 어스트랄러지에서 수비학자는 모든 황도대 싸인, 그 사람의 생일, 썬 싸인, 문 싸인에 대해 알 필요가 있다. 인도에서는 한 사람이 태어난 기간의 계절을 알아야 한다. 계절은 개인의 기질에 영향을 끼치기 때문이다. 인상학으로부터의 정보도 배워야 할 필요가 있는데, 그것은 외모가 어떠한지, 한 개인의 사고 과정과 관련 있는 다양한 몸 부분의 형태가 어떤지와 같은 것이다(예를 들어, 키가 큰 사람의 지각 세계는 키가 작은 사람의 지각 세계와 다르다고 알려져 있다).

숫자와 작업하는 목적은 에너지를 절약하기 위한 것이다. 일을 시작할 올바른 순간에 대한 적절한 이해 없이 행동을 하는 사람은 잘못된 움직임을 함으로써 많은 에너지를 낭비한다. 수비학은 올바른 때, 올바른 관계, 옳은 주거 장소를 어떻게 선택하는지와 같은 것들에 대한 지식을 제공한다. 그리하여 에너지를 절약하는 것이다.

수비학은 다른 사람에게서 힘을 얻고 통제하기 위해 사용되어서는 안 된다. 또한 이 지식으로 돈을 벌어서도 안 된다. 돈만을 위해서 다른 사람들의 성격을 탐색하기 위해 개인의 마음을 사용하는 것은 결과적으로 스트레스가 될 것이다. 사심 없는 수비학의 사용을 통해 좋은 카르마를 얻을 수 있다.

단지 모르는 사람의 숫자가 무엇인지를 추측하는 것은 재미있을 수 있지만 수비학을 수행하는 방법을 아는 것이 더 재미있다. 누군가에게 출생날짜를 묻는 것만으로 그가 어떤 사람인지를 알 수 있다. 이 실습은 또한 좋은 두뇌 게임이다. 한편으로는 수비학 학생들에게 그들의 기억(수비학적인 정보은행)과 직관을 사용하도록 만든다. 다른 측면으로는 그들에게 현재에 머물게 하고 질문하는 사람에 대해 적절한 관심을 기울이게 한다. 학생은 그들의 작은 세상으로부터 자유롭게 되고 새로운 성격의 모험적인 여행을 시작하게 된다.

수비학을 통해 다양한 형태의 삶의 모든 측면을 탐색할 수 있다. 학생은 행성들이 다른 사람의 내면에서 어떻게 다르게 작동하는지를 본다. 이 과학에 대한 공부는 탐험가의 기민함과 개방성을 가지도록 요구한다. 또한 성공적인 탐구에 따르는 즐거움도 가져온다.

숫자에 대한 지식과 좋은 기억력은 많은 에너지와 시간을 절약할 수 있다. 수비학에 대한 예리한 관심은 기억과 날카로움을 향상시키도록 작동시킬 수 있다. 또한 마음의 직관 능력을 증진시킬 수도 있다.

각 숫자에서 단식이나 젬스톤에 관한 논의에 따른 조언은 아유르베다와 탄트라의 지식에 기초한다. 다음에 제공된 제안은 우리 몸에 살고 있는 미생물을 위한 좀더 나은 환경을 만들도록 도울 것이다. 우주 에너지의 수신기로서 미생물은 우리 삶에서 조화를 만들도록 돕는다.

따라서 수비학은 다음을 제공할 수 있다.


- 우리의 좋은 면과 나쁜 면 모두에 대한 더 나은 이해
- 우리의 약점과 다른 사람의 약점을 받아들이는 방법
- 이 약점을 논의하기 위한 매개물
- 자신의 개인적인 걱정에서 벗어남과 자유
- 좋은 초점, 또는 주의를 기울이고 관심을 받는 방법
- 인기와 존경
- 미지의 세계로 들어가는 수단

- 친밀한 상호작용

수비학을 실습하기 위해 우리는 다음을 계발한다.

- 삶을 조사하는 학자의 마음
- 탐험가의 기민함
- 좋은 기억력과 날카로움
- 직관의 마음
- 훌륭한 대화 기술

## 숫자와 수비학자

수비학자에게는 물질계를 만든 모든 측정으로 아홉 숫자만이 있다. 9를 넘어서는 모든 숫자는 반복이다. 단지 더하는 방법으로 전체 숫자를 한 자리 수로 줄일 수 있다. 숫자 10은 전체 숫자가 아니다. 그것은 단지 1과 제로가 함께하는 것이다.

## 제로

제로는 숫자가 아니고 수비학의 값도 없다. 서구 오컬트 전통에서 제로는 영원의 상징으로 여겨진다. 제로가 불과 몇백 년 전에 서구로 처음 들어와서 만들어졌다는 것을 아는 것은 놀라운 일이다. 그 도입은 수학, 과학, 현대 기술의 발달에 상당히 큰 도움이 되었다. 문명의 발단으로 알려진 동양에서 제로는 순야sunya(Shoonya), 즉 공空으로 알려졌는데, 이는 불교의 초석이다. 제로는 홀로 있을 때 값이 없다. 제로는 추상적이고 숫자는 구체적이기 때문이다. 제로가 하나의 숫자와 결합할 때 그것은 산술의 진행과 2배, 3배, 배수 시리즈의 원인이 되는데, 이는 10, 100, 1000과 같은 것이다. 제로에 대해 알지 못하면 여러분은 9를 넘어서는(즉 물질계를 초월하는) 숫자와 놀이를 할 수 없다. 제로에 대해 알면 그 신비한 본성은 여러분을 영원으로 안내하고 물질적인 발전을 손상시킨다.

제로는 불운한 것으로 생각된다. 제로가 생일에 있으면 불행을 가져온다. 10이 되는 그해의 열 번째 달(10월)도 비록 정도가 덜할지라도 불운을 가져온다. 태어난 해에 제로가 있는 것은 최소의 불운을 가져온다. 어떤 숫자와 제로의 결합은 그 숫자의 영향을 감소시킨다. 생일날짜에 제로가 있는 사람은 제로가 없는 사람보다 일반적으로 더 열심히 노력해야 한다. 제로가 하나 이상 나타남—1950년 10월 10일—은 삶에서 더욱 더 열심히 일하도록 만든다. 1에서 9까지 모든 숫자는 제로로 나타나고 제로가 이들 숫자와 결합할 때 전체 숫자 시리즈는 진화한다. 예를 들어 제로가 숫자 1과 결합할 때 그 진화하는 시리즈에 속하는 것은 숫자 11에서 19까지이다.[1] 제로의 도입은 수학, 과학, 컴퓨터 시대로 인간을 데려갔던 현대 기술의 발달을 도왔지만 제로는 '존재하지' 않는다.

---

1   제로의 역할에 대한 좀더 많은 설명에 대해서는 하리쉬 조하리(Destiny Books, Rochester, VT, 1986)의 〈탄트라의 도구Tools for Tantra〉 50쪽을 보라.

# 숫자의 특성

## 짝수와 홀수

숫자는 다음의 두 그룹으로 분류할 수 있다.

홀수 : 1, 3, 5, 7, 9

짝수 : 2, 4, 6, 8

홀수는 전체가 홀수다. 즉 홀수는 다섯 개가 있다. 짝수는 전체도 짝수(네 개)다.

홀수는 태양, 남성성, 전기적, 산성, 역동적이다. 그들은 덧셈이다 (그들은 더한다).

짝수는 문, 여성성, 자력적, 알칼리, 정적이다. 그들은 뺄셈이다(그들은 줄인다). 짝수는 움직임 없이 유지하는데, 그룹도 짝(2와 4, 6과 8)이기 때문이다. 홀수를 짝 지으면 한 숫자가 항상 상대 없이 남는다(1과 3, 5와 7, 9). 이것은 그들을 역동적으로 만든다.

일반적으로 비슷한 두 숫자(두 홀수 또는 두 짝수)는 매우 좋지 않다.

짝수 + 짝수 = 짝수(정적)

2 + 2 = 4

홀수 + 짝수 = 홀수(역동적)

3 + 2 = 5

홀수 + 홀수 = 짝수(정적)

3 + 3 = 6

몇몇 숫자는 우호적이다. 반면 어떤 것은 서로 반대이다. 그 관계는 그들을 지배하는 행성 사이의 관계에 의해 결정된다(숫자의 관계와 특성 표를 보라). 두 우호적인 숫자가 함께 오면 매우 생산적이지 않다. 두 명의 친구처럼 그들 모두는 이완되고 아무것도 일어나지 않는다. 그러나 적대적인 숫자가 결합되면 서로 기민하고 적극적이다. 그래서 두 사람은 좀더 열심히 일해야 한다. 이런 방식으로 보면 적대적인 숫자는 실제로 친구이고, 우호적인 숫자는 발전과 활동을 멈추게 하는 진짜 적이다.

중립적인 숫자는 소극적이다. 그들은 어떠한 지지도 제공하지 않고 행동을 유발하지도 반대하지도 않는다.

### 보편적인 친구

숫자 6은 홀수와 짝수 모두에 대해 공통적으로 독특하다. 6은 세(홀수) 짝수의 결합이든지 또는 두(짝수) 홀수의 결합이다. 2+2+2=6에서 짝수 2는 세 번 반복되는데, 이 반복이 홀수이다. 3+3=6에서 홀수 3은 두 번 반복되는데, 이 반복이 짝수이다.

두 그룹에 공통으로 있는 숫자 6은 그러므로 '보편적인 친구'로 알려져 있다.


## 숫자와 어스트랄러지

한 자리 수가 아홉 개 있다. 행성과 숫자의 관계는 수비학의 핵심이다. 힌두 체계에서 이 관계는 서구와 똑같은데, 다음의 두 가지 예외가 있다. 힌두 체계에서 숫자 4는 라후(문의 노스 노드)에 상응하는 반면, 서구에서 이 숫자는 썬과 유레너스와 관련된다. 힌두 체계에서 숫자 7은 케투(문의 사우스 노드)에 상응하는 반면, 서구에서는 문과 넵튠과 관련된다.

숫자의 본성이나 행위는 그 지배하는 행성에서 비롯된다.

| 행성 | 숫자 | 행동의 특성 |
|------|------|-------------|
| 썬 | 1 | 왕 같은, 친절한, 당당한, 규율 바른, 권위 있는, 강한, 독창적인 |
| 문 | 2 | 여왕 같은, 당당한, 매력적인, 항상 변하는, 섬세한 |
| 주피터 | 3 | 영적인, 조언, 다정한, 자기중심적인, 규율 바른 |
| 라후 | 4 | 반항적인, 충동적인, 성마른 성향, 비밀스러운 |
| 머큐리 | 5 | 호화로운, 유쾌한, 책략이 풍부한, 지적인, 감각적인 |
| 비너스 | 6 | 낭만적인, 느린, 관능적인, 친절한 말투, 외교적인, 조종하는 |
| 케투 | 7 | 신비로운, 비현실적인, 직관적인, 창의성이 풍부한 |
| 새턴 | 8 | 현명한, 유해한, 봉사자 같은, 근면한, 노력하는, 고통스러운 |
| 마스 | 9 | 호전적인, 강한, 거친, 소박한, 완벽주의자, 의심하는, 싸우는, 멀리하는, 구별하는 |

각 개인은 세 숫자의 영향을 받는다. 그것은 사이킥, 이름, 데스티니이다. 이들 숫자의 영향은 어스트랄러지의 하우스에 있는 아홉 행성의 그것과는 완전히 다르다. 예를 들어 썬 자체의 영향은 출생 차

트에 배치된 하우스와 황도대 싸인에 따라 변한다. 썬 싸인의 변화와 함께 개인의 행동에서 변화가 온다.

수비학에서 모든 사이킥 숫자 1 사람들은 그들이 태어난 월에 상관없이 1의 어떤 특성들이 있다. 월month, 문 싸인, 썬 싸인, 어센던트의 차이만이 그들의 태도를 바꿀 뿐이다.

모든 숫자 1 사람들은 똑같은 좋은 요일, 좋은 날짜, 좋은 연도가 있다. 그래서 그들은 똑같은 색깔, 젬스톤, 신성, 만트라가 있다. 대조적으로 어스트랄러지에서 행성의 힘은 그것이 위치한 하우스에 따라 변하고, 그래서 그 지배하는 숫자도 변한다. 예를 들어 여덟 번째 하우스나 열두 번째 하우스에 있는 에리즈에 위치한 항진된 썬은 무익하게 되는데, 그것은 불길한 하우스에 위치하기 때문이다. 에리즈에 있는 똑같은 썬이 열 번째 하우스에 있을 때 위대하게 된다. 비슷하게 항진된 새턴은 첫 번째, 네 번째, 일곱 번째, 또는 열 번째 하우스에서 좋지 않지만, 세 번째, 여섯 번째, 아홉 번째, 또는 열한 번째 하우스에서 매우 좋다.

어스트랄러지는 수비학보다 매우 구체적이다. 이 구체적인 상세함은 어스트랄러저astrologer가 개인의 상태를 이해할 수 있도록 돕는다. 수비학은 좀더 일반적인 공부이고 인간 성격의 행동적인 측면만을 다룬다. 수비학은 광범위한 성격의 특징을 다루는 그 자체의 언어를 개발했다. 그러나 수비학은 어스트랄러지보다 배우는 것이 더 간단하다. 수비학은 행성의 움직임을 공부하는 것과 같은 정교한 상세함으로 진행하지 않고 쉽게 마음을 끈다. 수비학은 직접 하는 과학이다.

# 숫자와 사이킥, 데스티니, 이름

## 사이킥 숫자

우리의 정신구조는 태어난 날짜, 시간, 장소와 직접적으로 관련된다. 이는 우리가 외부 환경에서 처음으로 숨을 쉴 때이다. 이 순간이 웃음 대신에 울음으로 출발한 것은 슬프다. 어스트랄러저는 차트로 이 순간에 대해 상세한 그림을 제공하지만 수비학자에게는 정확한 생일날짜 자체로 충분하다.

사이킥 숫자는 생일날짜를 전체 한 자리 수로 만듦으로써 얻는다. 예를 들어 나는 5월 12일에 태어났다. 그래서 1+2=3이며, 나의 사이킥 숫자는 3이다.[2]

한 사람의 사이킥 숫자는 그 사람이 자기 자신을 바라보는 방식을 드러낸다. 사이킥 숫자는 음식, 성, 우정, 결혼, 또 개인의 욕구, 야망, 열망을 선택하는 데 중요한 역할을 한다. 힌두 어스트랄러지에서 문 싸인은 정신의 싸인이다. 서구 체계에서 사람들은 썬 싸인을 통해 그

---

**2** 사이킥 숫자를 결정하는 데 기본적인 문제가 있다. 고대 인도(힌두) 체계에 따르면 날짜는 새벽 1시간 전에 바뀐다. 실제 일출 1시간 반에서 2시간 전. 그러나 오늘날의 세계에서 모든 나라는 그리니치 표준시 사용에, 그리고 12:00 AM(한밤중)에 날짜가 바뀌는 것에 동의했다. 그래서 출생날짜를 찾아낼 때 우리는 질문하는 사람이 태어난 시간이 낮인지 밤인지를 알아야 한다. 예를 들어 현재 체계에서 12일 밤 오전 2시에 태어난 사람은 13일에 태어난 사람처럼 계산되고 숫자 4로 생각한다. 그러나 힌두 체계에서는 태어난 것이 일출 몇 시간 전이었기 때문에, 이 사람은 12일의 밤에 태어난 것으로 계산될 수 있고 따라서 숫자 3으로 여겨진다. 그런 경우에 그 사람의 관련된 경향성이 숫자 3과 좀더 비슷한지 또는 숫자 4와 비슷한지를 알기 위해 주의 깊게 관찰해야 한다.
부가적인 문제: 여름에 해는 북서부 반구에서 겨울보다 훨씬 일찍 뜬다. 그래서 생일이 여름밤의 늦은 시간인지 겨울밤의 늦은 시간인지를 확인해야 한다. 그것이 일출 2시간 전보다 더 이르면, 공식적으로 다음 날과 관련한 날짜는 버려야 한다. 예를 들어 한 사람이 6월 3일(여름 동안) 3:30 AM에 태어났다면 한밤중 후에 바뀐 그 날짜가 정확할 것이다.
그러나 12월 3일에 3:30 AM에 태어난 사람은 그 전날인 12월 2일의 날짜로 판단해야 할 것이다. 이것은 12월에 3:30 AM은 약 일출 4시간 전이기 때문이다. 요일과 날짜도 동시에 바뀐다. 따라서 그들이 특정한 날짜에 태어났다고 말하는 많은 사람들은 정말로 그렇지 않고 실제로는 다른 수비학 그룹에 속한다.

정신을 이해하려고 한다. 수비학은 썬 싸인, 문싸인, 또는 어센던트로 그 자체를 생각하는 것이 아니라 오히려 숫자를 통해 직접적으로 그 사람에게 접근한다. 그러나 이미 살펴본 바와 같이 숫자는 행동, 야망, 욕구, 열망에 대한 행성의 영향과 관련된다.

개인의 정신에 영향을 끼치는 행성 영향은 사이킥 숫자를 아는 것으로 쉽게 이해할 수 있다. 이 숫자는 개인의 인생 내내 작동하고 35세에서 40세까지 매우 강력하다. 35세 이후에는 다른 중요한 숫자인 데스티니 숫자가 좀더 작동하게 된다. 개인은 태도에서 변화를 느끼기 시작한다. 그러나 사이킥 숫자는 결코 그 중요성을 상실하지 않는다. 사이킥 숫자는 이름을 바꾸는 것에서 영향을 받을 수 있다. 그것은 또한 교육, 입문, 결혼으로 영향을 받을 수 있다(영향이 있는 누군가와 결혼함으로써 개인의 정신적인 구조는 바뀐다).

수비학자는 개인마다 두 가지 이미지가 있다는 것을 반드시 알아야 한다. 즉 개인의 자기 이미지와 다른 사람들의 눈에 보이는 자기 이미지이다. 이는 공동체, 사회, 세계이다. 사이킥 숫자는 개인이 자기 자신에 대해 생각하는 것을 나타낸다. 반면 데스티니 숫자는 이 세상이 그 사람에 대해 생각하는 것을 나타낸다.

## 데스티니 숫자

태어난 연도, 월, 날짜를 더하여 얻는 전체 한 자리 수가 데스티니 숫자이다.

예를 들어 나는 1934년 5월 12일에 태어났다.

$$1 + 9 + 3 + 4 + 5 + 1 + 2 = 25 = 7$$

여기서 25는 무시되지 않아야 한다. 2와 5는 개인의 데스티니에 대해 어떤 영향을 가질 것이기 때문이다. 그러나 7이 지배적인 숫자가 될 것이다. 이 세 숫자에서 7과 2가 중요한 역할을 하는 반면 5는 그 영향이 훨씬 덜하다.

데스티니 숫자는 사이킥 숫자나 이름 숫자보다 좀더 중요하다. 개인은 항상 똑같은 방식으로 생각하지만 데스티니는 항상 개인이 바라는 방식으로 작동하지 않는다. 데스티니는 35세 이후에 좀더 강력하기 때문에 개인은 가지고 싶고 성취하고 싶은 것을 타협하기 시작해야 한다. 정신은 생각하고 기대하고 열망할 자유가 있지만 데스티니는 개인이 정말로 받을 만한 것만 가져온다. 이것은 데스티니가 개인의 전생 카르마와 관련되기 때문이다. 바가바드기타에서 베다 브야사Veda Byasa에 표현되어 있는 것으로 크리슈나가 아르주나에게 다음과 같이 말한다.

오, 아르주나여, 인간은 어떠한 종류의 행위를 수행함에는 자유롭지만 원하는 만큼 카르마의 열매를 얻는 데는 자유가 없다.

그래서 사심이 없어야 한다. 행위를 수행하는 것에서 개인은 결과, 열매에 대해 생각하지 않아야 한다. 카르마의 결과에 대해 마음 쓰지 않으면 즐거움과 고통을 초월한다. 고통은 카르마에 애착됨으로써 유발된다. 기대는 고통의 실제 원인이다. 35세가 될 때까지 이 학습을 배운다. 그런 다음 기대에서 벗어나 그 자체가 목적이 되는 의무를 수행하는 정도가 행복이다. 데스티니 숫자는 외부의 영향에 복종하지 않는다.

데스티니 숫자는 삼스카라samskaras와 관련된다. 전생의 화현, 즉 카르마 행위로 얻은 진동의 패턴이다. 그것은 우리에게 행위의 자유를 거의 허용하지 않지만 전생 카르마의 결실을 반복하는 데는 많은 자유가 있다. 우리가 지금 하는 것이 무엇이든 미래나 또는 다음 생에 우리에게 되돌려 줄 것이다. 그래서 지금 우리가 받고 있는 결과가 무엇이든 전생에서 얻었던 것의 반영이다.

삶은 연속체이다. 그것은 깨어진 모자이크가 아니다. 죽음은 끝이 아니다. 사실 죽음은 없다. 죽음은 한 패턴에서 다른 패턴으로의 변화이다. 뿌린 대로 거둘 것이다. 행위, 즉 카르마의 결과를 벗어나는 것은 아무것도 없다. 카르마의 잔여물은 좋든 나쁘든 차변이든 이자이든 자신에게 온다. 전생에서 끝마친 일은 편안하게 온다. 반면 이전에 끝내지 못한 일은 도전이나 장애로 온다. 이것을 아는 마음과 태도는 자연스러운 삶의 과정에서 자신을 가르치고, 이것을 통해 쉽게 움직일 수 있다. 전생 카르마는 자신을 돕고 친구, 선물, 보상으로서 오고, 자신의 의무를 충실히 할 수 있다. 나쁜 카르마를 했을 때 똑같은 노력은 원한, 적대감, 상실, 벌을 가져온다. 카르마의 결실은 전생에 뿌린 그 씨앗에 따른 것이다. 이 우정이나 적의, 기대하지 않았던 보상이나 벌은 모두 전생 카르마의 결과이다. 그 원인은 현생에서 추적할 수 없다. 이번 생에서 수행한 카르마의 결과는 개인에게 좋고 지지하는 환경을 만들 수 있다. 이 경우에 결실의 원인을 추적할 수 있다.

데스티니 숫자는 나쁘고, 좋은 사이킥 숫자, 좋은 이름 숫자이면 젬스톤을 사용하고 자선단체에 대한 기부는 기분 좋은 내면의 환경을 만들 수 있다. 데스티니가 가져오는 것을 겪어야 할 것이지만 견디는 것은 쉬울 것이다. 선한 카르마를 수행했지만 그들의 생애 동안 많은 반대와 고통을 직면해야 했던 성인, 또는 성인 같은 존재에 대한 많은 이야기가 있다. 또한 나쁜 카르마만을 수행했지만 행복하고 부유한 삶을 살았던 나쁜 사람에 대한 많은 이야기도 있다. 이 이야기들은 그 사람의 데스티니를 가리킨다. 즉 그들은 전생에서 좋은(또는 나쁜) 카르마를 수행했고, 이번 생의 좋은(또는 나쁜) 카르마는 그들에게 영향을 끼치지 않았다. 그들은 행복하게 또는 불행하게 살았다.

## 이름 숫자

이 숫자는 일반 이름 철자에 주어진 수비학의 값을 더하여 얻는다.

예를 들어 내 일반 이름은 하리쉬 조하리HARISH JOHARI이다. 단위 체계에 따라 각 철자의 값은 다음과 같다.

| | |
|---|---|
| A I J Q Y = 1 | N E = 5 |
| B C K R = 2 | U V W X = 6 |
| G L S = 3 | O Z = 7 |
| D M T = 4 | F H P = 8 |

| H A R I S H | J O H A R I |
|---|---|
| 8 1 2 1 3 8 | 1 7 8 1 2 1 |

$$8 + 1 + 2 + 1 + 3 + 8 = 23 \qquad 1 + 7 + 8 + 1 + 2 + 1 = 20$$
$$23 + 20 = 43 = 4 + 3 = 7$$

내 철자의 숫자 값은 7이다.

대부분의 경우에 사람들은 첫 번째 이름, 성씨를 제외한 이름이나, 성씨로 알려져 있다. 이 두 가지 이름에서 얻은 숫자도 중요하지만 위에서 확인한 것처럼 성씨를 제외한 이름과 성씨를 모두 포함한 전체 이름도 중요하다. 그래서 다음의 세 숫자가 중요하다.

- 성씨를 제외한 이름 숫자
- 성씨 숫자
- 성씨를 포함한 전체 이름 숫자

이 세 숫자의 영향은 세 가지 다른 환경에서 경험된다. 성씨를 제외한 이름 숫자는 이 이름이 사용되는 범위 내에서 효력이 있다. 성씨 이름 숫자의 영향은 그 이름으로 불린 집단에서이다. 성씨를 포함한 전체 이름 숫자의 영향은 공식적인 기록과 일의 분야에서다. 일반적으로 성씨를 포함한 전체 이름은 은행과 운전면허증과 여권에서 사용되는 그 이름 숫자를 말한다.

그러나 항상 그렇게 단순하게 작동하지는 않는다. 예를 들어 내 여권 이름은 하리쉬 찬드라 조하리이지만 은행과 책에서는 하리쉬 조하리 이름을 사용한다. 인도 사람의 작은 집단에서는 나를 성씨를 제외한 이름인 하리쉬로 부르고, 보다 더 작은 집단에서는 나를 조하리 선생님으로 부른다. 내 성씨를 포함한 전체 이름은 하리쉬 조하리이고, 이 이름의 숫자 값은 7이며, 내 이름 숫자는 7이 될 것이다. 이것은 세속적인 관계에서 대부분 알려진 이름이다(상당히 큰 그룹에서는 나를 다다Dada로 부르는데, 이는 1이다. 그러나 나는 이 이름을 책과 공식적인 기록에 사용하지 않기 때문에 내 이름 숫자는 7이 될 것이다).

이름 숫자가 개인의 삶에 강한 영향을 가지고 있고, 정신에 영향을 끼치는 반면, 데스티니 숫자에 대해서는 영향이 없다.

이름 숫자는 사회생활과 결혼에 핵심 역할을 한다. 이것은 결혼 후에 여성의 이름에 성씨를 더하여 일반 이름이 된 이유이다. 여성의 이름에 성씨를 더하는 것은 그 성씨에서 남편과의 조화를 만든다. 그래서 여성은 새로운 성씨의 이점을 공유한다. 그러나 여전히 남편의 이름을 덧붙임에도 불구하고 열망된 조화를 가져올 수 있다. 가끔 이 덧붙임은 여성의 이름 숫자를 적의 숫자로 바꿀 수 있고, 이는 사회 관계와 일에 문제를 만든다. 성씨를 더하는 것은 여성의 정체성을 바꾸고 또한 정신에 영향을 준다. 이름에서 단어나 철자를 덧붙이거나 빼기 전에 제시된 이름 숫자를 점검해야 한다. 때로는 이 덧붙임이 좋은 운을 가져올 수 있고 행복을 증가시킬 수 있다. 이름 숫자는 작가, 시인, 건축가, 정치인과 같은 그런 전문가에게 매우 중요하다. 사이킥 숫자와 데스티니 숫자와 달리 이름 숫자의 영향이 사후에도 계속되기 때문이다.

이름 숫자는 또한 바꿀 수 있다. 그래서 사이킥 숫자나 데스티니 숫자와 좀더 조화롭게 된다. 이름 숫자와 사이킥 숫자의 조화는 우정과 사회관계에 좋은 환경을 만든다. 이름 숫자와 데스티니 숫자가 조화로운 사람은 사후에 기억된다. 이름 숫자는 생애 내내 개인의 정체성과 함께 진동 패턴을 만든다. 전체 이름의 첫 철자는 그 이름에서 어떤 다른 철자보다 더 많은 영향력이 있다. 예를 들어 하리쉬 찬드라 조하리Harish Chandra Johari에 있는 모든 철자들 중에서 H가 가장 강력하다.

| | |
|---|---|
| AIJQY = 1 | NE = 5 |
| BCKR = 2 | UVWX = 6 |
| GLS = 3 | OZ = 7 |
| DMT = 4 | FHP = 8 |

역자의 이름을 예로 들면 아래와 같다.
역자의 이름은 이혜안이고 이를 영어로 표기하면 HYE AHN LEE이다.

| 성씨를 제외한 이름 숫자 | 성씨 숫자 |
|---|---|
| HYEAHN | LEE |
| 8 1 5 1 8 5 | 3 5 5 |
| 8 + 1 + 5 + 1 + 8 + 5 = 28 | 3 + 5 + 5 = 13 |
| 2 + 8 = 10 = 1 | 1 + 3 = 4 |

\* 수비학에서 0은 값이 없는 숫자이다.

성씨를 포함한 전체 이름 숫자
28 + 13 = 41 = 4 + 1 = 5

## 합성수의 영향

개인은 궁극적으로 세 가지 수―사이킥, 데스티니, 이름―가 있을지라도, 이 한 자리 숫자가 된 근거의 합성수가 중요하다. 예를 들어 사이킥 숫자를 살펴보자. 생일이 한 자리 전체 숫자 1에서 9까지에 있는 사람은 순수한 그 사이킥 숫자이다. 그러나 생일이 10에서 31까지의 두 자리 수인 사람은 합성수와 그리고 그 결과가 되는 전체, 즉 사이킥 숫자에 모두 영향을 줄 것이다.

어느 달이든 1, 10, 19, 28일에 태어난 숫자 1 사람들은 일반적으로 담즙(피타) 기질이고 종종 적극적이다. 그러나 그들은 서로 모두 다르다. 1일에 태어난 순수한 숫자 1 사람을 수비학자는 행운이라 생각한다. 10일에 태어난 사람은 약간 덜 행운이고, 19일에 태어난 사람은 좀더 자기주장적인 경향이며, 28일에 태어난 사람은 좀더 조용하고 더 열심히 일하는 경향이다. 이 차이점은 두 자리 숫자(10, 19, 28)의 결합에 기인한다. 예를 들어 19일 생일에서 숫자 1과 9는 모두 담즙 기질과 관련된다. 즉 숫자 9(마스) 사람은 숫자 1(썬) 사람을 화나고 충동적으로 만든다. 28일 생일에서 숫자 2는 문의 지배를 받는데, 이는 항상 변하는 것이다. 반면 숫자 8은 새턴과 연결되는데, 이는 그것들을 좀더 천천히 일어나게 만드는 느리게 움직이는 행성이다.

합성수의 첫 번째 숫자는 두 번째 숫자보다 좀더 중요한데, 그것은 합성 소속 시리즈를 결정하기 때문이다. 12일(1+2) 생일은 1시리즈(1에서 19까지의 숫자)에 속하는 반면, 21일(2+1) 생일은 2시리즈(숫자 21에서 29까지)에 속한다. 이 결합 모두는 3이 되지만, 그 달의 3일에 태어난 숫자 3들은 12일이나 21일에 태어난 사람과 다를 것이다. 숫자 1은 12일에 태어난 사람의 삶을 지배하고, 숫자 2는 어느 달이든 21일에 태어난 사람의 삶을 지배한다. 이런 방식으로 우리는 공통의 숫자(1처럼)를 공유하는 사람이 어떻게 그들의 생일이 두 자리 숫자(10, 19, 18과 같이)에 의해 영향 받는지를 안다.

수비학자는 한 자리 전체 숫자와 더불어 반드시 합성수에 대해 알아차려야 되는데, 이는 질문을 하는 그 사람에 대한 포괄적인 이해를 얻기 위해서이다. 그렇게 하는 것이 이용 가능한 정보의 범위를 증가시킬 것이고 각각의 두 자리 숫자는 또한 성격을 추측하기 때문이다. 이해가 명료해지기 시작할 것이다. 단지 아홉 숫자에 대해서만 생각하면 그 배경은 제한된다. 그러나 아홉 숫자와 제로의 결합으로 놀이하면 그 배경은 무한하게 될 것이다. 똑같은 것을 많은 국면으로 봄으로써 이해의 범위를 확대시키는 것은 직관을 해방시키는 것이다. 관련된 천체에 따른 숫자의 이미지를 형성하기 위해서, 그리고 그 숫자와 똑같은 주파수를 통해 삶을 살고 있는 사람들을 알기 위해서 수비학으로 작업한다.

이것은 더하기, 빼기, 나누기, 곱하기가 아니다. 수비학자는 '컴퓨터'에 많은 칩의 정보가 필요하다. 칩이 많으면 많을수록 변화의 가능성도 더 많다. 그래서 첫 번째 해야 할 일은 아홉 가지 기본적인 특성으로서 아홉 숫자들을 이해하는 것이고, 그런 다음 두 자리 숫자에 대한 '결합된 기질'을 이해하는 것이다. 합성수의 이미지가 고착된 특성을 얻으면 수비학자는 어떤 주어진 순간에 어떤 주어진 개인의 특성을 탐지해내는 데 좀더 정확하게 될 수 있다.

다음을 이해하는 것이 필요하다.

- 모든 숫자는 우주 에너지의 신비로운 대리인이다. 그것은 정말로 존재하는 실체가 아니라 상징이다.
- 숫자는 천체와 연결되고 천체의 영향을 받는다.
- 측정 가능한 주파수를 방출하는 이들 천체는 기질을 통해 그들의 영향을 미친다.
- 숫자는 인간의 성격과 모든 유한한 존재에 핵심을 제공한다.
- 모든 숫자는 좋은 면과 나쁜 면이 모두 있다.

## 숫자의 비교

대개 모든 숫자는 좋다. 그러나 우리는 몇몇 숫자는 사이킥 숫자로는 힘들지만, 데스티니 숫자로는 좋다는 것을 관찰로 안다. 예를 들어 숫자 1은 사이킥 숫자로서 다루기는 힘들지만 데스티니 숫자인 사람에게는 행운이다. 숫자 2는 사이킥 숫자로 좋지만 데스티니 숫자로는 어려움을 나타낸다. 숫자 3은 사이킥 숫자로는 좋지만 데스티니 숫자일 때 문제를 만든다. 숫자 4는 사이킥 숫자로는 좋지만 데스티니 숫자로는 어려움을 만든다. 숫자 5는 데스티니 숫자일 때 좋다. 숫자 6은 사이킥 숫자일 때 여성에게 좋다. 데스티니 숫자로서 6은 비록 우호적인 숫자일지라도 남성이든 여성이든 좋지 않은데, 친절한 숫자임에도 불구하고 '친구'로부터 많은 도움을 얻는다. 숫자 7은 데스티니(나의 데스티니 숫자이다!)에는 좋은 숫자이지만, 사이킥 숫자로서는 매우 자기중심적이고, 공상을 좋아하고, 도달하기 어렵게 만든다. 숫자 8은 사이킥 숫자로서 좋지만 데스티니 숫자로는 아니다. 숫자 9는 데스티니 숫자로는 좋지만 사이킥 숫자로는 불편을 만드는데, 특히 부부관계에서 그렇다. 구체적인 데스티니 숫자를 논의할 때 개인의 데스티니를 도울 수 있기 위해서 젬스톤을 어떻게 사용하는지, 그리고 이름을 어떻게 바꾸는지를 알게 될 것이다.

한 사람에 대한 적절한 정보를 얻기 위해 하나의 숫자는 충분하지 않다. 수비학에 대한 대부분의 문헌에 따르면 모든 세 숫자—사이킥, 이름, 데스티니—는 반드시 알고 있어야 한다.

# 숫자의 융화성

가끔 세 숫자는 서로 매우 우호적이다. 반면 가끔은 그렇지 않다. 숫자 3, 6, 9는 호의적이다. 반면 3, 5, 7과 2, 5, 7은 조화롭지 않다. 숫자가 호의적일 때 개인의 삶이 좀더 조화롭다. 이들 이미지가 서로 다르면 다를수록 삶에서 문제도 더 많아진다. 그런 사람들은 이 세상이 그들을 이해하지 못한다고 불평한다. 그들은 결코 이것이 수비학의 부조화에 기인할 수도 있다는 것을 생각하지 못한다. 예를 들어 이름 숫자와 데스티니 숫자의 부조화이다. 가끔 사람들은 이름을 바꾸고 그러면 그들 주변 세상에 대한 태도가 바뀐다. 이름은 삶에서 매우 중요한 역할을 한다. 그래서 가끔 미키 마우스처럼 지어낸 이름도 전설이 되기도 한다. 데스티니 숫자와 이름 숫자의 조화는 개인의 삶에 큰 영향을 준다. 인도의 갓길에 앉아 있는 어스트랄러저들은 이방인에게 첫 이름이나 일반 이름의 첫 번째 철자만으로 많은 것을 말할 수 있다. 이 세상에서의 개인의 이미지는 그 사람의 데스티니 숫자와 이름 숫자에 의해 아주 많은 영향을 받는다. 이들 숫자의 조화는 현생의 카르마로부터 좋은 결과를 얻기 위해 필요하다. 인도에서 어스트랄러저는 항상 아이의 문 싸인, 즉 라시Rashi의 첫 철자로 시작하는 이름을 준다. 이는 정신과 그 이름을 조화롭게 한다. 그러나 그 이름은 어스트랄러저만 사용할 뿐이다. 오늘날 인도 사람들은 두 가지 이름이 있다. 하나는 문 싸인과 낙사트라[3]에 기초한 이름이고, 다른 하

---

3    Nakshatra는 영어로 문의 맨션으로 알려져 있다. 그것은 또한 문의 성좌로서 알려져 있다. 좀 더 많은 정보는 하리쉬 조하리(Destiny Books, Rochester, VT, 1988)의 젬스톤의 힐링 파워The Healing Power of Gemstones 20~24쪽을 보라

나는 요일의 방식에 따른 이름이다.

그러므로 숫자의 관계를 고려할 때 숫자의 관계와 특성 표의 정보를 참고하는 것은 일반적으로 모든 사람에게, 그리고 특히 수비학자에게 필요하다.


## 주거지 숫자

그 다음으로 수비학 정보는 인간관계에 매우 자주 적용된다. 또한 사람과 대상, 주택 숫자, 도로 숫자, 국가, 도시, 마을의 숫자의 관계에 적용될 수도 있다. 주거지 숫자는 집 숫자, 도로 숫자, 도시, 마을이나 거주 국가의 숫자를 포함한다. 집 숫자와 도로 숫자를 계산하기 위해서, 숫자는 전체 숫자(그 숫자가 전체 숫자가 이미 한 자리 수가 아니면)를 한 자리로 만들기 위해 함께 더해야 한다. 도시, 마을, 또는 국가 숫자는 도시, 마을, 또는 국가의 이름을 형성하는 철자의 수비학 값을 더하는 것으로 계산된다(철자의 수 값이 있는 페이지를 보라). 이들 개별적인 이름 숫자는 전체를 한 자리 수로 만들기 위해 더하지 않는데, 개인적인 관계 각각은 그 도시, 마을이나 국가에 사는 시기 동안 개인의 데스티니 숫자가 있기 때문이다. 구매하거나 빌리려는 주거지 숫자가 개인의 데스티니 숫자와 호의적이지 않으면 그곳으로 이사하지 않아야 한다.

# 숫자와 아유르베다

고대 인도의 의학 체계인 아유르베다에 따르면 개인의 기질이나 화학적인 본성은 세 가지 체질로 구성되어 있다. 즉 바람(바타), 담즙(피타), 점액(카파)이다. 각 개인의 내면에 우세한 체질은 자신의 썬 싸인을 지배하는 행성의 영향으로 만들어진다(다음 쪽의 표를 보라). 이 화학적인 본성은 신체 내면의 물질적인 환경과 정신적인 환경을 결정하는데, 이는 마음을 느낌과 정서로 해석하는 것이다. 이들 체질 중 어떤 하나가 증가하거나 악화될 때 그것은 특정한 질병의 배열을 만든다. 다음 이 장에서 '내적인 환경과 외적인 환경의 균형 맞추기'의 표제 아래에 특정한 숫자(따라서 특정 행성과 신체 타입)와 관련된 질병은 아유르베다 관점에 근거하여 논의된 것이다.

아유르베다에서 신체를 정화하고 정제하는 한 방법은 단식을 통해서이다. 단식은 완전한 절대금식을 의미하는 것이 아니다. 단식은 단식하는 날에 특별한 태도를 준수하는 것을 의미한다. 단식하는 날에 일하는 것을 피해야 하고 이완하지만 눕거나 잠을 자지 않아야 한다. 그날은 느긋하고, 스트레스를 피하고, 명상 후 저녁에 한 번만 먹는다. 숫자에 따라 어떤 특정한 음식들이 추천된다. 분노, 공격적인 사고, 부정성, 단식하는 전날 밤과 단식하는 그날에 이성과의 탐닉을 피해야 한다.

아유르베다의 약제의 측면은 특정한 젬스톤 가루의 섭취나 국소 도포를 포함하는데, 이는 신체를 전기화학적으로 치유하는 데 사용하는 것이다. 젬스톤은 지구가 용해된 용암을 형성할 때 만들어진 순수한 크리스탈 형상의 무기질이다. 우리 몸은 이들 미네랄로 구성되어 있고, 그래서 미네랄의 결핍은 질병을 유발한다. 젬스톤을 섭취하면 신체는 그 대사 기능을 원활하게 수행하도록 미네랄이 공급되어 우리는 건강을 느낀다. 젬스톤을 반지와 펜던트로 착용하면 신체의 전자기적인 면에 영향을 주기 위해 빛으로 반응하는데, 이는 몸에 전기화학적인 균형을 만든다. 적합한 의식은 몸이 에너지를 흡수할 준비를 하고 이들 화학적인 변화를 겪게 한다.

| 지배하는 숫자 | 행성 | 구나(속성) | 행동의 국면 | 기질 |
|:---:|:---:|:---:|:---:|:---:|
| 1 | 썬 | 사트바(본질) | 라자스(활성) | 피타(담즙) |
| 2 | 문 | 타마스(불활성) | 사트바(차분한) | 카파(점액) |
| 3 | 주피터 | 라자스(활성) | 사트바(차분한) | 카파(점액) |
| 4 | 라후 | 라자스(활성) | 라자스(활성) | 바타(바람) |
| 5 | 머큐리 | 라자스(활성) | 라자스(활성) | 바타(바람) |
| 6 | 비너스 | 타마스(불활성) | 라자스(활성) | 카파(점액) |
| 7 | 케투 | 타마스(불활성) | 라자스(활성) | 카파(점액) |
| 8 | 새턴 | 라자스(활성) | 타마스(둔한) | 바타(바람) |
| 9 | 마스 | 사트바(본질) | 타마스(화난) | 피타(담즙) |

## 혼합된 기질

28일에 태어난 숫자 1인 경우에 2는 문 때문에 점액이 우세한 기질을 드러내고, 8은 새턴 때문에 바람이 우세한 기질을 드러낸다. 두 체질이 숫자 28에서 함께 작동하면 감기와 기침과 몸의 가스와의 문제가 빈번히 발생할 것이다. 그러나 2와 8의 영향으로 이들 1은 어느 달이든 1일에 태어난 사람보다 덜 권위적이게 될 것이다.

# 숫자와 신화

이 책에서 우리는 신성의 대리인으로서, 즉 우주의 신비로운 에너지로서 숫자와 함께 작업하고 있다. 행성 혼자만의 대리인으로서가 아니다. 수비학자가 숫자의 특성을 설명하도록 도울 수 있는 또 다른 도구는 신화에서 이끌어낼 수 있는 지식이다. 서구에서 수비학을 수행하는 사람들에게 이들 이야기는 반드시 서양 신화에서 가져와야 한다, 비록 힌두 전통의 이야기에 대한 지식이 부가적인 통찰을 제공할 수 있을지라도. 이 신화의 정보는 현재 책에 포함된 것이 아니라 분리된 책으로 생각해야 한다.

## 항진 숫자

항진 숫자는 두 자리 숫자의 특별한 결합으로 만들어진 한 자리 수(사이킥, 데스티니, 이름)를 말한다. 예를 들어 28에서 온 전체 한 자리 수가 1인 사람은 그들 뒤에 특별한 힘이 있을 것이고 다른 1보다 삶에서 좀더 성공적일 것이다. 숫자 1은 1, 10, 19, 28, 37, 46, 55, 64, 73, 82, 91의 결과일 수 있다. 그러나 특별히 28에서 온 1을 항진되었다라고 한다.

29의 결과인 2, 12에서의 3, 31에서의 4, 23과 32에서의 5, 24와 33에서의 6, 25와 34에서의 7, 26과 35에서의 8, 27와 36에서의 9에 대한 사실도 같다. 이들 한 자리 수는 모두 항진되었다. 항진 숫자를 결정하는 것에서 우리는 이 두 자리 숫자를 두 행성의 컨정션으로서 보아야 한다. 컨정션의 영향은 수비학자에게 좀더 역동적인 영향을 만드는 숫자의 결합을 결정하도록 안내한다. 바타, 피타, 카파(3도샤)

에서 그들의 영향은 두 자리 숫자가 있는 주인공의 정신적인 구조와 육체적인 구조를 보여준다. 컨정선이 균형 잡힌 기질을 만들면 항진되었다고 한다.

숫자의 관계와 특성 표는 아홉 개 한 자리 수의 각각에 대한 항진 숫자를 요약한다(책 뒤쪽에 있는 표를 보라). 이 표는 두 가지 경우에 대해서 조언한다. 즉 수비학자가 어떤 사람이나 커플에 대한 자신의 의견을 만들기 전에 그리고 수비학의 학생이 새로운 직업이나 새로운 기획을 시작하기 전이다. 합성수의 장은 이 항진 숫자의 특성을 설명한다.

다음의 각 장에서 행성, 사이킥, 이름, 데스티니 숫자에 대해, 그리고 범주처럼 숫자를 가진 사람들과의 관계에 대해 자세하게 논의할 것이다(예를 들어, 사이킥 1과 사이킥 3, 이름 4와 이름 7등). 홀수는 역동적이고 짝수는 정적이라는 것을 기억하라. 우호적인 숫자는 이완과 비활성으로 이끈다. 반면 기민함과 활성을 만드는 적의 숫자는 개인의 성장을 돕고 실제로 '친구'이다.

# 베딕 사각형

마법 사각형의 존재는 행성과 관련된다. 이는 어스트랄러지의 얀트라로 알려진 것으로, 숫자의 신비로운 힘은 고대 인도에서 알려진 것임을 명확히 보여주는 것이다. 베딕 사각형은 이 지식에 대한 좋은 예이다. 베딕 사각형의 기원에 대해 인도에서 알려진 것은 아무것도 없다. 이 사각형에서 얻은 디자인은 인도 전체의 다양한 궁전과 신전의 장식 패턴으로서 사용되었다. 비록 지금은 인도에서 인기가 없을지라도 과거에 중요한 역할을 했었다. 무슬림 예술가와 장인은 많은 패턴을 얻기 위해 베딕 사각형을 사용했다.

베딕 사각형을 담고 있는 책 이슬람의 패턴[4]은 또한 그것에서 얻은 수십 가지의 환상적인 디자인과 패턴도 들어 있다. 사각형 자체는 숫자의 곱셈표이다. 한 자리 수의 곱셈으로 얻은 두 자리 숫자를 사용하는 대신에 그들은 여기에서 전체를 한 자리 수로 줄였다. 예를 들어 $7 \times 6 = 42 = 6$. 이 한 자리 수의 사용은 베딕 사각형을 매우 독특하

---

**4**  Islamic Pattern(Keith Critchlow, 이슬람의 패턴 : 분석적이고 우주적인 접근, London: Thames & Hudson, 1984)

고 의미 있게 만든다. 우리는 숫자 1에서 9까지의 반복을 매우 분명하게 볼 수 있다(다음 페이지를 보라).

숫자 3과 6을 제외하고 각각의 숫자는 여섯 개 사각형에 나타난다. 숫자 3과 6은 열두 개 사각형에 나타난다. 숫자 9는 베딕 사각형에서 독특하다. 그것은 21번 반복한다! 어떤 아홉 숫자의 사각형의 한 가운데를 연결함으로써 도표를 얻을 수 있다. 이슬람의 패턴 책은 이 기본 패턴을 사용함으로써 이슬람 세계의 장인이 어떻게 복잡하고 아름다운 패턴을 개발했는지를 보여준다.

이들 패턴은 수비학자를 크게 도울 수 있다. 나는 숫자들이 서로 시각적으로 어떻게 관련되는지를 점검하기 위해 이 패턴을 사용한다. 이 책의 패턴은 그것과 작업하는 것을 걱정하는 독자와 수비학자를 시각적으로 돕기 위해 제공했다. 베딕 사각형에서 보이는 것은 순수하게 기하학적이다. 이 패턴의 놀이에는 뇌의 두 반구가 관여할 것이고 숫자 뒤에 숨겨진 정보를 얻는 직관적인 능력을 도울 것이다. 숫자 1이 그 자체를 반복하는 여섯 개 사각형의 한가운데를 결합하면 숫자 1의 패턴이 형성된다. 이 패턴을 숫자처럼 다른 것을 포개서 얻은 다른 패턴 위에다 두면 글자 그대로 그들 내의 관계를 볼 수 있다. 이 사각형에 각 숫자에 상응하는 행성의 색깔로 물들이면 색을 눈으로 볼 수 있다. 누구나 사이킥 숫자, 이름 숫자, 데스티니 숫자로 형성된 패턴을 포개놓으면 눈에 보이게 만들 수 있다(이 숫자들을 구하는 방법은 앞의 사이킥, 데스티니, 이름 숫자에 대한 부분을 보라).

다음 페이지는 베딕 사각형을 설명하고 이 사각형에서 비롯된 숫자의 다른 패턴을 보여준다.

# 사각형 만들기

| 1 | 2 | 3 | 4 | 5 | 6 | 7 | 8 | 9 |
|---|---|---|---|---|---|---|---|---|
| 2 | 4 | 6 | 8 | 10 | 12 | 14 | 16 | 18 |
| 3 | 6 | 9 | 12 | 15 | 18 | 21 | 24 | 27 |
| 4 | 8 | 12 | 16 | 20 | 24 | 28 | 32 | 36 |
| 5 | 10 | 15 | 20 | 25 | 30 | 35 | 40 | 45 |
| 6 | 12 | 18 | 24 | 30 | 36 | 42 | 48 | 54 |
| 7 | 14 | 21 | 28 | 35 | 42 | 49 | 56 | 63 |
| 8 | 16 | 24 | 32 | 40 | 48 | 56 | 64 | 72 |
| 9 | 18 | 27 | 36 | 45 | 54 | 63 | 72 | 81 |

베딕 사각형의 계산

| 1 | 2 | 3 | 4 | 5 | 6 | 7 | 8 | 9 |
|---|---|---|---|---|---|---|---|---|
| 2 | 4 | 6 | 8 | 1 | 3 | 5 | 7 | 9 |
| 3 | 6 | 9 | 3 | 6 | 9 | 3 | 6 | 9 |
| 4 | 8 | 3 | 7 | 2 | 6 | 1 | 5 | 9 |
| 5 | 1 | 6 | 2 | 7 | 3 | 8 | 4 | 9 |
| 6 | 3 | 9 | 6 | 3 | 9 | 6 | 3 | 9 |
| 7 | 5 | 3 | 1 | 8 | 6 | 4 | 2 | 9 |
| 8 | 7 | 6 | 5 | 4 | 3 | 2 | 1 | 9 |
| 9 | 9 | 9 | 9 | 9 | 9 | 9 | 9 | 9 |

베딕 사각형

베딕 사각형은 기본적인 아홉 숫자의 곱셈에 대한 아홉 개의 사각형 표이다. 베딕 사각형을 만들기 위해 반드시 양쪽에 똑같은 아홉 개로 나누어진 사각형이 있어야 한다. 사방에서 나눈 기록을 결합하면 똑같은 크기의 81개의 사각형이 된다. 이제 위의 가로줄과 왼쪽 세로줄 모두에 숫자 1부터 9를 배치하라. 모든 남은 가로줄은 이 두 줄의 요소를 곱하여 만든다. 모든 두 자리 숫자는 전체를 한 자리 수로 (더하여) 줄인다. 예를 들어 2의 표 아래에 숫자를 둘 때 다음의 방법을 사용해야 한다.

$$2 \times 1 = 2 \qquad\qquad 2 \times 6 = 12 = 3$$
$$2 \times 2 = 4 \qquad\qquad 2 \times 7 = 14 = 5$$
$$2 \times 3 = 6 \qquad\qquad 2 \times 8 = 16 = 7$$
$$2 \times 4 = 8 \qquad\qquad 2 \times 9 = 18 = 9$$

$$2 \times 5 = 10 = 1$$

2의 표는 2, 4, 6, 8, 1, 3, 5, 7, 9가 될 것이다. 3의 표는 3, 6, 9, 3, 6, 9, 3, 6, 9가 될 것이다. 4의 표는 4, 8, 3, 7, 2, 6, 1, 5, 9가 될 것이다.


## 숫자 9

즉시 뚜렷하게 되는 한 가지는 숫자 9가 지속적으로 나타나는 것이다. 이 우아한 숫자 홀로 사각형의 두 다른 모퉁이를 형성한다. 마지막 숫자인 9는 바뀌지 않는다. 그래서 9의 모든 곱셈은 9이다. 숫자 9에 어떤 숫자를 더해도 그것은 똑같은 상태일 것이다. 9는 다음과 같이 그 정체성을 잃지 않을 것이다.

$$9 + 1 = 10 \quad 1$$
$$9 + 2 = 11 = 2$$
$$9 + 3 = 12 = 3$$

베딕 사각형을 점검하는 것으로 우리는 힌두 수비학에 대해 기본적인 뭔가를 발견했다. 어떤 숫자에 9를 더하는 것은 그 숫자를 바꾸지 않기 때문에 수비학의 이 체계에서 숫자 9(또는 합이 9가 되는 어떤 수)는 계산을 시작하기 전에 버린다.

전체 수를 한 자리 숫자로 계산할 때 숫자 9를 단지 누락시키는 것만으로 좀더 쉽고 에너지도 낭비하지 않는다. 1934년 5월 12일에 태

어난 누군가에 대해 전체 수를 한 자리 숫자로 만들기 위해서,

$$1934 + 5 + 12$$
$$1 + 9 + 3 + 4 + 5 + 1 + 2 = 1 + 3 + 1 + 2$$

남은 숫자들을 더하라.

$$1 + 3 + 1 + 2 = 7$$

간단하게 무작위의 숫자들을 한 자리 수의 전체 숫자로 만들기 위해,

$$1\ 8\ 7\ 6\ 3\ 2\ 9\ 5\ 4$$

9 자체를 버리고 다음을 결합한다.

$$1 + 8 = 9 \quad 6 + 3 = 9 \quad 7 + 2 = 9 \quad 5 + 4 = 9$$

모든 숫자가 상쇄되었기 때문에 전체 한 자리 수는 9이다. 따라서 숫자 9는 계산을 쉽게 하기 위해 누락시키면 된다. 힌두 체계에서 숫자 9는 '프라크리티Prakriti의 옥타브'(또는 구현된 우주)를 초월한다. 근본 속성으로 알려진 프라크리티는 3구나(3)와 5원소(5)의 결합이다. 이 일시적인 본성을 초월해 가는 9는 그러므로 불변하는 푸루샤(의식)의 숫자이다.

프라크리티의 숫자 8에 1을 더하면 9가 되는데, 푸루샤이다. 이는

이름과 형상이 구현된 세계이다. 이 하나의 푸루샤는 많은 것이 되고 8겹의 프라크리티의 결합에서 형상을 만든다. 베딕 사각형에서 숫자 8의 곱셈을 살펴보면 8에서 7로, 6으로 점점 줄어드는 것을 관찰할 것이고(8×1=8, 8×2=16=7, 8×3=24=6), 등등 1까지 줄어든다. 그런 다음 8을 9와 곱하면 다시 그것은 충분한 힘을 성취하고 9가 된다(8×9=72=9). 10(이는 1이 제로와 같이 있는 것)과 곱하면 8로 되돌아가는데, 이는 그 기본적인 숫자 8이 제로와 함께 회복되는 것이다. 즉 8×10=80=8이고, 89가 될 때까지 1과 2와 등등 함께 8시리즈를 만들 수 있는데, 이는 9의 결합은 그것을 뒤로 하고 그 자체의 9 시리즈를 시작하는 곳이다. 9는 그러므로 푸루샤의 숫자이고 완성을 말한다. 8은 프라크리티의 숫자이고 다른 숫자를 진화시키기 위해 점점 줄어든다.

이 개념들은 사실상 기본적으로 수학적인 것으로, 수비학으로 알려진 숫자의 신비로운 과학을 탄생시켰다. 이 과학은 우주 에너지의 대리인으로서 숫자 공부와 함께 출발하는데 이는 숨겨진 힘과 의미의 구현이다. 8겹이라고 하는 근본 본성에 특정한 숫자를 제공하는 것은, 그리고 5원소와 3구나의 매개물을 통해 존재를 인식하는 것은 인간의 마음이 다양성에서 통합을 볼 수 있게 하며 모든 존재의 근간에서 작동하는 근본적인 법칙을 관찰할 수 있게 한다. 무수한 것을 숫자로 줄이는 것은, 그리고 숫자를 통해 무수한 것을 숙고하는 것은 인간을 단지 숫자로서가 아니라 우주 에너지의 대리인으로서 기본적인 아홉 숫자에 대해 생각하도록 만들었다. 각각의 숫자는 곧 그 자체의 성격을 추측하도록 했고, 그것은 사람과 대상과의 관계 역동을 결정하도록 돕는다.

# 정반대 놀이

베딕 사각형은 수의 곱셈 과정에서 나타나는 정반대의 놀이를 드러낸다. 숫자 1과 숫자 4의 결합으로 만들어진 시각적인 패턴은 대각선을 형성하는데, 이는 사각형의 왼쪽 꼭대기와 오른쪽 아랫부분을 연결시킨 것이다. 숫자 5와 숫자 8과의 연결로 만들어진 패턴은 그냥 정반대로, 이는 사각형의 오른쪽 꼭대기 모퉁이와 왼쪽 아랫부분을 연결하는 것이다. 패턴 1과 8은 2와 7, 3과 6, 4와 5처럼 서로 정확하게 반대이다. 9는 그 자체의 독특한 패턴을 만드는데, 이는 베딕 사각형의 어떤 다른 숫자에 의해 보완되는 것이 아니다.

이들 '본성의 정반대'는 또한 수비학의 발달에서 찾을 수 있다. 베딕 사각형의 1번 줄에서 숫자는 1에서 9까지 연속적으로 진행하는 반면 숫자 1의 반대인 8번 세로줄은 반대의 순서로 간다. 이것은 2와 7, 3과 6, 4와 5의 경우에도 비슷하다.

| 표 1과 8 | | 표 2와 7 | | 표 3과 6 | | 표 4와 5 | |
|---|---|---|---|---|---|---|---|
| 1 | 8 | 2 | 7 | 3 | 6 | 4 | 5 |
| 2 | 7 | 4 | 5 | 6 | 3 | 8 | 1 |
| 3 | 6 | 6 | 3 | 9 | 9 | 3 | 6 |
| 4 | 5 | 8 | 1 | 3 | 6 | 7 | 2 |
| 5 | 4 | 1 | 8 | 6 | 3 | 2 | 7 |
| 6 | 3 | 3 | 6 | 9 | 9 | 6 | 3 |
| 7 | 2 | 5 | 4 | 3 | 6 | 1 | 8 |
| 8 | 1 | 7 | 2 | 6 | 3 | 5 | 4 |

9 9        9 9        9 9        9 9

모든 숫자는 10과 곱해져서 얻기 전에 9로 돌아가고, 그 숫자 자체의 시리즈로 시작한다는 것은 아무런 가치가 없다(이 시리즈에 대해 좀 더 상세한 것은 앞쪽의 제로에 대한 설명을 보라).

이 수비학적인 정반대는 또한 우리 태양계에 영향을 주는 아홉 우주 에너지에 숫자를 할당하면 알 수 있다.

| 1 | 썬 | 빛 |
|---|---|---|
| 8 | 새턴 | 어둠 |
| | | |
| 2 | 문(문과 케투는 인도 어스트랄러지에서 정반대다) | 다정한 |
| 7 | 케투 | 초연한 |
| | | |
| 3 | 주피터 | 신의 스승 |
| 6 | 비너스 | 악마의 스승 |
| | | |
| 4 | 라후 | 유해한 |
| 5 | 머큐리 | 이로운 |

베딕 사각형에서 얻은 정보(베딕 사각형을 보라)에 따르면, 똑같은 기본적인 패턴을 만드는 정반대의 숫자를 연결하는 것은 그들을 단지 뒤집는 것이다. 그러나 어스트랄러지에 따르면 썬(1)과 정반대인 새턴(8)은 완전히 다른 에너지이다. 패턴과 행동 모두에서. 그래서 베딕

사각형은 그 숫자에 대한 이해에서 특별한 점에 이르기까지만 도움이 된다. 즉 숫자와 그 관계의 시각적인 패턴을 관찰하기 위해 포개 놓을 때이다. 숫자에 숨겨진 신비한 힘은 예측할 수 없는 어떤 순간에 드러나는 것으로 베딕 사각형에는 나타나지 않는다. 이를 위해 수비학자는 반드시 신화, 어스트랄러지, 카발라를 포함하는 많은 다른 자료에서 정보를 발췌해야 한다.

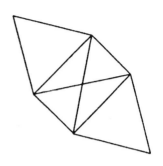

# 썬과 숫자 1

썬은 어느 달이든 1, 10, 19, 28일에 태어난 사람, 또는 합이 1이 되는 데스티니 숫자나 이름 숫자가 있는 사람을 지배하는 행성이다. 아래에 설명된 썬의 특성은 사이킥 숫자가 1인 사람에게서 가장 명백하게 관찰된다.

썬은 우리 태양계의 아버지로, 그 주위를 모든 행성이 운행한다. 우리 태양계 내에 모든 살아 있는 형상은 그들의 생명력을 태양에 의존한다. 썬과 컨정선에 있는 어떤 행성도 그 힘을 잃는다. 반면 썬에 너무 가까이 오는 어떤 행성도 역행하게 된다. 태양계의 왕인 썬은 에너지의 입자에 내재된 법칙을 따르는데, 그것은 우주의 법칙이다. 썬에 대해 알려진 규칙적인 움직임은 25일에 자신의 축을 1번 회전하는 것이다.

힌두 경전에 따르면 썬은 조상의 위치에 머무르고, 여덟 바수 vasus(의식이 머무는 장소) 중 첫 번째이다. 육안으로 볼 수 있는 빛을 내고 찬란히 빛나는 덩어리는 썬의 천체이다. 반면 그 의식은 전차에 타고 있는 크샤트리야(전사 왕)로 나타나는데, 일곱 마리 말(빛의 일곱 광선을 나타내는)이 끌고 있다. 그 전차는 단 하나의 수레바퀴를 안정적으로 움직인다.

썬은 자기 주장적이고, 개인주의적이며, 활기 넘치고, 자부심의 본성이 주어진다.

썬은 순수한 남성 에너지를 나타낸다. 보호의 주 비쉬누와 관련된 썬은 안정적이고 이기적인 본성을 가진 것으로 특징되는데, 이는 강하고, 확고하고, 권위적이며, 위엄 있고, 고상한 것이다. 썬은 동쪽의 주인이다. 문, 마스, 주피터는 썬에 우호적이다. 새턴, 비너스, 라후와 케투(문의 노스 노드와 사우스 노드)는 적이다. 머큐리는 썬과 중립적인 관계이다.

어스트랄러저에 따르면 썬은 12황도대의 각 싸인을 매달 한 번씩 지나간다. 썬은 에리즈에서 (그 절정에서) 항진된다. 반면 이 힘은 썬이 버고를 지날 때까지 점점 줄어든다. 리브라부터 그 에너지는 완전히 하락하기 시작해서 파이씨즈에 도달할 때 가장 약하게 된다. 거기서부터 다시 에리즈에서 그 절정으로 상승한다. 썬은 리오 싸인을 지배한다.

썬은 지성인에게 영향을 준다. 주인공을 남성적이고, 권위적이며, 냉엄하고, 강하며, 재치 있고, 외향적이며, 친구에게 도움이 되고, 적에게는 무자비하게 만든다. 사자처럼 썬에 영향을 받은 주인공의 상체는 하체보다 좀더 많이 발달된다. 그들은 유명하고 그 직업 분야에서 정상의 위치까지 오른다. 썬 주인공은 담즙이 우세한 기질이다. 썬은 오른쪽 눈, 오른쪽 콧구멍, 핑갈라 나디(오른쪽 채널), 몸의 오른쪽 부분, 뇌의 좌반구를 다스린다.

# 숫자 1

## 사이킥 숫자 1

1은 어느 달이든 1, 10, 19, 28일에 태어난 사람의 사이킥 숫자이다.

사이킥 숫자가 1인 사람은 썬의 지배를 받는데, 이는 그들에게 목적과 아이디어의 확신을 제공한다. 1은 자신들의 아이디어에 집착하는 경향인데, 특히 그들이 옳은 궤도에 있다고 확신할 때다. 행동, 의견, 확신, 또는 결정의 형태를 바꾸도록 설득하는 것은 어렵다. 1은 또한 그들의 아이디어를 재빨리 형성한다.

그들은 명료한 이해와 특별한 관점이 있는데, 그것은 삶에서 그들이 하는 모든 것을 두루 지배한다. 그들은 냉정하고, 확고하고, 시간을 잘 지키며, 표현이 명료하다.

그들은 개성이 강하고 많은 관심과 존경이 필요하다. 반면 그들 스스로 다른 사람을 보살피고 다른 사람이 보답하기를 바란다. 1은 친구를 쉽게 만들고 우정을 깨는 것이 어렵다.

그들은 권위적이고 또한 권위적인 사람에게서 도움을 얻는 데 매우 행운이 있다. 이들의 좋은 운은 모든 계층의 사람들이 그들을 돕게 한다. 그들은 행운의 사람으로 알려져 있다.

자유를 좋아하고 제한을 싫어한다. 그래서 무슨 일이 있어도 일에서 방해를 참을 수 없다.

1은 새로움을 좋아하고 그들이 하는 것이 무엇이든 최신 방법과 기술을 사용하려 한다. 새로운 관점에서 온 잘 알려진 아이디어를 자기 것처럼 나타낸다. 이들은 창조적이고, 혁신적이고, 대부분의 시간엔 긍정적이고 낙천적인 태도를 지닌다.

그들은 체격이 강하고, 다른 사람에 비해 좀더 활력이 있으며, 힘든 육체노동을 할 수 있다. 일반적으로 의기충천한 그들은 통이 크고 열심히 일하는 사람이며, 부러움, 우울함, 뒤끝의 염려가 없다. 그들은 자신의 일에 유능하고, 정직하고 진실하며, 대부분의 시간에 옳은 데, 적절한 때에 정확한 결정을 하기 때문이다. 이러한 특징은 그들을 뛰어나도록 돕는다. 그들은 일에서 승진하는데, 항상 가장 높은 지위에 도달하는 것을 생각하기 때문이다. 정상에 도달하기 위해 열심히 일하고 대부분의 시간을 그렇게 한다. 그들은 성공하지 못하면 슬프고, 비관적이며 화나고 짜증내고 우울해진다.

사이킥 숫자 1들은 창조성이 풍부하고, 새로운 사고와 아이디어로 넘쳐난다. 그들은 새로운 모험과 새로운 계획을 추진한다.

그들은 사치스럽게 그리고 왕실의 방식으로 사는 것을 좋아하고, 화려하고 보여주는 데 돈을 소비하며, 기본적으로 돈을 헤프게 쓰기도 한다. 또한 돈을 다른 사람들을 위해 선물을 사는 데 자유롭게 쓴다. 그들은 손님과 친구와 공유하고 그들에게 자유롭게 쓴다.

그들은 종교적인 문제에 열광적이고 종종 특별한 소명으로 태어났다고 믿는다. 계속해서 소명을 충족시키기 위해 열심히 일한다, 비록 그것이 희생이나 수고를 의미할지라도.

1은 완고하고 긴장이나 용기를 잃지 않고 삶의 불안정에 직면한다.

비판을 싫어하지만 다른 사람에 대한 비판은 좋아한다.

훌륭한 매너와 좋은 취향이 있다. 그래서 그들은 무질서, 게으름, 태만, 잘못된 자부심, 잘못된 찬양, 잘못된 약속, 이기주의, 수다를 싫어한다.

1은 경계가 없는 자유를 원한다.

명료하게 자신을 표현하고 질문에 간결한 대답을 좋아한다.

종교와 사회적인 조직에 참여하지만 핵심적인 위치가 주어지지 않으면 떠난다. 그들은 관심과 인정을 받고 힘든 일에 대한 찬양을 받을 때만 도울 수 있다.

전반적으로 이성에게 혜택을 받고 이성이 좋아한다.

친구와 동료들에게 영향력이 있고 영향을 준다. 활발한 때는 35세에서 49세 사이이다.

그들은 훈련되어 있고, 솔직하며, 실제적이고 진지한 사람들이다. 그들은 매우 친절하고 협력적이며 긴장을 통제할 수 있다. 이들은 호의적이지 않은 조건에서 확고하고 안정적이며, 가끔 고집 세고 쉽게 짜증낸다.

태양처럼 그들은 빛과 기쁨의 자원이고 전반적으로 인류 봉사에 헌신한다.

여행을 좋아하고 스스로 모든 상황에 적응할 수 있다. 그들은 삶을 즐기고 예술과 아름다움을 감상할 수 있다.

진리를 받아들일 준비를 하고 그들의 의견을 바꾸는데, 그들에게 진리는 의견보다 좀더 중요하기 때문이다. 그들은 모태의 전통적인 종교를 따르는 대신에 모든 곳에서 온 아이디어를 수용하고 자신의 길을 만든다.

그들은 공적인 이미지를 매우 의식한다.

1들은 기본적으로 친절하고 도움이 되며, 단기간에 낯선 사람과 그들에게 영감을 준 사람과 만날 수 있다. 그들은 젊은이들에게 리더가 되도록 격려한다. 그 사회에서 유명하게 되고, 열심히 일하고, 침착하며, 예의 바르며, 관대함에 대해 칭송받는다.

– 사이킥 숫자 1을 위한 예방책

사이킥 숫자 1은 위풍당당하고 보여주는 데 과도하게 소비하기, 값비싼 선물을 사기, 대출하기, 사업에 투자하기 전에 자신의 예산을 생각해야 한다. 그들은 금전 문제의 위험을 감수하지 않도록 해야 한다.

성급한 판단을 하지 않아야 하는데, 자칫 실패를 불러오기 때문이다. 다음을 자제해야 한다.

- 과도한 야망.
- 지나치게 독립적이고, 비합법적이고, 무모한 것.
- 너무 권위적이고, 두목 노릇하고, 독재적인 것.
- 너무 비판적인 것.
- 항상 관심을 요구하기.
- 과시하기.
- 관능성(남성일 경우).
- 홀로 노력하기, 그리고 도움을 요청하지 않기.
- 친구, 손님과 그들의 한계를 넘어서 나누기.

## 데스티니 숫자 1

1은 데스티니 숫자로 아주 좋다. 사이킥 숫자로서 1은 삶에서 두드러짐을 성취하기 위해 매우 열심히 일하게 만든다. 그러나 데스티니 숫자 1은 다른 사람들이 끝마친 일의 결실을 즐긴다. 데스티니 숫자 1은 자신의 그룹에서 의식적으로든 무의식적으로든 중요하게 되는 반면 사이킥 숫자 1은 모든 것에서 중요하게 되기를, 알려지고 으뜸이 되기를 바란다. 데스티니 숫자 1은 다른 사람에 의한 행운이 고려된다. 그들은 강한 신체에 강한 마음이 깃든 것을 좋아한다. 리더가 되고 그 단체에서 우두머리가 된다. 미래를 명료하게 볼 수 있고 그에 따라 계획을 할 수 있는 그들은 노력 없이 성공한다. 뜻밖의 돈을 벌고 쉽게 소비한다.

데스티니가 1은 인내, 참을성, 조직적인 능력, 지속성으로 알려지게 된다. 영적인 경향이라면 영적인 조직의 지도자와 실제 스승이 된다. 스승으로서 그들은 명료하고 정확하고 적절하다. 그리고 그 진리를 고수한다. 그러나 1은 기본적으로 세속적인 성취와 성공에 대한 숫자이기 때문에 데스티니 숫자로서 1이 있는 위대한 영적인 지도자를 발견하는 경우는 드물다. 데스티니 숫자 1은 물질적이고, 합리적이며, 지적이다. 영성은 정서와 믿음을 요구하지 논리를 요구하는 것이 아니다.

데스티니 숫자 1은 그 주인공을 이상적이고, 예의 바르고, 친절하며, 도움이 되고, 인기 있으며, 재빠른 판단을 하게 만든다. 그들이 비록 대부분의 시간에 옳을지라도 썬이 약할 때의 기간(10월, 11월, 12월)에 실수를 할 수 있다. 이는 그들을 실망하게 하지만 관대하도록 가르친다.

그들은 동료들을 격려하고 젊은 사람들에게 리더가 되도록 북돋운다. 그들은 영리하고, 항상 미소 지으며, 매력적이고 관심을 끈다.

데스티니 숫자 1은 아주 낭만적이지 않다. 그래서 그들은 결혼과 사랑 문제에서 불행하다. 그러나 훌륭한 스토리텔러가 된다.

그들은 공무원에게서 혜택을 받는다.

사이킥 숫자와 이름 숫자가 우호적이면(숫자의 관계와 특성 표를 보라) 데스티니 숫자 1은 모든 기대 이상이 되고 그들이 하는 것이 무엇이든 최고가 된다. 그러나 이 숫자들이 비우호적이면 참여에서 물러나고 내성적이 된다. 그럼에도 불구하고 행운인 그들은 성공하고 물질적인 분야에서 방해받지 않고 상승한다(이것은 1이 사이킥 숫자나 이름 숫자일 때의 경우가 아니다). 데스티니 1 사람은 선교적 정신이 있고 인생의 목적을 갖고 태어났다.

## – 데스티니 1 여성

조직에서 일하지 않는 데스티니 1 여성은 에너지를 가정생활에 헌신한다. 그들은 친구, 손님, 가족 구성원을 위해 좋은 환경을 만든다. 그들은 빈곤하고 가난한 사람을 돕고, 전형적인 국민 어머니상이 된다. 그들은 대담하고, 신중하고, 민감하고, 은총으로 어려움에 직면한다.

조직에서 일한다면 좋은 특성 때문에 중요한 지위를 보유한다. 그들은 사교적이고 물건들을 다루는 것에서 호화로운 방식이 있다. 그들은 강한 특성, 과도하고 체계적인 방식, 좋은 매너가 있다.

## – 데스티니 1 남성

어떤 정당이나 조직에서 일하는 것과 연관되지 않는 정치적인 경력이 있는 데스티니 1 남성은 인기 있고 높은 지위를 성취한다. 그들은 가난한 사람의 생활 상황을 개선하기 위해 계획하는 데 에너지를 쓴다. 그들은 매우 야망적이고, 권위적이며 그 분야에서 선구자이다. 작가라면 학술적이고 표현에서 매우 명료하고, 그 주제는 독창적이다.

데스티니 1 남성이 조직에서 일한다면 그 분야에서 지도자가 된다. 썬이 강할 때 태어났든지, 또는 어느 달이든 28일에 태어났다면, 직업에서 좋은 진전을 만든다. 그들은 상사와 부하에게 호의를 얻고 최고의 경영 권력을 획득한다. 사업가라면 35세와 49세 사이에 그 행운을 만들고, 적절한 형태로 충분히 저축하고 미래 안전을 위해 은행 비축금을 만든다. 그런 다음 시간과 에너지를 인류의 복지를 위해 헌신한다. 정치인이라면 조직에서 지도자가 된다.

**이름 숫자 1**

이름 숫자로서 1은 이롭게 될 수 있다. 이 이름 숫자가 있는 사람들은 오랜 시간 동안 기억된다. 이름 숫자만으로 1은 큰 성공을 가져오지는 않지만 데스티니 숫자 1과 더해지면 인기, 협력, 명예, 관심 등에서 더 큰 혜택을 가져온다. 이름 숫자로서 1을 갖는 것은 모든 분야에서 발전을 촉진한다. 그래서 작가, 시인, 음악가, 배우, 리더에게 매우 도움이 된다. 이 이름 숫자는 사후에도 계속 작동한다. 그것은 사회적인 분야에서만 효과적이고 유익하다.


# 내부 환경과 외부 환경의 균형 맞추기

단식 준수하기, 적절한 향신료와 젬스톤 가루 사용하기, 만트라 명상하기, 얀트라 사용하기를 함으로써 개인은 내적인 환경을 균형 맞출 수 있다. 외부 환경을 균형 맞추는 것은 활동에 대한 올바른 시간(어센딩 사이클이나 디센딩 사이클에서) 선택하기, 좋은 친구 선택하기(조화로운 숫자 찾기), 적절한 때(약한 기간과 강한 기간을 관찰하기)에 일을 시작하는 게 가능하다. 균형은 다음 부분에서 설명한 대로 이미 가능한 에너지 흐름과 함께 작업함으로써 성취된다. 다음 정보는 사이킥 숫자 1에게 적용된다.

## 약한 기간

1에게 약한 기간은 썬이 약한 때의 시기에 해당된다. 즉 10월, 11월, 12월 동안이다.

이 기간에 그들은 일에서 흥미의 부족, 건강의 기세가 꺾임을, 스트레스와 긴장을 느낄 수 있다. 그들은 재정적인 상실로 고통스러울 수 있고, 불필요한 걱정을 하며, 노력에 대해 비난받고 나쁜 명성을 얻을 수 있다.

그들은 새로운 계획, 새로운 일, 또는 어떠한 새로운 모험을 시작하지 않아야 한다. 그래서 이 기간 동안의 투자는 좋은 수익을 가져오지 않는다.

숫자 1 남성은 이 기간 동안에 이성과의 과도한 상호작용을 자제해야 한다.

## 강한 기간

1에게 강한 기간은 3월 21일부터 4월 28일까지, 그리고 7월 10일부터 8월 20일까지이다.

이 기간은 새로운 계획, 투자, 새로운 약속, 새로운 계약, 새로운 일을 시작하기에 가장 적합하다.

## 좋은 날짜

어느 달이든 1, 4, 10, 13, 19, 22, 28, 31일은 1에게 좋고, 1, 19, 28일은 특히 좋다. 그래서 이 날짜에 시작했던 모든 일은 쉽게 성취된다.

이 날짜는 인생에서 전환점이 될 수 있고, 그 날짜가 강한 기간들 중 하나에 들어가면 특히 행운이다.

## 좋은 요일

일요일과 월요일은 좋은 요일이다. 어느 달이든 19일이나 28일이 일요일이나 월요일이면 좀더 유익한 날이 되기도 한다.

## 좋은 색깔

주황색, 노란색, 골든 옐로, 적갈색, 골드색이 이들에게 가장 적합하다. 그들은 이 색깔들을 생활공간 주변과 일터에 커튼, 베개, 시트, 테이블보, 덮개 등의 형태로 두어야 한다. 이 색깔들 중 어느 색깔이든 손수건은 스트레스 시간과 약한 기간 동안에 매우 도움이 된다. 그 색깔들을 그저 바라보는 것으로도 그들에게 좋은 에너지를 가져올 것이다.

## 보석용 원석

5라티카rattika(3캐럿)의 루비를 반지로 착용하는 것은 남성에게만 행운인데, 뒤가 뚫린 형태로 세팅한 것을 왼손 약지에 끼면 된다. 이 루비는 일요일이나 월요일에 구입해야 하고 적절한 의식을 수행한 후에 착용해야 한다.[5] 그러나 숫자 1 여성에게는 루비 착용을 조언하지 않는다. 대신 붉은색 스피넬, 가넷, 레드 사파이어와 같은 다른 루비 대체물을 착용할 수 있다.

---

5  젬스톤과 의식에 대한 좀더 많은 정보를 위해서 하리쉬 조하리(Destiny Books, Rochester, VT, 1988)의 젬스톤의 힐링 파워The Healing Power of Gemstones를 보라.

10일이나 10월에 태어난 모든 남성, 또는 생일, 월, 연도에 제로가 있는 남성은 모두 루비 반지를 확실히 착용해야 한다. 이와 똑같은 범주에 있는 여성은 가넷(반지, 펜던트 등)이나 다른 루비 대체물을 착용해야 한다. 남성과 여성 모두 그들의 젬스톤에 대해 명상을 함으로써 제로에서 오는 역경을 줄일 수 있다. 그들은 일출 전에 누군가가 보기 전에 일어나야 하고, 그 젬스톤에 키스하고 사랑으로 그것을 응시해야 한다. 가능하면 태양을 기쁘게 하기 위해 그들은 성인聖人에 대한 의식을 수행하거나 헌금을 해야 한다.

19일에 태어난 숫자 1 남성은 루비 반지를 착용해야 한다. 반면 숫자 1 여성은 산호 반지를 착용해야 한다.

28일에 태어난 남성은 루비 반지를 착용해야 한다. 반면 이 숫자 1 여성은 진주 반지를 착용해야 한다.

모든 1은 그들의 몸을 전기화학적으로 치유하도록 돕기 위해 루비 가루를 섭취해야 한다. 50세 이후에 숫자 1 사람은 꿀(또는 크림)과 함께 루비 가루와 진주 가루를 사용해야 한다.

## 명상

1은 해가 떠오를 때 명상할 것을 제안한다. 이것이 가능하지 않으면 루비에 대해 명상해야 한다.

## 신성

그들의 신성은 태양신이다. 태양은 분홍색 연꽃 위에 연화좌 자세로 앉아 있는 것으로 의인화된다. 일곱 마리의 흰 말이 이끄는 전차를 달리는 동안에 손에 연꽃을 쥐고 있고, 축복을 주며 미소를 짓고 있다.

## 만트라

어느 행성의 만트라에 대한 자파Japa[6] (반복)는 문의 어센딩 주기 내에 완전히 마쳐야 하고 제시된 횟수만큼 반복해야 한다.

AUM HRIM HRIM SURIYAYE NAMAH AUM

옴 흐림 흐림 수리야예 나마흐 옴

숫자 1은 문의 어센딩 주기 내에 위의 만트라를 7000번 반복해야 한다.

## 썬의 얀트라[7]

| 6 | 1 | 8 |
|---|---|---|
| 7 | 5 | 3 |
| 2 | 9 | 4 |

## 건강과 질병

비록 모든 1이 강한 체격일지라도 항상 순환계에 문제가 있고 노년에 고혈압으로 고통스럽다. 눈은 종종 질병을 유발시킨다. 56세 후에 자주 병원 치료를 받을 수도 있지만 그들은 재빨리 회복할 것이고 장

---

6  자파에 대한 좀 더 상세한 설명을 위해서는 하리쉬 조하리(Destiny Books, Rochester, VT, 1986)의 탄트라를 위한 도구Tools for Tantra 30쪽을 보라
7  수의 얀트라는 행성 에너지의 신비로운 도형이다. 이는 마법 사각형으로서 유명하다. 좀더 많은 정보를 위해 하리쉬 조하리(Destiny Books, Rochester, VT, 1988)의 젬스톤의 힐링 파워를 보라

수한다. 그들은 혈액을 정화하는 음식을 사용하고 50세가 지난 후에 힘든 일은 자제하는 것이 좋다. 좋은 혈액 순환을 유지하기 위해 참기름이나 아몬드 기름으로 몸을 마사지해야 한다. 순환을 향상시키는 운동이라면 매우 큰 도움이 될 수 있다. 그들은 산성을 증가시키는 음식은 섭취하지 않아야 한다. 기질은 담즙이 우세(피타)하다. 그래서 알카리성의 혈액 화학을 유지할 필요가 있다. 담즙은 분노, 슬픔, 두려움, 육체적 노력, 부적절한 소화로 가중시키고, 쓰고, 자극적이고, 신맛이 나고, 짜고, 마른 물질의 사용으로 악화시킨다. 햇빛과 열기에의 노출 또한 담즙을 악화시킨다. 담즙은 자연스럽게 여름과 가을에, 정오나 한밤중에 악화된다. 그들은 기름진 음식, 생선, 고기, 와인, 요거트(응유), 유청whey을 피해야 한다. 또한 저녁 늦은 시간에 먹지 않아야 한다. 어떤 약을 시작하기 전에 묵타 피쉬티mukta pishthi(진주 분말)와 마니크야 피쉬티manikya pishthi(루비 분말)를 사용해야 한다. 루비 분말은 약한 기간 동안 강함을 제공하고 진주 분말은 그들의 몸을 알칼리성으로 유지하도록 돕는다.

## 단식

일요일 하루 종일 단식하기와 일몰 전 하루에 한 번 무염식 단식 음식(달콤한 병아리 콩chickpea 빵과 대추야자로 달게 한 우유 같은 것으로 카르다몸cardamom과 아니스anise로 풍미를 가한 것)을 먹는 것은 모든 1에게 이롭다. 3일 동안 레몬 물로 혈액 정화를 위한 단식은 담즙 사람들이 당연히 악화될 때인 여름과 가을에 또한 좋다.

### 우정

사이킥 숫자 1은 어느 달이든 1, 10, 19, 28일에 태어난 사람들로, 서로에게, 또 데스티니 숫자 1과 이름 숫자 1에게 좋은 친구가 된다. 7월 10일과 8월 20일 사이에 태어난 숫자 1은 특히 좋은 친구가 된다.

### 로맨스

숫자 1은 어느 날짜에 태어났든 합이 1, 4가 되든지, 또는 7이 되는 이성에게 자연스럽게 끌린다. 숫자 1은 몇 년 동안 좋은 상태를 유지하는 관계를 함께 형성한다. 그들은 둘 모두에게 흥미 있는 것에 작업할 수 있는 프로젝트를 찾아야 하고, 그렇지 않으면 문제를 일으키게 된다. 숫자 1은 연애나 결혼에 4와는 조화롭지 못하다. 그러나 4는 1에게 에너지를 제공한다. 숫자 7은 장기간의 파트너에 좋지 않다. 1은 4와 7 둘 모두에게서 우정에 편안하다는 것을 발견했을지라도 4를 더 선호한다. 비록 8이 사업 파트너와 연애에 이로울 수 있을지라도 숫자 8은 결혼 파트너로서 피해야 한다.

사이킥 숫자 1 여성은 사이킥 숫자, 데스티니 숫자나 이름 숫자가 8인 남성과 결혼하지 않는 것이 좋다. 그들은 또한 태어난 연도의 합이 8이 되는 누군가와 결혼하거나 또는 어느 달이든 8일에 결혼하는 것을 피해야 한다.

### 생애의 좋은 나이

1, 10, 19, 28, 37, 46, 55, 64, 73, 82, 91세에 좋다.

**특별한 주의**

28일에 태어난 사람은 미래를 위해 돈을 보살피고 저금하도록 조언한다. 그들은 돈을 소비하는 데 주의해야 하고 사업을 통해서든 소송을 통해서든 돈의 손실을 막기 위한 조치를 취해야 한다.

# 관계에서 숫자 1 사람들

아래에 제공된 정보는 사이킥 숫자 1과 다른 사이킥 숫자와의 비교에 근거한다. 그것은 또한 데스티니 1과 다른 데스티니 숫자와의 비교, 이름 숫자 1과 다른 이름 숫자와의 비교에 사용될 수 있다(이 비교는 범주와 비슷하다).

### 숫자 1과 숫자 1

숫자 1인 두 사람은 조화롭지만 서로 성장하고 발달하도록 돕지 못한다. 매력 상태의 법칙은 두 비슷한 대상이 함께 하면 서로 물리친다. 반면 정반대 극성만이 끌린다. 같은 숫자가 있는 두 사람이 함께 하면 쉽게 친구가 된다. 이는 비슷한 진동을 가졌기 때문이다. 그러나 그들은 서로에게 도전을 제공하지 못한다. 그들은 이완되고 비활성이 된다.

주거 숫자가 어느 것이든 합이 1이면 숫자 1의 삶에 매우 도움이 될 것이다. 우정과 사업에서 숫자 1들은 서로 도움이 되지만 그들은 힘과 권위에 공통적으로 관심이 있기 때문에 장기간의 파트너는 되지 못한다. 숫자 1 두 사람은 이상적인 결혼 파트너는 아니다. 단지 함께 살 뿐이다.

### 숫자 1과 숫자 2

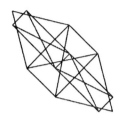

태양과 달은 보통 남성과 여성, 아버지와 어머니로서 생각한다. 그러나 1과 2는 각각 썬과 문의 지배를 받고 이상적인 우정이나 결혼을 형성하지 못한다. 비록 정반대의 영원한 짝이라 불릴지라도 그 관계가 이상적이 아닌 것은 그들의 동등하지 않은 상태 때문이다. 썬이 지배적인 사람으로서 1은 너무 강력해서 약하고 인정이 많은 2를 지배한다. 숫자 2는 쉽게 영향 받고 가끔 1에게 세뇌 당한다. 그들은 추종자, 부하, 노예처럼 행동한다. 이는 본래 까다롭고 불안정한 2에게 심리적인 문제를 만든다. 숫자 1 남성이 친구나 부인으로서 노예를 갖는 데 흥미가 있다면 그는 분명히 2를 선택해야 한다. 그렇지 않으면 부인으로서 2는 문제를 만들 것이다. 그녀는 그를 좀더 권위적이고 완고하게도 만들 것이다. 정치에서 좀더 강력하게 되기 위해 1은 자신의 당에 2를 받아들이려고 노력해야 한다.

### 숫자 1과 숫자 3

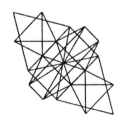

주피터(썬에게 친구이며 스승)의 지배를 받는 숫자 3은 숫자 1에게 우호적이다. 숫자 1은 호의와 안락한 삶의 조건을 위해 3의 숫자 값을 지닌 주거의 숫자를 선택해야 한다. 또한

1은 약속을 하고 새로운 프로젝트를 시작하기 위해 숫자 3의 값이 있는 날짜를 선택해야 한다. 결혼과 사업 파트너에서 1이 3에게서보다는 3이 1에게서 좀더 도움을 받는다. 숫자 3은 훌륭한 조언자이고 훈육을 좋아한다. 그러나 약간 자기중심적이고 종종 이성에 의해 둘러싸여 있는 3은 1에게 이상적인 평생 반려자는 되지 못한다.

사업 파트너로서 3은 조금도 이상적이 아니다. 숫자 1은 본래 훌륭한 직원이고, 열심히 일하는 반면 3은 그들이 열심히 한 일에 대해 이익과 신용을 모두 얻는다. 정치에서 3의 우정은 1에게 매우 도움이 된다. 3은 외향적이고, 웅변가이며 보편적인 친구이기 때문이다. 이 특성은 1을 리더나 정치인으로서 인기 있고 유명하게 만든다.

3의 선견지명이 있는 비전과 조언은 1에게 자산이 된다. 숫자 3은 숫자 1을 정치 조직의 지도자로서 쉽게 받아들일 수 있다. 3은 조직하는 데 굉장한 능력이 있다. 1은 또한 훌륭한 조직자이기 때문에 그들은 매우 실제적인 정치 팀을 만들고 이들은 이상적이고 그 집단에 이익이 되도록 일한다.

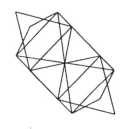

### 숫자 1과 숫자 4

숫자 4는 라후의 지배를 받는다. 라후는 인도 신화와 어스트랄러지에서 썬의 적이다. 숫자 4 사람은 숫자 1의 적으로, 1은 항상 적의 숫자에게 끌리는 사람들이다(정반대의 극성은 끌린다). 그래서 역설적으로 그들은 사이가 좋다.

숫자 1은 자연스럽게 4에게 끌리고 그들에게 도움의 손길을 내민다. 비록 4가 이 에너지에 보답하지 않을지라도 1들은 낭만을 그들에게 제공할 수 있다. 그들은 쉽게 친구가 된다. 우정은 똑같이 두 친구에게 이롭게 되지만, 이 경우에 4는 이롭게 되는 유일한 사람이다. 간단히 말해 숫자 4는 사이킥 숫자와 이름 숫자 1에게 매우 유익하지는 않다. 반면 4는 데스티니 숫자 1에게 좋다.

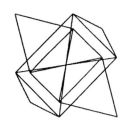

### 숫자 1과 숫자 5

숫자 1과 5는 우호적이지만 이 숫자가 있는 사람들은 이상적인 친구, 평생 반려자나 사업 파트너가 되지는 못한다. 숫자 5는 머큐리의 지배를 받는데, 이 행성은 썬에 가장 가깝다. 그러나 썬에 대한 이 가까움은 머큐리에게서 불안을 만들고, 한 해에 여러 번 역행하게 된다. 숫자 5는 1의 동료로서 좀더 불안정하게 되고 그들의 영향을 받아들이기를 거절한다. 비록 숫자 5가 1에게 어떤 점에서는 해롭지 않을지라도 둘은 모두 독립적인 본성이기 때문에 조화롭게 작동하지 않는다. 본래 숫자 1은 5를 긴장하게 만든다. 5는 모든 사람을 행복하게 만들려고 노력하고, 그들은 1을 기쁘게 하기 위해 열심히 일해야 한다. 두 숫자는 참신하고 현대적인 것의 애호가이고 유명한 종교도 믿지 않는다. 그래서 그들은 함께 공통적인 관심에서 작업할 수 있다. 그러나 1은 이상주의적인 반면 5는 그렇지 않다. 그들은 항상 의견이 다르다. 그러나 정치적이고 사회적인 분야에서 그들은 함께 작업할 수 있고 5는 1에게 도움이 될 수 있다.

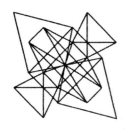

### 숫자 1과 숫자 6

숫자 6은 비너스의 지배를 받는다. 썬과 비너스는 적이다. 숫자 6인 남성과 여성은 매우 다르다. 그래서 우리는 다음의 네 가지 방식에서 그들의 관계를 점검해야 한다.

- 숫자 1 남성과 숫자 6 남성
- 숫자 1 남성과 숫자 6 여성
- 숫자 1 여성과 숫자 6 여성
- 숫자 1 여성과 숫자 6 남성

이 다양성은 다른 숫자와 작업할 때 고려되어야 한다. 다만 숫자 6과는 본질적이고 특별한 가치에 대해 고려해야 한다.

**– 숫자 1 남성과 숫자 6 남성**

숫자 1인 남성은 숫자 6 남성과 쉽게 친구가 되지만 그 우정은 오래 지속되지 않는다. 이것은 숫자 6이 도덕적인 법칙이 없고 모든 것이 사랑과 전쟁에서 공정하다고 믿기 때문이다. 숫자 6은 이상주의적인 숫자 1을 이해하지 못하는데, 1은 규율적인 삶을 믿는 사람들이다. 정치에 관여한 숫자 1 남성은 성별이 어느 쪽이든 6에 의해 이로울 수 있다. 그러나 이것은 사업 파트너에서는 사실이 아니다.

**– 숫자 1 남성과 숫자 6 여성**

숫자 1 남성은 숫자 6 여성에게 도움이 되고 그들에게 소중한 선물을 제공하는 반면 평생 반려자로서 좋은 결합은 아니다. 숫자 6 여성은 숫자 1 남성을 이해하지 못하고 소통의 부족 때문에 그 관계는 얼어붙게 된다. 숫자 6 여성은 1의 비서나 홍보 부분에서 작업할 수 있다. 숫자 6 여성은 재능과 좋은 취향이 있고 숫자 1 남성은 아름다움을 좋아하기 때문에 그것이 그들을 좋은 친구가 되게 하기는 아주 쉽다. 그러나 6 여성은 규율이 부족하고 일하는 동안 끼어들면 쉽게 방해받기 때문에 6은 1에게 이상적인 평생 반려자는 되지 못한다. 또한 숫자 1 남성은 너무 야망적이고, 요구하고, 지시적이며, 숫자 6 여성에게 직선적이다.

## – 숫자 1 여성과 숫자 6 남성

숫자 6 남성은 숫자 1 여성에게 적합하지 않다. 그들은 항상 다른 여성과 연루된다. 숫자 1 여성은 이상주의적이고, 규율적이며, 본래 수동적이기 때문에 그들은 이 행위로 문제가 생긴다. 그들은 동업자로서 좋은 관계를 가질 수 있지만 평생 반려자로서는 아니다. 그들은 매우 좋은 여행 동료가 될 수 있다.

## – 숫자 1 여성과 숫자 6 여성

이 관계는 좋은 것이 될 수 있다. 그러나 숫자 1 여성은 수다쟁이고 숫자 6 여성은 표현에 대한 명료성이 부족하다. 6의 애매모호함은 1을 짜증나게 할 수도 있다. 숫자 1 여성은 느린 본성의 숫자 6 여성을 좋아하고 그들에게 값비싼 선물을 한다.

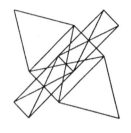

## 숫자 1과 숫자 7

인도 체계에서 숫자 7은 썬의 적인 케투가 지배된다. 서구 체계에서는 넵튠의 지배를 받는다. 숫자 7은 직관적이고, 상상력이 풍부하며, 공상에 잠기는 경향이다. 숫자 1은 이들 특성에 매혹되고 야망적이고 참신하고 현대적인 것의 애호가가 되고 실제적인 현실로 이 창조적인 아이디어를 만들기를 바란다. 1이 7에게 그들의 태도가 얼마나 비현실적인지를 지적할 때 7은 당황하게 되고 열등감을 느낀다. 이것은 그들이 함께 작업하는 것을 어렵게 만든다. 그들은 항상 다르지만 그러나 1은 매우 강하고 성공적이며 7에게서 방해받지 않을 수 있다. 숫자 1은 이 우정으로 이로울 수 있다. 그래서 그들은 입안자와 디자이너로서 7을 고용하게 된다. 사실 7과의 우정은 모든 숫자에게 좋은 행운을 가져온다. 7은 또한 로맨스에 좋은 숫자이다. 그래서 그들은 1의 건조한 삶을 향상시키고 즐거운 꿈을 가져올 수 있다. 가끔 7의 비현실적인 공상은 1의 사업적인 노력에 파괴적인 것으로 드러날 수 있다. 그러므로 이 결합은 사업 파트너로 들어가도록 조언하지는 않는다. 정치에서 1과 7은 항상 다르지만 함께 일을 잘할 수 있다. 7이 협력적이면 1은 7을 통해 인기와 명예를 얻을 수 있다.

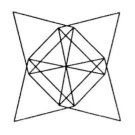

## 숫자 1과 숫자 8

숫자 8은 어둠을 나타내는 새턴의 지배를 받는다. 썬은 빛을 나타내고 숫자 1을 다스린다. 숫자 1과 8은 서로 정확하게 정반대다. 힌두 신화에 따르면 새턴은 썬과 그의 부인 차야(그림자)의 이슈다. 새턴은 반항적인 아이이고, 그의 아버지와 정확하게 정반대다. 이 반대는 특히 이성 사이에서 끌림을 만든다. 특히 1이 남자이고 8이 여자일 때 숫자 1은 숫자 8과 비밀 연애를 할 수 있다. 숫자 1은 종종 기관과 국회의 수장이다. 8은 법을 준수하는 것을 좋아하지 않는다. 숫자 1은 규율을 좋아하고 그 법에 복종하는 반면 8은 방해와 동요를 만든다. 8의 영향은 1에게 해롭기 때문에 숫자 1 여성은 숫자 8 남성과 결혼하지 않는 것이 특히 좋고, 또는 어느 달이든 8일에 결혼하지 않도록 조언한다. 정치에서 8은 항상 1에 반대할 것이다.

– 사이킥 숫자가 1이며 데스티니 숫자가 8인 사람에 대한 메모
사이킥 숫자 1은 나이 들고 학식이 있는 데스티니 숫자가 8인 가난한 사람에게 검은색 옷, 검은 콩, 참깨 씨앗을, 또 블루 사파이어나 라피스라줄리도 기부해야 한다. 이 기부는 1이 자신의 데스티니 숫자 8 때문에 직면할 문제를 피하도록 돕는다. 그들은 삶에서 적어도 한 번 이것을 해야 한다, 합이 숫자 1이 되는 날짜인 토요일에. 인도에는 새턴에 기부하는 것에 이의를 제기하는 특별한 카스트의 브라민들이 있지만 서구에서는 피부색이 어둡고, 나이 들고, 학식이 있고, 가난하며, 삶에서 어려움이 있는 데스티니 숫자 8 사람을 선택할 수 있다.

사이킥 숫자 1은 또한 구리와 금이 섞인 루비를 착용해야 하고 구리에 새겨진 썬 얀트라 가운데에 있는 루비에 대해 명상해야 한다.[8]

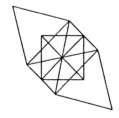

### 숫자 1과 숫자 9

숫자 9는 썬의 친구인 마스가 지배한다. 썬은 마스가 지배하는 황도대 싸인 에리즈에서 항진된다. 9의 사컴은 1에게 긍정적인 진동과 에너지를 제공하고 그들의 정체성을 상실하도록 유발시킨다. 그래서 서로의 친구에서 그들은 한 사람처럼 행동한다. 수비학에서 숫자 9와 1은 이상적이다. 1은 시작이고 9는 끝이다. 비록 둘이 강력하고, 원기왕성하고, 완벽할지라도 1은 성공적이고 행운인 반면 9는 그렇게 행운이지는 않고 의심으로 고통스럽다. 자기 주장적이고 직선적인 1은 이 분야에서 9를 도울 수 있다. 숫자 1은 부지런하고 실제적이다. 숫자 1 남성은 숫자 9 여성과 결혼할 때 문제에 대해 스스로 준비해야 한다. 고립을 향한 그녀의 경향성은 매우 사교적인 숫자 1 남성에게 쉽게 용인되지 않는다. 그러나 성이 반대일 때 숫자 1 여성은 매우 자유로운 숫자 9 남성의 고립을 찾는다. 그들은 이상적인 짝을 형성한다. 비록 9가 모든 종류의 관계에서 1에게 좋을지라도 1은 열심히 일해야 한다.

---

8  좀더 많은 정보를 위해 하리쉬 조하리(Destiny Books, Rochester, VT, 1988)의 젬스톤의 힐링 파워를 보라

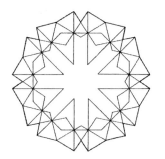

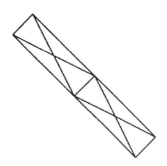

# 문과 숫자 2

문은 어느 달이든 2, 11, 20, 29일에 태어난 사람, 또는 합이 2가 되는 데스티니 숫자나 이름 숫자가 있는 사람을 지배하는 행성이다. 아래에 묘사된 문의 특성은 사이킥 숫자 2에서 가장 분명하게 관찰된다.

문은 지구와 우리 삶에 가장 중요한 행성이다. 우리는 생명력을 썬에 의존한다. 그러나 우리가 썬으로부터 직접 받는다면 행성 지구에서의 생명은 생존하지 못할 것이다. 문은 그 연금술적인 반사경을 통해 이 햇빛을 반영하는데, 이는 찬드라 무키 마니chandra mukhi mani(문 크리스탈)라 불리는 특별한 젬스톤의 재료로 만든 것이다. 이 크리스탈은 햇빛을 반사하여 우리 행성에 대한 치유 효과가 있는 빛의 색깔과 색조를 더한다. 이 때문에 약초는 달빛 아래에서 좀더 많이 자란다.

태양 광선은 양이온으로 충전된다. 반면 문은 이들을 생명을 주는 음이온으로 바꾼다. 문은 아유르베다 문헌에서 허브와 약초의 주인으로 알려져 있다. 넥타를 뜻하는 단어 소마soma는 문의 또 다른 이름이다. 어원상으로 이것은 문으로 넥타의 존재를 드러낸다.[9] 문은 에너지의 입자들로 육체적인 몸을 구성할 뿐만 아니라 또한 이름과 형상의 세상도 양육하는 에너지이다. 그것은 생명을 주는 어머니 에너지, 창조적인 에너지로, 자력적이고 긍정적이다. 행성 자체는 우리의 행성 지구에 이용 가능한 에너지를 만드는 매개체일 뿐이다. 이 에너지는 상상력이 풍부하고, 반영적이며, 직관적인 본성, 또한 정신으로 알려진 것에도 작용한다. 썬이 우리의 지성에 작용하고 마스는 행동에 작용하듯이 문은 우리의 정신과 잠재의식에 작용한다. 그것은 우리에게 민감성과 감성을 제공한다.

어스트랄러지 문헌은 문을 라자식rajasic으로 설명하는데, 이는 상상력이 풍부하고, 수용적이며, 변덕스럽다. 문의 불규칙적인 움직임은 몇몇 다른 행성들보다는 우리 지구에 좀더 중요하다. 패턴의 다양성과 항상 변하는 에너지장의 움직임은 지구와 썬 사이에 존재한다. 문이 모든 개인들의 정서적인 삶에 중요한 역할을 하는 것은 동요를 통해서이다.

문은 사람들에게 동요하는 본성, 아로마와 향수에 대한 사랑, 물에 대한 사랑, 양육에 대한 사랑을 제공한다. 그것은 문 태생인 사람(문 태생인 사람은 사이킥 숫자 2인 사람, 라이징 싸인, 즉 어센던트가 캔서인 사람, 또는 썬이 캔서인 사람이다)에게 번영, 존경, 명예를 가져오고 그들을 사생활의 애호가로 만든다. 문 태생인 사람은 변덕스럽고, 기침, 감기, 피부 질병, 심장질환에 쉽게 감염된다. 그들은 대부분 희고 둥근 얼굴과 곱슬머리이다. 반면 그들의 신체의 아랫부분은 종종 상체보다 좀더 매력적이다.

문은 황도대 캔서 싸인을 지배하고 토러스에서 항진된다. 캐프리

---

9  소마 차크라의 설명을 위해, 하리쉬 조하리(Destiny Books, Rochester, VT, 1987)의 차크라Charas를 보라.

컨에서 문은 쇠약하고(약한) 스콜피오는 쇠퇴 싸인이다. 썬, 마스, 주피터는 문의 벗인 반면 머큐리, 비너스, 새턴, 라후, 케투는 문의 적이다.

2로 태어난 사람들은 평화롭고, 정의를 사랑하는 사람이며, 부드럽고, 감각적이고, 시, 음악, 예술의 애호가이다. 여성이라면 아름답고 매우 여성적이다. 그들은 점액이 지배적인 기질이다. 문은 왼쪽 눈, 왼쪽 콧구멍, 이다 나디, 몸의 왼쪽 부분, 뇌의 우반구를 다스린다.

# 숫자 2

## 사이킥 숫자 2

2는 어느 달이든 2, 11, 20, 29일에 태어난 사람의 사이킥 숫자이다. 이 사람들 중에서 어느 달이든 29일에 태어난 사람이 가장 행운이다.

숫자 2는 문의 지배를 받고, 이는 문 태생인 사람들에게 부드러움, 예술적인 성향, 낭만적인 본성을 제공한다. 그들은 평화롭고 부드럽다. 상상력이 풍부한 본성은 그들을 직관적이게 만들지만 결정력이 약하고 1이 할 수 있는 만큼 그들의 아이디어를 강력하게 실행할 수 없다. 그들은 아이디어를 확신하고, 촉진시키고 실행시키기 위한 안내가 필요하다.

문의 지속적인 차오르고 이지러짐은 어떤 다른 숫자들보다 사이킥 2 사람이 더 많은 영향을 받는다. 이 그룹의 여성은 남성보다 더 많은 감정의 기복을 느낀다. 가끔 매우 희망적으로 느끼고 때로는 우울을 느낀다. 그래서 특히 민감하고, 변덕스럽고, 감상적이다. 문이 출생차트에 잘 배치되면 이 에너지를 창조적이거나 긍정적인 방식으로 사용한다. 그렇지 않으면 재빨리 변하는 이 정서적인 본성은 그들에게 정신적인 고뇌를 가져온다.

어느 달이든 20일에 태어난 사람은 이 정신적인 고뇌를 매우 강하게 느낀다. 문이 출생 차트에서 잘 배치되지 않으면 삶에서 어려움을 경험한다. 어느 달이든 29일에 태어났다면 도움을 받으며 비교적 편안한 삶을 산다. 29일에 태어난 남성은 정신적으로 강하고, 부지런하고, 행운이다. 11일에 태어난 사람은 매우 강한 정신이 있지만 보통 섬세하고 아주 강한 체격은 아니다. 그들은 개인적인 문제가 있는데, 강하게 요구하는 본성이 친구 그룹에서 그들을 고립시키기 때문이다. 모든 사이킥 숫자 2는 혼자 사는 것을 좋아하는 반면 11일에 태어난 사람은 스스로를 고립시키는 방식을 중단한다.

문이 햇빛을 반영하는 것과 같은 방식으로 사이킥 숫자 2는 주변 환경의 영향을 반영한다. 정치에 관심이 있으면 사회적인 구조를 변화시킬 개혁을 발표한다. 작가라면 작품을 통해서 좀더 낫고 좀더 평화로운 세상으로 이끄는 변화를 소개한다. 그들은 사심 없는 봉사와 다른 사람들을 돕기 위해 헌신한다.

문은 그들에게 아로마와 향수에 대한 애호를 제공한다. 그들은 훌륭한 미학적인 민감성을 지닌 세련된 본성이 있다. 여성이면 특히 향수를 좋아하고, 달콤한 음식, 케이크, 또는 특별한 향신료와 함께 페이스트리를 준비한다. 그들은 목욕을 위해 향수를 사용한다. 비록 사이킥 숫자 2 여성이 가족 지향적이고 남편에게 성실할지라도 그들은 매우 낭만적이고 재빨리 변한다. 그들은 한 남자와만 관계를 갖는 것에 스스로를 제약하지 않는다.

사이킥 숫자 2는 모욕감을 느끼거나 상처를 받을 때는 매우 강하고, 거친 투사가 된다. 결정, 전념 또는 확신을 고수하고, 또는 그들이 원하는 것을 성취할 때까지 모든 반대를 직면지만, 쉽게 낙담하지도 않고, 또한 쉽게 굴복하지도 않는다.

문은 모성 원칙을 나타낸다. 자제, 인내, 사랑, 부드러운 보살핌 등. 사이킥 숫자 2는 인내를 제외한 이 모든 특성이 있다. 그들은 친절하고, 부드럽고, 도움이 되고, 보살피며, 의무에 충실하다. 우정을 신성한 것으로서 대하고 다른 사람들을 위해 자신의 모든 것을 희생한다. 문이 빛을 썬에게 의존하는 것처럼 그렇게 다른 숫자들에 의존한다. 그들은 좀더 사교적이고 쉽게 사회화된다.

그들의 변화무쌍한 본성 때문에 생각하는 것이 빠르다. 그들은 다른 사람들과 정서적으로 연루되고 어려움에 직면한다. 또 전반적으로 인간성의 희망자인 그들은 평화로운 공존의 철학을 발전시킨다. 서로 자기방식대로 사는 것이다.

그들은 다투는 것을 좋아하지 않기 때문에 훌륭한 조정자가 된다. 양쪽이 만족한다고 느끼는 그러한 아름다운 방식으로 분쟁을 중재하고 해결한다.

또한 훌륭한 외교관이고, 외교관으로서 그들이 나타나는 그룹에 이익이 되기 위해 본능적이고 직관적인 능력을 사용한다.

그들은 여행을 좋아하고 세계적인 전망을 제공하는 외국을 방문한다.

그들을 위해 다른 사람들이 만든 계획이나 준비를 좋아하지 않는다. 반면 그들은 자유를 좋아한다.

그들은 몇몇 다른 숫자들보다 덜 용감하고 또한 덜 야망적이다.

그들은 본래 내성적이고, 다소 수줍어하며, 결코 거짓말을 하지 않는다. 비록 그들의 어리석음을 받아들이는 것에 머뭇거리지 않을지라도 가끔 사람들이 그들의 약점을 이용하도록 하고 그들을 착취하거나 협박하게 만든다.

그들의 지속적인 걱정 때문에, 이는 상상력이 풍부하고 환상적인 본성에 의해 지지되는 것으로, 그들은 가끔 친구들과 친척에게서 가혹한 말을 들어야 한다.

그들은 잘못된 약속을 하는 사람들을 싫어한다.

그들은 참을성이 없고 이에 대해 거의 뉘우치지도 않는다.

비록 그들이 쉽게 자신의 실수를 받아들이고 후회를 할지라도 결코 행동을 바꾸지도 않고 개선하지도 않는다. 그들은 똑같은 실수를 계속해서 저지르고 괴로워한다.

그들은 논리와 비판을 그다지 좋아하지 않는다.

문이 출생차트에서 잘 배치되지 않으면 기만적이고 의심스러운 본성으로 희생자가 된다. 그들은 의심 많고 불안하게 되고 자신의 내적인 대화에 사로잡힌다. 또한 그들에게 아첨하는 사람들의 희생양이 된다.

사이킥 숫자 2 사람은 직관적이다. 문이 출생차트에서 잘 배치되면 그들에게 아첨하는 사람들의 의도를 의식하지만 그들은 침묵을 유지하고 스스로 속게 내버려두는데, 이는 온순하고 아첨을 좋아하기 때문이다.

그들은 사랑과 아름다움의 분야에서 숙련자이다.

조화로운 진동이 있는 사람들의 집단에 있을 때 그들은 대담하게 행동하고 보통 때와는 달리 확고하고 결정적으로 그들의 아이디어를 실행한다. 그들은 성실하게 일하는 사람들이기 때문에 연약한 신체에도 불구하고 성공한다.

데스티니 숫자와 사이킥 숫자가 조화로우면 확고하고 자립적이 된다. 더구나 문이 출생차트에서 잘 배치되면 훌륭한 좌담가와 뛰어난 연설가가 된다. 그들의 마음은 명료하게 되고 지성과 직관은 모두 함께 작동한다. 사이킥 숫자와 데스티니 숫자가 조화롭지 못하거나 또는 문이 약하거나 또는 흉성과 컨정션이면 사이킥 숫자 2는 논쟁적이고, 의심을 품고 초조하게 된다.

사이킥 숫자 2는 일반적으로 다른 사람의 관점이나 제안을 받아들이는 습관이 있고 자신에게 문제를 만드는 사람에게 '아니오'라고 말할 수 없다.

그들은 매력적이고 다른 사람을 끌어들이고 열중하게 만드는 기술을 안다.

그들은 쉽게 만족하는데, 이는 그들에게 일을 덜하게 하고 더 많은 시간을 상상의 세계에 머무르게 한다. 이것이 그들을 덜 실제적으로 만든다.

사이킥 숫자 2 남성은 여성과 관련된 문제에서 행운이다. 여성은 그들을 쉽게 믿는다. 그들은 또한 여성들에게 영향을 주고 능숙하게 다룰 수 있으며 쉽게 그들의 비밀을 이끌어낸다.

그들은 데스티니 숫자 5와 함께 어떠한 프로젝트를 작업하는 것도 피해야 한다.

**특별한 주의**

사이킥 숫자나 데스티니 숫자 2는 모든 것을 적어도 두 번씩 해야 한다. 그들이 한 번 시도로 뭔가를 하는 것은 거의 드물다. 이것이 그들에게 적게 번 것으로 돈과 에너지를 소비하게 만든다.

– 어느 달이든 11일에 태어난 사람을 위한 기록

숫자 11은 특별한 숫자라고 생각되고 많은 오컬트 전통에서는 신비한 숫자라고 부른다. 예를 들어 바빌론의 창조 이야기에서 티아마트 TIAMAT의 이름이 11명의 지지하는 혼란의 악령들과 함께 언급한다. 힌두 전통에는 파괴의 여신인 루드라에 대한 11명의 형상이나 화신이 있다.

모세의 첫 기록에서 요셉은 썬과 문과 11개의 별이 그 앞에서 절하고 있는 꿈을 꾸었다(창세기 37:9). 신화의 문헌에서 11은 부정적인 전조에 대한, 죄에 대한, 참회에 대한 숫자이다.

그러나 힌두 전통에서 11은 부정적인 숫자나 죄의 숫자가 아니라 오히려 상서롭고 역동적인 것으로 고려된다. 11에 숫자 1이 두 번 반복되기 때문에 수비학자는 그것에 완고하고, 혁신적이고, 권위 있는 특성을 부여한다.

생일에 이날이 있는 사이킥 숫자 2 사람은 반응에 빠르고, 낙천적이며, 어려운 상황을 통해 그들 자신과 다른 사람들을 안내할 수 있는 능력이 있다. 제공된 훌륭한 지침과 적절한 피드백으로 그들은 물질세계에서 큰 성공을 성취할 수 있다. 비록 이 숫자가 문과 관련되고 11일에 태어난 사이킥 2 사람이 2들의 특성(그들이 바람둥이이고, 평생 반려자에게서 주기적인 분리로 고통스럽고, 감정의 기복을 겪는 것)이 모두 있을지라도, 인생의 후반부에 유명해지고 존경받게 된다.

수비학에서처럼 이 숫자는 2로 계산되고 또한 11로서 간주되는 것으로, 특별한 관심이 제공되는데, 그래서 또한 인생에서 11들은 매력적이고 특별한 관심을 받는데 성공한다. 숫자 11은 신비적인 숫자로 불린다. 이는 그 주인공이 진동을 느끼고 영성과 유령을 보는 특별한 민감성이 있기 때문이다. 이것은 그들의 공상하는 본성 부분이다. 그들은 또한 느낌을 생성하고 관심을 끌어들이려고 하는 모든 것에 맞춤의식을 만들고 싶어 한다.

## – 사이킥 숫자 2를 위한 예방책

- 사이킥 숫자 2는 자기 확신, 의지, 결단력을 길러야 한다.
- 용기를 상실하지 않아야 하고, 섣불리 사랑에 빠지지 않도록 해야 한다.
- 독립적이 되어야 한다. 다른 사람 때문에 일을 미루지 않아야 하고, 다른 사람이 일을 수행하도록 돕기 위해 그들을 기다리는 데에 에너지를 낭비하지 않아야 한다.
- 흥미 부족 때문에 끝마치지 못한 일을 방치하지 않아야 한다.
- 결정을 철저하게 지켜야 한다.
- 깊은 물에서 수영을 하거나 보트를 타는 것을 피해야 한다.
- 서둘러서 하는 일을 피해야 하고, 불안을 극복하기 위해 명상이나 마음을 통제하는 수행을 해야 한다. 명상 이외에 진주 가루(mukta pishthi)의 사용은 잠자기 전에 꿀과 함께 복용하면 도움이 된다. 이것은 신경과민을 치료할 뿐만 아니라 의심스러운 본성도 치료할 것이다. 의심은 저혈당과 부적절한 신체 화학에서 비롯되

기 때문이다.

- 아첨하는 사람들의 무리를 피해야 한다.

- 위장과 심장에 적합하지 않은 음식은 피해야 한다. 너무 감상적인 것은 위장을 교란시키고 변비를 일으킨다. 이것이 다음에 위염과 가스를 만드는데, 이는 교란될 때 심장에 문제를 만든다. 사이킥 숫자 2 사람은 위장과 심장병의 경향이 있다. 변비를 일으키는 음식을 피하는 것이 육체적이고 정신적인 안녕의 핵심이다.

- 이성과의 우정에 대해 의식적이 되어야 한다. 너무 친구가 많은 것은 문제를 일으킨다. 각각의 친구는 '분리된 세계'이기 때문이다. 사이킥 숫자 2는 그들이 정서적으로 연루될 때 에너지를 낭비하는 경향인 정서적이고 민감한 사람들이다.

- 또한 감염 질병으로부터 고통 받는 사람들에게서 멀리 떨어져야 한다. 감염의 경향이 있고 면역체계가 약하기 때문이다. 아침 산책과 마사지는 면역계를 강화시킨다. 그들은 좀더 많은 육체적인 강함을 획득하려고 노력해야 하는데 체계가 민감하기 때문이다.

- 문에 대해서, 그리고 문의 강한 기간과 약한 기간에 대해 배워야 한다.

- 인후와 폐의 질병 기간 동안 목과 가슴의 노출을 피해야 한다.

- 분노를 피해야 한다. 이는 생명을 제공하는 체액을 태우는 것으로, 육체적으로 그들은 강하지 못하기 때문이다. 분노의 발작은 히스테리를 유발시킬 수 있고 그들을 무의식 상태로 몰고 갈 수 있다.

- 다음과 같을 때는 중요한 결정을 하지 않아야 한다. (1) 문이 보름달일 때 (2) 문이 떠오르는 시간이 썬의 떠오르는 시간에 가까울 때(디센딩 문 주기의 마지막 3일) (3) 물로 이루어진 거대한 몸체 가까이 있을 때이다. 결정은 문의 디센딩 주기나 어센딩 주기를 지나는 중간쯤에 하는 것이 가장 좋다. 이 시기에 문은 강력하지 않다. 2는 문의 지배를 받기 때문에 보름달과 초승달 모두 그들의 기질에 영향을 미친다.
- 외부 활동과 관련된 운동과 취미를 시작해야 한다. 그들의 적절한 외모의 체형을 유지하기 위해 운동을 해야 한다.

## 데스티니 숫자 2

일반적으로 2는 데스티니 숫자로서 좋지 않다. 2가 데스티니 숫자와 사이킥 숫자일 때 그 영향은 매우 강력하다. 즉 데스티니 숫자 2는 정신적이고 심리적인 성장을 가져오는데, 이는 2에게 좀더 확신을 느끼도록 그리고 이 세상에서 주목받도록 한다. 있을 수 있는 모든 2 결합 중에서 이것(사이킥 2와 데스티니 2)이 최고다.

사이킥 숫자, 이름 숫자, 데스티니 숫자가 모두 2일 때 문의 영향은 우세하다. 이는 정신적인 불안정, 결단력의 부족, 의심의 증가를 만들 수 있다. 그러나 문이 잘 배치되고 우호적인 행성의 지지를 받으면 이 결합은 매우 강하게 될 수 있다.

데스티니 2는 그 주인공을 강렬한 불안정에 직면하게 한다. 그래서 성공을 손에 잡을 바로 그때 기회는 사라진다. 그들은 예측할 수 없는 변화에 희생자로 느끼기 때문에 종종 쓸모없음을 경험한다.

데스티니 2는 가정과 가족을 사랑한다. 그들은 가정의 사건에 예민하게 관심을 기울이고 강한 가족 결속을 가진다.

데스티니 2는 그들을 불안정하게 만들고 남성은 연애에서 그렇게 이상적으로 성공하지 못한다. 여성이면 연애로 비난을 받는다.

데스티니 2 남성은 지식을 증가시키고 이해를 개선하기 위해 많이 공부한다.

데스티니 2는 큰 자존감을 가지고 태어났는데 이는 그들을 정확하고 매너가 좋게 만든다. 그들은 다음의 격언을 믿는다, '다른 사람들이 당신에게 대접해주기 바라는 대로 그들을 대접하라.' 좋은 친구들, 강한 추종자들, 긍정적인 환경, 명료한 이해를 좋아하는 그들은 큰 확신을 가지고 행동하고 자신을 의심하지 않는다. 그러한 조건하에서 그들이 깊이 관련된 어떤 분야에서 기적을 행할 수 있다.

데스티니 2는 강, 개울, 폭포, 분수, 호수, 연못을 사랑하는 사람들이다.

데스티니 2는 집단으로 사는 것을 좋아하고 훌륭한 친구를 좋아한다. 그들은 중요한 일, 약속, 또는 거래를 연기할 수 있고, 또는 좋은 친구를 위해서 그들을 떠날 수 있다. 그들의 일은 고통스럽다. 다른 사람들과 좋은 친구들의 사랑에, 조화로운 진동에, 우정에 의존하기 때문이다. 데스티니 2는 강한 직관력이 있다. 그들은 다른 사람들의 마음을 읽을 수 있다. 다른 사람들의 성격으로 깊이 들어가서 그들의 깊이를 측정할 수 있다.

데스티니 2 남성은 행운아여서 잘 교육받고 아름다운 여성과 결혼한다. 그들은 덕 있는 어머니가 있고, 또한 사랑하는 여동생들과 형수들이 있다. 그들은 연상의 여성, 여성, 또는 그들의 공동체에서 핵심 위치에 있는 여성에게서 도움을 받는다. 데스티니 2 남성의 결혼생활은 종종 짧다.

데스티니 2 여성은 정서적이고 생애 파트너에게 헌신한다. 그들은 말쑥하게 차려 입고, 젊게 보이며 매력적이다.

데스티니 2는 허브와 약초에 관심이 있다. 그래서 그들은 정원 가꾸기를 좋아한다. 또한 종종 집을 장식하기를 좋아한다.

또한 훌륭한 심리치료사, 창조적인 사색가, 시인, 작가, 상담사, 치료사, 의사, 배우, 또는 댄서가 될 수 있다.

그들은 자아가 없다. 그래서 봉사를 수행한 후에 감사를 기대하지 않는다. 그들은 대인관계 문제가 있는 커플에게 좋은 상담사 역할을 할 수 있다.

그들은 35세를 지나갈 때 오컬트 과학, 철학, 영적인 삶에 좀더 많은 관심을 갖게 된다.

## 이름 숫자 2

이름 숫자로서 2는 부드러움과 젊음을 가져온다. 이 숫자의 차분해지는 효과는 이름 숫자로서 이 숫자가 있는 사람을 만족하고 평화롭게 만든다. 데스티니 숫자와 조화로우면 이름 숫자는 명성을 가져오는 데 매우 도움이 된다. 이 이름 숫자가 있는 사람은 삶에서 변화를 가져온다. 그러나 그것은 또한 그들에게 수출입 사업과 허브 요법 사업과 같은 분야에서 성공을 제공할 수 있다. 이 이름 숫자는 일반적으로 여성, 특히 연상의 여성으로부터 도움을 이끌어낸다.

# 내부 환경과 외부 환경의 균형 맞추기

단식 준수하기, 적절한 향신료와 젬스톤 가루 사용하기, 만트라 명상하기, 얀트라 사용하기를 함으로써, 개인은 내적인 환경을 균형 맞출 수 있다. 외부 환경을 균형 맞추는 것은 활동에 대한 올바른 시간(어센딩 사이클이나 디센딩 사이클에서) 선택하기, 좋은 친구 선택하기(조화로운 숫자 찾기), 적절한 때(약한 기간과 강한 기간을 관찰하기)에 일을 시작하는 게 가능하다. 균형은 다음 부분에서 설명한 대로 이미 가능한 에너지 흐름과 함께 작업함으로써 성취된다. 다음 정보는 사이킥 숫자 2인 사람에게 적용된다.

## 약한 기간

12월, 1월, 2월은 숫자 2가 많은 생리적이고 심리적인 문제를 직면하는 때이다. 그들은 이 시기에 어려움에 직면하기 위해 스스로 준비해야 한다.

## 강한 기간

6월 20일과 7월 27일 사이의 기간은 '문 하우스'라 불리는데, 이는 2에게 가장 이로운 때이다. 이 시기에 그들은 사업을 개선시키기 위해 에너지를 쏟아야 한다. 이것은 또한 모든 종류의 상서로운 활동, 여행, 미래를 위한 계획에 적절한 시간이다.

## 좋은 날짜

어느 달이든 2, 11, 20, 29일은 좋다. 그리고 어느 달이든 1, 4, 7,

10, 13, 16, 19, 22, 25일은 유익하다. 그것이 월요일이면 두 번째 그룹의 날짜들이 매우 좋게 된다.

## 좋은 요일

월요일은 숫자 2에게 그 주일에서 가장 좋은 요일이다. 어느 달이든 1, 2, 4, 7, 10, 11, 13, 16, 19, 20, 22, 25, 29일이 월요일이면 그것은 특히 좋은 요일이다. 위의 날짜들 중에 하나가 어느 월요일에 있으면 또한 숫자 2 사람에게 좋다.

## 좋은 색깔

흰색은 2에게 최고의 색깔이다. 흰색은 문의 색깔이기 때문이다. 숫자 2 사람은 흰색 손수건을 지니는 것이 좋다. 그들이 마음이 편치 않거나 에너지 부족을 느낄 때마다 기분을 바꾸기 위해 흰색 손수건으로 손과 얼굴을 닦아야 한다. 흰색, 밝은 초록색, 파랑색, 크림색, 또는 포도색깔grape color 또한 도움이 된다. 밝은 초록색은 정신력에 좋고 포도색깔은 신경계를 진정시킨다.

## 보석용 원석

진주는 문의 젬스톤이다. 2는 문이 지배하기 때문에 진주는 그들의 보석용 원석이다. 또한 크리스탈, 쿼츠, 문스톤, 녹색을 띤 아게이트나 흰색 아게이트, 또는 옥을 사용할 수 있다. 진주에 요구되는 최소한의 무게는 4라티카이다. 진주는 캐럿으로 측정되는 것이 아니라 차브chav로 측정된다. 따라서 진주 무게는 9.16차브가 될 것이다(이것은 3⅓캐럿이다).

진주나 또는 대체 젬스톤은 월요일에 문의 어센딩 사이클 기간 동안에 가져 와야 하고 같은 요일에 보석 세공인에게 주어야 한다. 반지나 펜던트, 만들어진 것이 무엇이든, 또한 어센딩 사이클 동안 월요일에 보석 상인으로부터 받아야 하고 적절한 의식을 수행한 후에 착용해야 한다.

여성은 목걸이, 팔찌나 또는 피부에 닿는 젬스톤으로 어떤 종류의 세팅이든 진주를 착용할 수 있다.

그들은 전기화학적으로 신체 치유를 돕기 위해 진주 가루를 복용해야 한다.

## 명상

숫자 2 사람은 쉬바 신에 대해 명상을 해야만 한다. 쉬바에 대해 명상할 방법이 없다면 진주, 크리스탈, 문스톤이나 쿼츠에 대한 명상을 그 요일에 시작할 수 있다.

## 신성

그들의 신성은 쉬바다. 쉬바는 연화좌 자세로 호랑이 가죽 위에 앉아 있다. 왼손에 삼지창을 쥐고 있고, 오른손으로 축복을 주고 있다. 물줄기가 그의 머리 타래로부터 흘러나온다. 쉬바는 미소를 머금고 반개한 눈으로 사랑을 담아서 바라보고 있다.

## 만트라

어느 행성이든 만트라의 자파(반복)는 문의 어센딩 사이클 내에 완전히 끝마쳐야 하고 제시된 횟수만큼 반복해야 한다.

AUM SOM SOMAYE NAMAH-AUM

AUM SHRIM KRIM CHAM CHANDRAYE NAMAH-AUM

옴 솜 소마예 나마흐 - 옴

옴 쉬림 크림 참 찬드라예 나마흐 - 옴


위의 두 만트라 중 어느 쪽이든 암송할 수 있다. 제시된 만트라의 반복 횟수는 1만 1000번이다.


## 문의 얀트라

| 7 | 2 | 9 |
|---|----|---|
| 8 | 6 | 4 |
| 3 | 10 | 5 |


## 건강과 질병

숫자 2는 종종 체격이 강하지 않고 약한 체질이기 때문에 다음 조건의 경향이 있다.


- **스트레스와 긴장**. 이것은 신경계를 괴롭힐 수 있다.
- **심장질병**. 그들은 본래 정서적이고 민감하다. 반면 가족생활을 좋아하고 종종 정서적인 갈등으로 들어간다. 이 갈등을 피하도록 조언한다. 그들은 진주 가루를 사용해야 하고, 루드락샤 비드 Rudraksha bead(시바의 신성한 비드로서 사용된 씨앗)를 착용해야 하며,

은컵으로 물을 마시고, 명상해야 한다. 보름달 밤과 낮에 잠자고 말하는 것을 삼가는 것이 또는 잠자는 것을 삼가는 것이 매우 도움이 된다.

- **약한 소화계**. 그들은 소화불량, 변비, 식욕 부족, 장과 가스 문제의 경향이 있다.
- **약한 면역계**. 특히 감염과 감염 질환에 영향 받기 쉽다.
- **생식기 질병**(남성)**과 자궁감염과 냉**(여성).
- **간질환**. 이것은 단 것을 좋아하고 불규칙적인 식사 습관에 기인한다.
- **감기, 기침, 폐질환**. 이들 질병은 몸에 우세한 점액질 때문이다.

숫자 2는 몸을 규칙적으로 마사지해야 한다. 그들은 아침에 제일 먼저 신선하게 빻은 검은 후추와 꿀을 섭취해야 한다. 페뉴그릭Fenu-greek 씨앗을 수프나 야채와 함께 섭취해야 한다. 아몬드 반죽을 사용하는 것이 가능하다면, 아몬드를 돌판이나 분쇄기에 갈아서 만든다. 아몬드는 하룻밤 담갔다가 껍질을 벗겨야 한다. 커피나 담배에 중독되지 않도록 기피해야 하고 변비에 걸리게 하는 음식을 피해야 한다. 한 달에 한 번 내부 정화를 해야 하는데, 레몬 물만 마시는 것이다. 가정식 버터밀크를 섭취하고 하복부 부분을 정화하는 다른 음식들이 건강에 좋다.

## 단식

그들은 월요일에 단식해야 하고 일몰 후에 소금, 향신료, 곡물, 콩류나 어떠한 고형식도 피해야 한다. 필요하면 허브(민트, 서양민들레, 페뉴그릭)로 만든 정화하는 차를 사용할 수 있고 또는 신선한 과일 주스(캔이나 병 주스는 사용하지 않아야 한다)를 마실 수 있다. 또한 버터밀크나 각각의 유리잔에 레몬 반을 짠 물과 함께 단식할 수 있다. 위에 언급된 것처럼 보름날 단식이 그들의 정신에 매우 이롭다.

## 우정

숫자 2의 좋은 친구는 어느 달이든 2, 11, 20, 29일이나 4, 6, 8, 9일에 태어난 남성과 여성이다.

## 로맨스

숫자 2는 보통 숫자 1, 2, 7, 8 또는 9에 끌린다. 비록 2가 로맨스에 아주 좋지 않을지라도 1과 9는 매우 좋다. 7이나 8과의 관계는 또한 좋은 결과를 만들지만, 이들 숫자는 영적인 분야에서 그들의 진보에 유익하다. 4나 5와의 관계는 어려움을 가져오는데, 그것이 그들의 성장에 도움이 되더라도 말이다. 6월 20일과 7월 27일 사이에 태어난 숫자 1, 2, 7, 9 사람은 숫자 2에게 이상적인 낭만의 파트너가 된다.

## 생애의 좋은 나이

1, 2, 4, 7, 10, 11, 13, 16, 19, 20, 22, 25, 28, 29, 31, 34, 35, 37, 38, 40, 43, 44, 46, 47, 52, 53, 55, 56, 58, 61, 62, 64, 65, 67, 71, 74, 83세가 좋다. 이들 중 11, 20, 29, 38, 47, 56, 65, 74, 83세가 특히 중요하고 좋다.

# 관계에서 숫자 2 사람들

아래에 주어진 정보는 사이킥 숫자 2와 다른 사이킥 숫자의 비교에 근거한다. 그것은 또한 다른 데스티니 숫자와 데스티니 숫자 2의 비교에, 다른 이름 숫자와 이름 숫자 2의 비교에 사용될 수 있다(이 비교는 범주와 같다).

### 숫자 2와 숫자 1

2는 문이고 1은 썬이다. 문은 썬에게 도움을 받고 썬 에너지를 문 에너지로 전환한다. 썬 에너지는 양이온으로 가득한데, 이는 지상의 생명체에 건강하지 않다. 문은 이들을 음이온, 즉 생명을 주는 이온으로 전환하는데, 이는 지상의 우리 존재를 돕는다. 문이 썬 에너지에서 변화를 초래하는 것처럼 2는 1의 나쁜 습관을 제거한다. 숫자 2는 1에게 좋은 동료와 훌륭한 치료사 역할을 할 수 있고 그들의 결점을 극복하도록 돕는다. 1이 너무 지배적이기 때문에 이 결합은 이상적인 결혼을 만들지 않는다. 그들이 결혼해야 한다면 1은 이 결합에서 유익할 것이다. 숫자 1은 2에게 좋은 친구이며 보호자이다. 사업 파트너로서 1은 좋지만 2는 예스맨 역할을 할 것이다. 법적으로 그들이 동등한 관계에 있을지라도 실제로 2는 여기서 동등한 권리를 갖지 못한다. 숫자 1은 그러나 사업에서 2에게 결코 어떠한 손해도 가져오지 않는다.

### 숫자 2와 숫자 2

비슷한 것끼리는 밀어낸다. 이들 두 숫자는 오랫동안 공존할 수 없다. 그들은 같은 주파수이고 서로 우호적이지만 우정은 생명이 짧다. 그들은 모두 마음이 자주 변하고, 그래서 사업 모험에서 협력은 실패를 부른다. 두 숫자 2 사이의 결혼은 또한 성공적이지 못하고 서로 이혼하지 않을 수 없게 될 것이다. 이 결합은 일에 좋다, 둘의 영역이 명확하다면. '내게 피해가 되면 너의 자유는 끝이다your liberty ends my nose begins.'

### 숫자 2와 숫자 3

3은 주피터의 지배를 받는데 이는 규율, 자기통제, 신랄함, 완전한 주의력, 집중을 좋아하는 스승으로서 인격화된 행성이다. 이것들은 모두 2에게 힘든 과제이다. 주피터는 문의 친구이지만 중립적인 태도를 지닌다. 숫자 3은 훌륭한 조언을 제공할 수 있고 2에게 동정심을 느끼지만 좋은 남편이나 좋은 사업 파트너가 되지는 못한다. 이것은 2가 변화의 숫자이고 3은 정해진 일상적인 것을 따르기를 좋아하기 때문이다. 그러나 2는 영적인 진전에 적합하고 오컬트 과학의 관심을 개발하기 때문에 그들은 비슷한 관심을 지닌 3의 도움이 필요하다. 그런 경우에 2는 배울 인내심이 있다면 3으로부터 도움을 받을 수 있다. 3은 과학에 대해 2를 가르치기에 좋고 2는 매우 훌륭한 학생이 될 수 있다. 그러나 스승과 제자의 영원한 결속은 그들 사이에서는 어렵다.

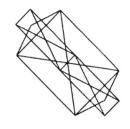

### 숫자 2와 숫자 4

4는 라후가 지배하는데, 라후는 썬과 문 둘 모두의 적이다. 라후는 문의 노스 노드이고 또한 문의 자북점magnetic north pole이라 한다. 노스 노드와 사우스 노드는 문의 타원형의 길에 고정된 두 지점을 형성한다.

숫자 2 사람은 자연스럽게 숫자 4에게 끌리는데, 4는 이 관계에서 성장하고 발달하는 사람이다. 2는 4가 남편이나 사업 파트너일 때를 제외하고 데스티니 숫자 4와의 관계에서 고난과 어려움을 만난다. 그러면 2는 그 관계에서 유익하고 두 파트너는 평화와 번영을 경험한다. 숫자 4는 2에게 좋은 숫자이다. 갑작스런 변화의 숫자인 4는 2의 변화하는 본성으로 방해받지 않는다.

2가 남성이고 4가 여성일 때 결혼 관계에서 초기에 어려움과 고난이 있지만 이들 어려움은 좋은 결과를 낳는다. 그들은 고통 없이 그들의 삶을 진전시키고, 비록 그들이 가정과 가족 문제에 소홀히 하고 서로에게 짜증이 날지라도 가족과 사업생활은 잘 진행된다. 2가 정치, 가르침, 연구, 철학, 오컬트 수행에 관심이 있다면 그들은 상호지지와 4의 협력으로 이들 분야에서 발전한다.

숫자 2가 데스티니 숫자가 4이면 그들의 결혼은 연기될 수 있다. 생애의 후반부는 좋다.

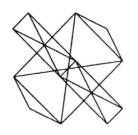

### 숫자 2와 숫자 5

5는 머큐리가 지배한다. 머큐리는 문의 친구가 아니기 때문에 이 두 숫자는 서로 완벽한 조화에 있지 않다.

사이킥 숫자 2 사람이 데스티니 숫자가 5이면 가족, 자녀, 부모와의 관련된 생활에서 문제를 만난다. 그들은 또한 자기 비판적이다. 사이킥 숫자 2 사람은 데스티니 5들과 정서적인 결속을 피하도록 조언한다. 결혼한다면 그 결혼은 4년이나 5년 이상 지속하지 않을 것이다. 생애 파트너나 사업 파트너로서 그들의 관계는 조화롭지 않게 될 것이다.

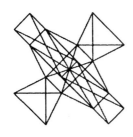

### 숫자 2와 숫자 6

6은 비너스가 지배한다. 비너스는 비록 보편적인 친구일지라도 문의 친구는 아니다. 반면 6은 문과의 관계에서 중립적이다. 이 이유로 2와 6은 좋은 우정을 즐기지만 이상적인 생애 파트너나 사업 파트너가 되지는 않는다. 숫자 6은 이 관계에서 2보다 더 많은 재정적인 이익을 받는다. 6은 또한 인기, 명성, 명예를 얻는다. 비너스는 2에게 6과 함께 좋은 행운을 가져오는 길성이지만 그들은 결혼의 짝으로서 이상적이지 않다. 이것이 2가 남성이고 6이 여성이면 특히 그렇다. 2와 6 사이의 우정과 사업은 항상 서로에게 유익이다.

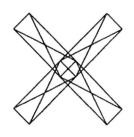

### 숫자 2와 숫자 7

7은 케투의 지배를 받는다. 케투는 숫자 2의 적이며 정확하게 정반대이다. 문(2)은 항상 그 타원의 경로 중에서 남극(7)을 지나가야 하기 때문에 2는 7의 도움을 받는다. 그러나 그 반대는 사실이 아니다. 숫자 7은 올바른 길을 향해 2를 안내하고 항상 이끄는데, 다만 그들은 이상적인 커플이 아니다. 2는 짝수, 즉 정적인 숫자이고 7은 홀수, 즉 역동적인 숫자이기 때문에 그 우정은 2에게 긍정적인 결과를 가져온다.

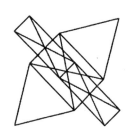

### 숫자 2와 숫자 8

8은 새턴의 지배를 받는다. 새턴은 문과의 관계에서 중립적이다. 2와 8은 모두 짝수이기 때문에 그 관계는 정적이다. 그들의 우정이나 사업 파트너십은 공정하지만 매우 유익하지는 않다. 숫자 2 여성은 8 남성과의 결혼에 들어가지 않도록 조언하지만, 8 여성은 2 남성에게 피해가 되지 않을 수 있다. 숫자 2는 8을 돕지 않는다. 다만 8의 봉사를 사용할 수 있는데 8은 주저하지 않는 봉사의 숫자이다.

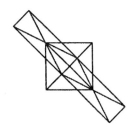

## 숫자 2와 숫자 9

9는 마스가 지배하고, 마스는 문의 친구이고 보호자이다. 숫자 9는 2에게, 남성이든 여성이든 이상적인 친구이고 사업 파트너이며 또는 배우자이다. 그들은 사랑과 애정 관계를 가질 것이다. 그들은 서로 좋은 에너지를 제공한다. 숫자 2 사람은 그러므로 숫자 9 짝을 찾도록 조언한다.

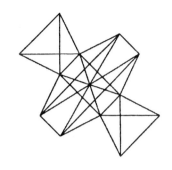

# 주피터와 숫자 3

주피터는 어느 달이든 3, 12, 21, 30일에 태어난 사람, 또는 합이 3이 되는 데스티니 숫자나 이름 숫자가 있는 사람을 지배하는 행성이다. 아래에 설명된 주피터의 특징은 사이킥 숫자 3에서 가장 분명히 관찰된다.

주피터는 썬에게 받는 것보다 더 많은 에너지를 방사하는 거대하고 스스로 빛을 내는 행성이다. 그 엄청난 크기 때문에 우리 태양계의 모든 행성들 중 가장 무겁다. 주피터는 구루라는 용어로 알려져 있는데, 이는 산스크리트로 '무거움'과 '어둠 제거제'를 모두 의미한다. 이것은 주피터를 신들의(데바-구루) 모임의 스승, 고결한 행위, 정의, 자체 발광체의 스승으로 만든다. 스승이 그 학생들의 삶을 반영하는 것처럼 참 지각자와 조력자이다. 그래서 주피터는 그들이 닿는 것은 무엇이든 의식의 진전과 확장으로 돕는다.

힌두 경전에 따르면 주피터는 용기, 대담함, 힘, 성실, 에너지, 지식, 연설의 행성이다. 주피터에 대한 산스크리트의 한 이름은 바차스빠띠Vachaspati이다. 바차vacha는 '구어spoken words'라는 의미인 vak에서 왔고, 빠띠pati는 '주Lord'를 뜻한다. 따라서 바차스빠띠는 '말씀의 주'이다.

길성인 주피터는 친구로서 썬, 문, 마스가 있다. 주피터는 황도대 싸인 쌔저테리어스와 파이씨즈를 다스리고, 캔서에서는 항진되며 캐프리컨에서는 쇠약하다. 제머나이와 버고는 손상의 싸인이다. 주피터는 9번째와 12번째 하우스의 자연스러운 주인이다. 9번째 하우스는 운명의 하우스로 가장 중요한 하우스들 중의 하나이기 때문에 그 통치권은 출생차트에서 주피터의 배치를 매우 의미 있는 것으로 만든다.

또한 주피터는 자손, 교육, 결혼을 다스리기 때문에 중요하다. 여성의 어스트랄러지 출생차트에서 그 배치는 생애, 지위, 성격, 남편의 행동을 결정한다. 약한 주피터는 결혼을 지연시킨다. 주피터가 썬, 새턴, 라후, 케투에 컨정션이나 어포지션일 때, 제머나이나 버고 어센던트인 사람과의 결혼은 이혼으로 끝난다. 이들 행성의 배치는 일반적으로 결혼에 장애를 만든다.

주피터는 그 주인공을 협력적이고, 적극적이고, 야망적이며, 규율적이고 행동에서 순수하게 만든다. 그들은 '삶은 단순하게 생각은 고상하게'를 믿는다.

주피터는 간, 허리에서 허벅지까지의 부분을 다스린다.

주피터는 어느 달이든 3, 12, 21, 30일에 태어난 사람, 또는 이름 숫자나 데스티니 숫자가 3인 사람의 주인이다. 어느 달이든 12일에 태어난 사람이 가장 행운이다.

# 숫자 3

## 사이킥 숫자 3

3은 어느 달이든 3, 12, 21, 30일에 태어난 사람의 사이킥 숫자이다.

홀수집단의 구성원으로서 3은 역동적인 숫자이다. 3은 그 주인공을 독립적이고, 대담하고, 적극적이고, 성실하고, 믿을 만하고, 인기 있고, 규율이 있으며, 자기 확신적이고, 창시자로 만든다.

사이킥 숫자가 3인 사람은 매우 야망적이다. 그들은 이 세상에서 앞쪽에 있는 것을 좋아한다. 그들의 삶에서 위대한 뭔가를 하기를 바라고, 그래서 후손들에게 기억된다. 이런 방식으로 그들은 미래를 매우 의식하는 사람들이다.

그들의 직업의 시작에서, 이는 생애에서 매우 초기에 시작하는데, 그들은 많이 노력해야 한다. 그러나 이 노력은 성장과 발전에 매우 유익하고 그들을 빛나게 만든다.

그들은 종속되는 것을 좋아하지 않고 부수적인 일을 하는 것도 좋아하지 않는다. 그들은 큰 프로젝트에 대해 생각하고 스스로 보스가 되는 것에서 스스로 일을 만들려고 노력한다.

그들은 인생의 과학자이다. 에너지를 삶을 좀더 다채롭게, 좀더 즐겁게, 좀더 즐길 수 있게 만들기 위해 실제적인 해결책을 발견하는 데 소비한다. 그들은 이 분야에서 자신의 책임감을 매우 의식한다. 날카로운 관찰과 논리로 그들은 삶에 대해 개방된 마음으로 노력하고 좋은 이해를 획득한다. 대화의 기술에 숙달되고 자신을 명료하게 표현할 수 있기 때문에 그들은 훌륭한 조언자, 스승, 연설자, 작가이다.

그들은 아이디어에 유연하고 모든 종교적인 수행에서 유익한 것을 자유롭게 도입한다. 비록 그들이 스스로 어떤 전통적인 종교에 전념하지 않을지라도 마음은 종교적이다. 그들은 진리, 그 수행의 적용, 삶에서 그 아름다운 표현을 믿는다.

그들은 성공을 좋아하고 모든 것에서 성공하기를 바란다. 또한 그 방법의 모든 단계를 평가하는 것을 좋아한다. 숫자 1처럼 그들은 많은 관심이 필요하고 소통의 기술과 같은 제스처와 자세를 통해 자신을 표현하고 농담과 말장난을 만든다.

그들은 생애 내내 열심히 일하고 모든 시간을 무엇인가 또는 다른 것으로 자신을 바쁘게 한다. 비록 억지로 쉬어야 한다고 느낄지라도 가만히 있지 못하고 쉬지 못한다. 일 사이에서 선잠을 잔다. 이것이 그들이 많은 프로젝트를 동시에 진행시킬 수 있는 이유다. 하나의 과제가 지겨워졌을 때 그들은 다른 것으로 바꾼다. 이런 방식으로 많은 것들을 하고 많은 자원을 통해 얻는다. 그들은 의무를 수행하는 것에서 매우 의식적이고 요가로서 수행하는 것이라고 믿는다. 그들은 다음의 격언을 믿는다, '의무에 대한 헌신은 신성하다!'

그들이 떠맡은 어떠한 일이든 실행하는 데 성공적이고 대체로 시작한 것은 끝마친다. 이것이 그들에게 자기 확신을 주는데, 이는 그들의 삶에서 핵심어다.

그들은 자신의 말에 충실하고 자신의 전념을 존중한다. 이것은 그들을 신뢰하게 만든다.

3은 질서와 규율을 좋아한다. 그들은 존경하는 사람과 윗사람이라고 생각하는 사람의 명령을 따른다. 젊은 사람과 아랫사람이 자신에게 똑같이 하기를 바란다. 이것은 가끔 문제를 만든다. 그들은 집에서 부양가족에게 독재적이고 전제적이 되기 때문이다.

그들은 연장자, 친척, 사회에서 좋은 지위에 있는 사람에게서 사랑, 애정, 도움, 안내를 받는다는 면에서 행운이다.

체격이 좋고, 건강하고, 스태미너가 충분하다. 쉽게 친구를 만들고 광범위한 만남의 모임이 있다.

항상 낙관적이고, 창조적이며, 쾌활하고, 영감과 유머가 넘친다. 가끔 그들의 유머를 알아주지 않는 사람들을 웃음거리로 만듦으로써 스스로에게 문제를 만든다. 이들은 쉽게 반대자와 적이 된다. 그들의 성마른 성향과 솔직한 행동은 종종 사람들의 기분을 상하게 하고, 서서히 비평가의 모임으로 발전한다(친구와 숭배자의 모임보다 훨씬 더 적다). 그럼에도 불구하고 그들은 미소를 유지하고 반대자들과 자신에 대해 걱정하지 않는다.

그들은 항상 이성에게 둘러싸여 있다. 성에 대한 약점은 그들의 문제들 중 하나다. 그러나 그들은 유익하고 세련된 관계를 선택하고 참여한다. 사이킥 숫자가 1, 3, 6, 9인 짝들과 육체적인 관계를 할 수도 있다, 비록 그들이 혼인 관계에서 스스로를 결속하지 않을지라도. 그러나 전반적으로 그들은 정숙하고 순결하다. 비록 그들이 파트너를 존경하지 않고 가끔 무례하게 행동할지라도 결혼 서약을 지키고 파트너에게 충실하다. 그들은 일가친척을 좋아하고 가족에 강하게 집착한다. 그래서 가족의 의무를 완수하도록 요구된 고난을 기쁘게 견딘다. 파트너에게 충실하고 헌신한다. 가족에게서 사랑과 조화의 분위기를 지속하기 위해 개인적인 편안함을 희생한다. 비록 파트너에게 부족함이 있을지라도 돕기 위해 그 편에서 지지한다. 그들의 평생 반려자는 대개 매력적이고, 정숙하고, 충실하며, 그들에게 충분히 지지를 제공한다.

그들은 보편적인 조력자이고 모두를 돕는다, 요청할 경우 적들에게조차 그러하다. 그들은 모든 좋은 명분에 헌신하고 흥정 없이 즉시 도움을 제공한다.

3은 여행을 좋아하고, 또 여행이 도움이 된다. 그들은 많은 분야에서 유명인을 만나는 특전이 주어진다. 승마를 좋아한다.

그러나 그들의 주요 약점은 과도한 야심만만함, 지나친 낙천주의, 사치이다. 반면 그들은 진실을 과장하고 성마르며 통제불가능하게 독재적이고 질투하며 거만하다.

어느 달이든 3일에 태어난 사이킥 숫자가 3인 사람은 삶에서 좀더 노력하는 경향을 보인다. 그들의 노력은 그만큼 도움이 되고 마지막에 성공을 가져온다. 어느 달이든 12일에 태어난 사람은 다른 사이킥 숫자 3보다 좀더 자력적이고 카리스마가 있다. 그들은 좀더 행운이 있고, 노력을 덜 해도 된다. 그들은 친구와 권위에 있는 사람에게서 도움과 협력을 얻고 자수성가한 사람이 된다. 어느 달이든 21일에 태어난 사람은 삶에 슬픔이 있다. 그들은 숫자 2의 영향 때문 다른 사이킥 3만큼 성공적이지 못하다. 30일에 태어난 사람은 제로 때문에 사이킥 3 중에서 가장 불행하다. 그래서 가장 많은 노력이 필요하다.

– 사이킥 숫자 3을 위한 예방책
- 불필요한 논의를 피해야 한다.
- 저속한 사람을 피해야 한다.
- 스스로의 기질을 통제하려 노력해야 하고 은그릇으로 먹고 마셔야 한다.
- 돈을 조심스럽게 소비해야 한다. 돈은 그들에게 쉽게 오고 많은

자원에서 오지만, 그것은 또한 장식과 편리함의 물품으로 쉽게 나가는데, 이것은 재정적인 불균형을 만든다.

- 미래를 위해 돈을 저축하려 노력해야 한다.
- 과식과 지방과 매운 향신료를 피해야 한다. 숫자 3인 사람의 주인 주피터는 간을 다스린다. 그들은 간의 에너지와 작동하기 때문에 간에 안 좋은 음식은 피해야 한다. 규칙적으로 호로파 fenugreek 씨앗, 아니스 씨앗, 코코넛 가루, 아몬드, 검은 후추, 샤프론 한 꼬집과 함께 꿀의 사용이 도움이 될 수 있다.
- 성취에 대해 뽐내는 것을 피해야 한다.
- 분노를 통제해야 한다.
- 열정과 관능성을 통제해야 한다.
- 과도한 낙천적인 것과 야망적인 것을 피해야 한다.
- 작은 실패감에 용기를 잃지 않아야 하고 인내해야 한다.
- 가정에 대한 독재적인 태도를 통제하고 가족에게 자유를 허용해야 한다.
- 삶의 파트너를 존중해야 한다.
- 피부 질환에 감염되기 쉽다. 정기적으로 오일로 스스로 마사지한다면, 피부병을 예방할 수 있다. 또한 산성과 가스를 만드는 음식을 피해야 하고 배고프지 않을 때 먹는 것을 피해야 한다(종종 다른 사람들에게 호의를 베풀기 위해 그렇게 하고, 또 그런 사람들을 친구로 둔다).
- 자만을 피해야 한다.
- 부적절한 수단으로 돈을 버는 것을 피해야 한다.
- 현재 있는 곳이 자신에게 도움이 되지 않다고 느낄 때 여행을 해야 한다.

- '아니오'라고 말하는 것을 배워야 한다. 모든 것에 '예스'라고 말하는 습관은 문제를 만들기 때문이다. 그들에게 의존하는 사람들은 그것들을 기대하기 시작하고 '예스'는 그들에게 아무 의미도 없기 때문에 이는 실망을 유발시킨다.
- 그들은 이완해야 하고 실제로 다룰 수 있는 것보다 더 많은 일과 책임감을 받아들이는 것을 피해야 한다. 이것이 그들에게 스트레스를 유발시킨다.

## 데스티니 숫자 3

3은 데스티니 숫자로서 좋지 않다. 그것은 사람들을 열심히 일하게 만든다. 그래서 스스로 과부하고 스트레스와 긴장을 고조시킨다. 또한 그들의 삶에 무질서를 만든다. 그러나 데스티니 숫자 3인 사람은 체력이 강하고 스태미너가 충분할 때 믿을 수 없을 정도로 압박을 잘 견딜 수 있다.

성에 대한 약점은 가족 구성원으로부터 반대와 도전을 받는다. 그러나 그들은 행운이 있어서 이 반대로부터 벗어날 수 있다.

솔직함과 비판적인 본성은 그들에게 문제를 만든다.

- 친구들은 그들을 배신한다.
- 형제들은 도움이 되지 않는다.
- 사랑의 문제에서 실패하고 가끔 나쁜 명성을 얻는다.
- 이기심은 그들의 성장과 발전을 방해한다.
- 과시하는 본성 때문에 사람들은 그들을 외면하게 된다.
- 자만은 삶에서 많은 기회들을 놓치게 한다.

- 낭비는 재정적인 위기를 만든다.

다른 한편, 그들은 행운이 있고 운은 사고를 포함하는 모든 문제에서 그들을 구한다. 그들은 돈이 필요할 때 돈을 얻고 꿈을 실현할 수 있다. 그들은 리더로 태어났고 정치에서 쉽게 상승하며 정부에서 좋은 지위를 얻는다.

그들은 평범한 사람으로 출발해서 열심히 일하고, 좋은 행운, 잘 발달된 책임감과 의식적인 계획으로 직업에서 매우 높은 자리까지 오른다.

논쟁을 피해야 하고 가끔 친구와 가족이 휘저은 것을 상환하기 위해 돈을 지불해야 하는데, 이는 그들의 과도한 열광적인 계획이든 마지막 순간에 계획의 변화든 희생양이다.

데스티니 숫자 3 사람은 좋은 가족생활에 축복을 받았다. 그들의 평생 반려자는 지지적이고, 선하고, 경건한 명분에 헌신하기 위해 그들에게 시간을 제공하는 가정의 책임감을 생각한다. 평생 반려자는 많은 친구와 획득한 것을 나누고 제공하는데, 이들은 가난한 사람들로, 사회적인 도움과 보살핌이 필요한 사람들이다.

그들은 마음이 따뜻하고, 관대하며, 공정하고, 신뢰할 수 있으며, 매력 있는 성격과 멋진 행동을 통해 돈을 번다.

어디서든 친구와 조력자를 발견한다.

목사처럼 행동하기를 좋아하고 종교적인 일을 하는 것을 좋아한다. 그래서 그들은 성가 부르기를 좋아한다.

그들은 고대 역사와 정치의 애호가이다.

많은 자원을 통해 벌고, 가끔 돈을 버는 데 잘못된 수단을 사용한다.

그러나 돈을 다른 사람들에게 자유롭게 사용하고 자신의 돈을 유용하게 사용하기 위해 쓰기도 하는데, 편리함과 장식물을 사는 것이다.

그들은 창조성, 좋은 상상력, 훌륭한 직관, 글쓰기와 말하기 둘 모두에서 명료한 표현력으로 축복받았다. 그러나 삶의 초반에 이름, 명예, 재물 등이 좋지 않은데, 그들이 그것을 가장 열망할 때다. 그것들은 후반부인 성숙된 나이일 때에 온다.

이들은 음식을 맛보는 것을 좋아하고 모든 시설이 갖추어진 편리한 집을 갖고 싶어 한다.

깊은 숙면을 즐기고 매우 긴 시간 동안 잠자지 않는다.

모든 것에 평화와 행복이 있다고 믿는다.

출판, 사업, 홍보, 고등교육, 연구, 여행, 관광, 수출입 사업에 가장 적합하다. 또한 보석세공인이나 변호사로서 일할 수 있다. 그들이 좋아하는 주제인 철학을 가르칠 수 있다. 또한 종교와 자선단체에서 봉사할 수 있다.

## 이름 숫자 3

3은 이름 숫자로서 좋다. 이름 숫자는 사회적인 관계에 중요하다. 그래서 사회는 그 이름으로 사람을 알고 기억한다. 이름 숫자로서 3은 유머, 인기, 도움을 가져온다. 그것이 데스티니 숫자와 조화로우면 좋은 행운을 가져온다. 사이킥 숫자와 조화로우면 명성을 가져오고 개인을 인상적으로 만든다. 이름 숫자가 3인 사람들은 대담하고, 신뢰할 수 있고, 자기규율적이며, 관대하다. 그래서 훌륭한 스토리텔러이고 설득력 있는 연설가로 만든다. 사이킥 숫자와 데스티니 숫자 모두가 조화로우면 이름 숫자 3은 지도력의 자질을 부여한다. 한편 이름 숫자 3은 높은 지위를 가져온다. 다른 한편 그들의 아이디어와 이상의 존재를 위해 많은 노력을 해야 하는 상황을 가져온다. 그들은 팔방미인이 되고 모든 무역에서 마스터처럼 행동한다.


## 내부 환경과 외부 환경의 균형 맞추기

단식 준수하기, 적절한 향신료와 젬스톤 가루 사용하기, 만트라 명상하기, 얀트라 사용하기를 함으로써, 개인은 내적인 환경을 균형 맞출 수 있다. 외부 환경을 균형 맞추는 것은 활동에 대한 올바른 시간(어센딩 사이클이나 디센딩 사이클에서) 선택하기, 좋은 친구 선택하기(조화로운 숫자 찾기), 적절한 때(약한 기간과 강한 기간을 관찰하기)에 일을 시작하는 게 가능하다. 균형은 다음 부분에서 설명한 대로 이미 가능한 에너지 흐름과 함께 작업함으로써 성취된다. 다음 정보는 사이킥 숫자 3에게 적용된다.


### 약한 기간
10월과 11월은 좋지 않다. 이 기간 동안에 새로운 프로젝트를 시작하거나 긴 여행은 피해야 한다.


### 강한 기간
2월 19일과 3월 20일 사이, 11월 21일과 12월 20일 사이의 기간은 가장 좋다. 모든 새로운 프로젝트는 이 시기에 시작되어야 한다. 이 시기의 여행은 길게 지속하는 이로움을 가져온다.

## 좋은 날짜

어느 달이든 3, 12, 21, 30일은 좋다. 그리고 어느 달이든 6, 9, 15, 18, 24, 27일 또한 좋다.

## 좋은 요일

목요일은 숫자 3에게 최고의 날인데, 주피터가 지배하기 때문이다. 목요일은 좋은 소식과 소득의 날이다. 목요일뿐 아니라 월요일과 수요일 또한 재정적인 수입에 좋다.

## 좋은 색깔

노란색이 숫자 3에게 가장 좋은 색깔이다. 그들의 환경에, 작업과 이완으로 노란색 커튼, 베개 커버, 침대 시트를 사용해야 한다. 노랑 손수건은 또한 스트레스를 제거하는 데 매우 도움이 된다. 또한 분홍색, 파랑색, 연보라색을 사용할 수 있다.

## 보석용 원석

옐로 사파이어와 옐로 토파즈는 그들의 젬스톤이다. 이들 젬스톤을 목요일에 보석 상인에게서 구매하고 주어야 한다. 그래서 뒤가 오픈되도록 세팅한 반지나 펜던트를 목요일에 보석 세공인이 만들어야 한다. 반지나 펜던트는 목요일에 보석 세공인에게서 받아야 하고, 적절한 의식을 수행한 후에 착용해야 한다. 오른손 집게손가락, 즉 주피터 손가락이 그 반지에 가장 적합하다. 펜던트는 체인이나 노란색 줄로 목걸이로 착용할 수 있다. 반지나 펜던트를 위한 세팅과 그 줄은 금으로 만들어져야 한다.

옐로 사파이어 가루를 몸이 전기화학적으로 치유되도록 돕기 위해 복용해야 한다.

## 명상

숫자 3은 비쉬누에 대해 명상해야 하는데, 비쉬누는 스카이 블루색의 팔이 4개이고, 그가 좋아하는 뱀 샤샤shasha 위에 앉아 있다. 한 팔로는 축복을 하고, 다른 손은 차크라(가장자리가 날카로운 원반)를 잡고 있으며, 세 번째 손에는 연꽃을, 네 번째 손은 곤봉을 쥐고 있다. 그의 얼굴은 평온한 미소를 머금고 있다.

## 신성

숫자 3은 힌두 전통에서 비쉬누로 알려진 지고의 신에 경배하도록 제안한다.

## 만트라

어느 행성이든 만트라의 자파(반복)는 문의 어센딩 주기 내에 끝내야 하고 제시된 숫자만큼 반복해야 한다.

AUM BRIM BRAHASPATAYE NAMAH – AUM
옴 브림 브라하스파타예 나마흐 – 옴

숫자 3은 문의 어센딩 사이클 내에 위의 만트라를 1만 9000번 반복해야 한다.

## 주피터를 위한 얀트라

| 10 | 5 | 12 |
|----|----|----|
| 11 | 9 | 7 |
| 6 | 13 | 8 |

## 건강과 질병

숫자 3은 아유르베틱 체계에서 바람, 즉 공기(바타 도샤)와 관련된 다음의 문제에 영향을 받기 쉽다.

- **허약한 신경**. 아유르베다에 따르면 신경계는 공기 원소인 바람 체질과 관련된다. 신경 기능은 활동과 움직임의 원칙과 연관된다. 그래서 바람 기질은 세 체질에서 활성 원칙만 있다(담즙과 점액은 움직이지 않는다). 약간의 식초로 익힌 호로파 씨앗이 함유된 오일로 마사지 하는 것이 매우 도움이 될 수 있다. 참기름이 최고로 좋다.

- **피부 문제**. 바람(바유) 체질에서 장애의 결과로 몸은 건조함을 느낀다. 이 건조함이 모든 종류의 피부 문제를 만든다. 음식에 마늘, 생강, 아위, 그리고 호로파 씨앗을 사용하고, 소화불량, 신맛, 변비를 피하는 것이 악화시킨 바람 체질을 진정시키도록 도울 수 있다. 그램 밀가루(병아리콩)를 사용한 빵, 당근이나 당근 주스의 섭취는 피부 질병을 치료하도록 도울 수 있다. 오일 마사지

또한 아주 도움이 된다. 마늘, 생강, 아위의 과잉 사용은 건조함을 유발시킬 수 있다.

- **걱정과 마음의 불안.** 명상, 호흡 수행, 깊고 천천히 호흡하기, 강변을 따라 아침저녁으로 산책하기, 경전 읽기, 만트라 낭송, 찬송가, 즉 바잔bhajans 부르기가 도움이 될 수 있다.

- **성적 충동의 증가, 사적인 기관의 무기력(남성).** 건강한 식이요법(너무 기름지거나 기름기가 돌지 않는) 유지하기, 대추야자 우유(우유와 끓여 짓이긴 대추야자를 섞어서 위에 샤프란 한 꼬집을 얹은)의 규칙적인 사용, 오일 마사지는 남성 기관의 무기력에 도움이 될 수 있다. 성적 충동을 균형 맞추기 위해서 어떤 다른 흥미 있는 주제로 주의를 돌려야 한다. 이 주제는 부분적으로 성과 관련될 수 있지만 고차원 차크라로 에너지를 가져와야 한다. 성적 에너지는 다른 데로 돌릴 수 있고, 창조력과 같은 기능을 위해 다른 방향으로 연결될 수 있다.

- **관절염.** 이것은 악화된 바람 체질이 만들어낸 또 다른 질병이다. 마하나라얀Mahanarayan 오일이나 윈터그린Wintergreen 오일(유칼립투스 오일과 민트 오일에 똑같은 비율로 섞은 것)로 정기적인 마사지와 함께 통제된 가스 제거 식이요법이 도움이 될 수 있다. 또한 겨울의 시작에서 40일 연속으로 밀랍의 작고 둥근 볼(가르반조 콩garbanzo bean 크기)을 삼키는 것은 큰 도움이 된다.

- **혈액 불순물**. 허브 차와 혈액 정화하는 과일 주스로 단식하는 것이 이 문제를 도울 수 있다. 채식주의로의 식이요법의 변화, 알칼리 음식의 사용, 새싹의 사용, 규칙적인 아침 산책, 호흡 수행, 명상은 혈액의 불순물을 치료할 수 있다.

- **심장질환**. 목걸이나 팔 밴드 형태로 루드락샤 비드(신성하다고 생각되는 나무의 씨앗)를 착용하는 것이 심장에 도움이 될 수 있다. 또한 (Gulkand로 알려진) 장미꽃잎 잼 먹기, 크림이나 꿀과 섞은 (그리고 약지로 섞은) 진주가루 섭취하기, 기름지고 매운 음식 피하기는 심장에 도움이 될 수 있다. 복부관, 폐, 흉강의 정화가 좋을 수 있다. 그래서 호흡 수행, 채식 요법, 알칼리 음식, 명상, 이완에 좋은 음악 듣기는 도움이 될 수 있다.

- **당뇨**. 호로파 씨앗 사용(차로서 그리고 매운 음식으로서 모두), 호흡 수행, 아침 산책, 젬스톤 처방, 음식과 일상의 생활 습관의 변화는 이 조건을 모두 도울 수 있다.

- **독, 열, 황달, 마비**. 이는 숫자 3이 35세를 지나간 후 예방책으로 받아들여야 하는 다른 질환이다. 옐로 사파이어 가루의 빈번한 사용은 많은 질병으로부터 그들을 보호한다. 이 가루는 꿀이나 크림 1티 스푼을 오른손 약지로 섞어야 하고 똑같은 손가락으로 복용해야 한다.

## 단식

숫자 3 사람은 목요일에 다음과 같이 단식을 하면 도움을 얻을 수 있다. 주피터에게 경의를 표하라. 바나나를 먹는 것을 삼가라. (1) 세탁을 하지 마라 (2) 면도를 하지 마라 (3) 커민 씨앗cumin seed을 사용하지 마라 (4) 마사지와 음식에 오일을 사용하지 마라(기와 버터는 음식으로 사용할 수 있다). 또한 보름날에 단식을 하고 침묵 서원을 준수하고, 밤에 잠자기보다는 만트라를 찬팅하고 명상을 한다면, 그들은 이 24시간 동안에 큰 도움을 받을 수 있다. 힌두인은 비쉬누의 만트라와 비쉬누 사하스라남 찬트를 암송한다. 이 수행을 보름마다 수행하는 것은 좋은 행운과 모든 열망의 만족을 가져온다. 힌두인은 또한 이것을 사트야 나라얀Satya Narayan에 대한 경배와 결합할 수 있고 슈리 사트야 나라얀의 카타katha(이것은 모든 환경에서 진리에 대한 충성의 가치를 강조하는 스칸다 푸라나Skandha Purana의 다섯 가지 이야기의 모음이다)를 듣는 것과 결합할 수 있다.

## 우정

어느 달이든 1, 3, 6, 9, 12, 15, 18, 21, 24, 27일에 태어난 남성과 여성은 3에게 알맞은 친구가 된다. 숫자 5와 7 또한 3에게 우호적이다.

## 로맨스

2월 19일과 3월 21일 사이에 또는 11월 21일과 12월 21일 사이에 태어난 사이킥 숫자가 3, 5, 9인 남성이나 여성은 연애와 결혼으로 완벽하다. 이 기간 동안에 태어난 사이킥 숫자가 1, 2, 6, 7인 사람은 위의 숫자가 가능하지 않을 때 선택할 수 있다. 그러나 1이나 7은 여성을,

2나 6은 남성을 선택해야 한다.

**생애의 좋은 연도**

3, 12, 21, 30, 33, 36, 48, 57, 66, 75세가 좋은 해이다. 또한 3으로
나눌 수 있는 어떠한 해도 이로울 수 있다.


# 관계에서 숫자 3 사람들

아래에 주어진 정보는 사이킥 숫자 3과 다른 사이킥 숫자와의 비교
에 근거한다. 그것은 또한 데스티니 숫자 3과 다른 데스티니 숫자와
의 비교에, 그리고 이름 숫자 3과 다른 이름 숫자와의 비교에 사용될
수 있다(이 비교는 범주와 같다).

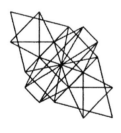

### 숫자 3과 숫자 1

숫자 3과 숫자 1은 좋은 친구(숫자 1과 3의 관계
에서 설명한 대로)다. 3은 영감을 줄 수 있고 1
의 좋은 특성들 모두를 끌어낼 수 있다. 썬이
지배하는 1은 3의 훌륭한 학생이 되고 그들
을 지지한다. 주피터가 지배하는 3은 훌륭한 성직자처럼 훌륭한 조언
자이고 1은 그들에게 귀를 기울인다. 두 숫자가 모두 있는 사람은 야
망적이고 생전에 일인자가 되고 싶어 한다. 둘은 그들의 아이디어를
강력하게 표현할 수 있고 열심히 일하는 사람인데, 이들은 특별한 양
의 에너지와 스태미너를 가지고 있다. 둘은 권위적이고 규율적이다.

1이 남성이고 3이 여성이면 이상적인 짝을 형성한다. 3은 어떠한 종류의 관계에도 1을 선택해야 한다. 비록 1이 3을 위해 일해야 할지라도 이 관계는 서로 유익하다.

### 숫자 3과 숫자 2

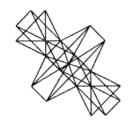

짝수가 되는 숫자 2는 정적이다. 홀수가 되는 숫자 3은 역동적이다. 이 결합은 역동적이 된다. 숫자 3은 2를 매우 잘 이해하고 모든 환경에서 그들을 도울 수 있다. 비록 2가 변화의 숫자일지라도 숫자 3은 순응할 수 있고 유연하다. 3과 2는 모두 길성이 지배한다. 3은 2에게 스승이다. 그래서 3은 2가 성장하고 발달하도록 돕고 2의 삶으로 성공을 가져온다. 그들의 관계는 상호 유익하다. 3은 결혼, 우정, 또는 사업 파트너로 2를 선택할 수 있다. 2가 3을 선택한다면, 모든 프로젝트는 완성될 것이고 열망은 충족될 것이다. 3은 2를 위해 일해야 할 것이다. 2는 여왕이고 3은 수상이기 때문이다. 3에게 열심히 일하는 것이 필수적이고 자연스러운 반면, 2는 섬세하고 취약하다. 그래서 3은 계속 바쁘고 2에게 에너지를 공급한다.

### 숫자 3과 숫자 3

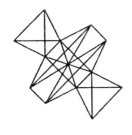

어떤 다른 결합과 달리 두 3은 이롭다. 이미 언급한 대로 두 비슷한 숫자가 함께 올 때, 그들은 이완하고 서로 중립적이 된다. 이 경우에 그것은 일어나지 않는다. 둘은 열심히 일하고 출세하려고 노력한다. 3은 보편적인 조력자이고, 요청할 때 모든 숫자를 돕는다. 사업 파트너에서 두 3은 큰돈을 벌지 못하지만 둘은 협동하여 일한다. 마침내 그들은 성공하는데, 실용적인 본성과 훌륭한 조직 능력이 있기 때문이다. 그래서 3은 우정, 결혼, 또는 사업 파트너로서 서로에게 좋다. 숫자 3은 뱃사공처럼 행동하는데, 모든 숫자를 어려움의 강을 건너도록 데려다 주는 것이다.

### 숫자 3과 숫자 4

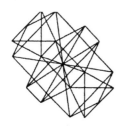

라후(문의 노스 노드)가 지배하는 숫자 4는 숫자 3에게 친구가 아니다. 비록 숫자 3이 4로 인해 유익하지 않을지라도, 그 반대는 사실인데, 3은 주피터가 지배하기 때문이다. 그들이 사업 파트너로 들어가면 3은 상실로 고통스럽지만 4는 이롭다. 친구로서 3은 4에게 도움이 되고 4에 대해 이해한다. 그래서 4는 3의 조언을 따름으로써 힘을 얻는다. 3이 남성이고 4가 여성이면 이 관계는 3에게 해롭지 않다. 그러나 그 반대면 결혼은 매우 성공적지 않을 것이다. 이것은 4가 갑작스런 변화와 비밀스러운 것이 특징이기 때문이고, 이는 숫자 3 여성에게는 용인되지 않는 것이다.

### 숫자 3과 숫자 5

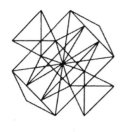

숫자 3과 5는 둘 다 홀수이고 역동적이다. 5는 머큐리가 지배하므로 두 숫자는 길성의 지배를 받는다. 비록 중립의 보편적인 조력자인 주피터가 5를 도울지라도 머큐리와 주피터는 친구가 아니다. 숫자 3은 훌륭한 조언자이고 친구이다. 5는 왕자이고 엔터네이너이고 3은 또한 행복한 숫자이기에 그들은 좋은 동료가 된다. 전통적인 종교도 따르지 않는다. 반면 그들은 자유로운 사색가들이다. 그리하여 그들은 서로 돕는다. 불안한 본성 때문에 5는 3에게 이상적인 사업 파트너나 결혼 파트너는 아니다. 그러나 5는 상인이기에 3은 그에게서 사업에 대해 배울 수 있다. 5와 3의 결혼은 3이 남성이고 5가 여성이면 이로울 수 있지만 그 반대면 성공하지 못한다.

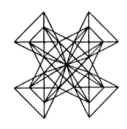

### 숫자 3과 숫자 6

숫자 6은 비너스의 지배를 받는데, 비너스는 '악마의 스승'이다(여기서 악마라는 단어는 우리의 쾌락-추구 본성을 의미한다). 사이킥 숫자 3은 훈육가이고 6은 법률 위반자이다. 그들은 정반대이다. 그러나 숫자로서 그들은 조화롭다. 숫자 3은 6에게 끌린다. 6의 친구로서 3은 자신의 성격의 탐색되지 않은 부분을 탐색할 수 있고 삶을 즐길 수 있다. 숫자 6은 느린 존재로 빠른 숫자 3에게 이롭고 3을 이완하게 만들고 삶과 그 호화로움을 즐기게 만든다. 우정에서 3과 6은 서로 유익하다. 그래서 6은 3의 조언을 따르는 것이 이롭다. 3은 6에게서 좀더 영적인 알아차림을 계발한다. 6은 비밀과 오컬트 과학으로 그들을 안내하는 사람이다. 3이 남성이고 6이 여성이면 3은 6과 좋은 결혼 생활을 즐긴다. 그러나 그 반대의 결합은 이상적이지 않다. 사업 파트너로서 3과 6은 서로 이롭다.

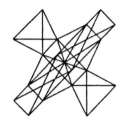

### 숫자 3과 숫자 7

숫자 7은 케투가 지배하고, 케투는 주피터에 비우호적인 행성이지만 주피터는 케투에 대해 중립적인 태도를 지닌다. 그들은 모두 홀수이고 역동적인 숫자다. 7은 일종의 스승이기 때문에 또한 실제적인 지혜를 가르치며 두 숫자는 독립적인 사색가이다. 그러나 3은 7이 그들의 문제를 해결하도록 돕는다. 숫자 7은 친절하고 철학적인 견해가 있다. 3과 7은 똑같은 방식으로 생각하지 않거나 또는 서로 항상 동의하지 않는다. 그러나 그들이 공통적인 관심의 프로젝트를 맡을 때 그들은 함께 매우 잘 작업한다. 둘은 모두 직관의 재능이 있고 개혁에 관심이 있으며 작가이다. 친구와 사업 파트너로서 그들은 서로에게 매우 도움이 될 수 있다. 결혼에서 3이 남성이고 7이 여성이라면 그 관계는 매우 잘 될 것이다. 그 반대의 결합으로, 여성은 초기 몇 년 동안에 어려움을 만날 것이지만 결혼 후반에는 잘 돌아갈 것이다.

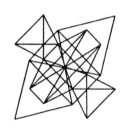

### 숫자 3과 숫자 8

숫자 8은 새턴이 지배하고, 주피터와 새턴은 중립적인 관계이다. 8은 투쟁의 숫자다. 반면 스스로 모든 것에 대해 일하고 도움을 요구하지 않는다. 그래서 3은 8을 도울 수 없다. 비록 8이 강력하고 필요한 많은 노력과 분투 후에 성공할지라도 그들은 오랜 기간 동안 결혼생활의 유익함을 즐기지 못한다. 요컨대 3은 결혼을 위해 8을 선택하지 않아야 한다. 3은 8에게 조언을 제공하여 그들에게 행운을 만들고 점점 8에게 이롭게 된다. 그러나 8은 3에게 매우 유익하지 않다, 사업 파트너로든 생애 반려자로든.

### 숫자 3과 숫자 9

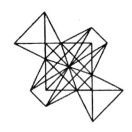

숫자 9는 주피터의 친구인 마스가 지배하기 때문에 숫자 3과 9는 우호적이다. 숫자 3은 9에게 행운이고 9는 3에게 이롭다. 9 사람들은 특별한 조직적인 능력이 있고 또한 열심히 일하는 사람들이다. 두 숫자는 좋은 팀을 만들고 삶에서 성공을 얻으려고 열심히 일한다. 그들은 상호 유익하다. 숫자 3은 어떠한 문제없이 우정, 결혼, 또는 사업 파트너로서 9를 선택할 수 있다. 3은 사업 파트너로서 많은 돈을 벌지 못하지만 그들은 결코 손실로 고통스럽지 않다. 숫자 9는 3의 훌륭한 조언으로 도움을 받는데, 9는 3을 위해 모든 것을 정리하고 조직하기 때문에 결국 유익하게 된다. 숫자 9는 3의 성장과 성공을 촉진시키고 돕는다.

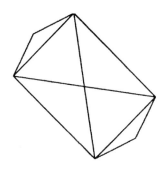

# 라후와 숫자 4

라후는 어느 달이든 4일, 13일 22일, 31일에 태어난 사람을, 또는 합이 4가 되는 데스티니 숫자나 이름 숫자가 있는 사람을 지배하는 행성이다. 아래에 묘사된 라후의 특성은 사이킥 숫자 4에게서 가장 명확하게 나타난다.

문의 두 노드인 라후와 케투는 인간의 기본적인 양극의 본성을 반영한다. 그들은 다른 일곱 행성처럼 물질적인 실체로서 존재하지 않는다. 그들은 황도대의 별자리의 황도면과 우리의 행성 주변을 도는 문 궤도의 면이 교차하는 지점을 각각 나타낸다. 노드는 문에 속하기 때문에 어스트랄러저, 천문학자, 수비학자에게 중요하다. 인간의 정서에 대한 문의 영향은 보편적으로 받아들여진다. 문의 길이 다른 행성들의 길과 교차하는 것은 노드에서뿐이다. 노드 지점은 우주 공간에 고정된 지점이 아니라 좀더 '뒤쪽'이다. 즉 그들은 항상 역행하고 결코 순행하지 않는다. 고대에는 노드의 도움으로 일식과 월식의 정확한 날짜를 어스트랄러저와 천문학자가 결정할 수 있었기 때문에 노드는 매우 의미 있게 되었고 '반 행성'의 지위가 주어졌다. 또한 실제 존재가 아니기 때문에 그들의 영향은 모든 사람의 차트에서 그 위치가 다양하다. 그들의 영향은 정서적인 행동의 넓은 범위를 만들기 때문에 노드에 대한 지식이 필요하다.

문의 노스 노드인 라후는 정신적인 수준에서 주로 작동하는 적극적이고 파괴적인 힘이다. 라후는 흉성이라고 여겨졌다. 역동적인 본성, 낮은 진동, 쾌락주의, 항상 불만족이다. 그것은 그 주인공을 게으르고 무기력하며, 둔하고, 모순되고, 쾌락 추구자로 만든다. 그들은 혁명가, 음모자, 스파이, 탐정이 된다. 라후는 그 주인공에게 혼란, 무지, 공포증, 적의, 성취하기에 긴 시간이 필요한 큰 계획을 가져온다. 그것은 그들을 열심히 일하게 하고 나쁜 업을 수행하도록 만든다.

라후의 우호적인 면은 그림 그리기, 글쓰기, 편집에 재능을 준다. 그것은 명성과 성공, 육체적인 매력과 아름다움을 가져온다. 또한 그 주인공을 지적이고, 대담하고, 비밀스럽게 만든다. 그들이 정치에 관심이 있으면 라후는 성공적으로 만들지만 종종 그들은 야당의 지위를 차지한다. 라후는 그 주인공에게 존재의 모든 진리에 대한 보이지 않는 면을 보는 것을 통해 비전의 국면을 제공한다. 라후가 주피터나 비너스와 컨정션일 때 그 주인공에게 비밀 과학, 탄트라 등의 접근을 제공한다.

라후는 타마식(불활성) 본성이고 육체적인 강함, 뼈, 지방, 조직, 피부에 영향을 준다.

라후는 그 주인공을 외국으로 여행하도록 만든다. 또한 항해사를 다스린다.

라후의 비우호적인 면은 분별력에 대한 개인의 힘과 개인의 민감성을 훼손시킨다. 라후는 그 주인공을 독선적이고, 이기적이며, 수동적이고, 둔하고, 공격적으로 만들고, 그들에게 감금의 고통으로 또는 지하로 숨어들게 만든다. 그것은 어려움, 반대, 굴욕을 가져오고, 고통을 주는데, 이는 진단하거나 치료할 수 없다. 또한 그 주인공에게 자살의 경향성을 제공한다.

라후는 황도대의 버고 싸인을 지배하고, 이 또한 머큐리가 지배한다. 그것은 토러스에서(몇몇에 따르면 제머나이에서) 항진된다. 반면 스콜피오(몇몇에 따르면 쌔저테리어스)는 쇠퇴의 싸인이다. 라후에 대해 우호적인 황도대 싸인은 제머나이, 버고, 쌔저테리어스, 파이씨즈이다. 반면 적의 싸인은 캔서와 리오이다. 토러스와 리브라에서 더 나은 결과를 가져온다. 라후에 좋은 하우스는 3, 6, 8, 9, 10, 11이다. 색깔은 감청색이나 스모키 블루이고 원소는 바람이다.

어스트랄러저는 라후를 연기smoke에 비유한다. 연기는 그 자체의 명확한 본성이나 모양이 없지만 나타나면 다른 모든 것을 흐리게 할 수 있다. 그 영향에 있는 사람들은 쉽게 짜증내고, 외설적인 언어를 사용하고, 신경의 통제를 상실하고 파괴적이 된다.

그것의 좋고 나쁜 점을 모두 제외하고 라후는 그 주인공에게 파괴적인 특성을 제공하는 큰 에너지의 힘이다. 또한 그들에게 이 세상에 대한 독특한 인식을 제공한다. 이것은 대체로 인간 의식의 성장에 아주 건강한 것이다. 라후는 용기, 인내, 지성을 제공하는데, 이는 숫자 4 사람들이 특권을 가진 소수에 대항하여 그들의 목소리를 높여서 탄압받고 괴로워하는 사람들을 돕는 데 사용하는 것이다.

# 숫자 4

## 사이킥 숫자 4

4는 어느 달이든 4, 13, 22, 31일에 태어난 사람의 사이킥 숫자이다. 물론 이들 중에서 31에 태어난 숫자 4가 가장 행운이다.

숫자 4는 라후가 지배하고, 이는 항상 변하는 것이다. 결코 고착되지 않고 항상 역행하며 결코 순행하지 않는다. 라후의 영향은 사이킥 숫자 4 사람들의 삶을 갑작스러운 변화로 인도한다. 그래서 그들은 계속 불안정에 직면해야 한다. 그들은 매우 갑작스럽게 변화를 겪기 때문에 의심하는 본성을 계발하고 쉽게 믿을 수 없다. 불확실성 때문에 그들은 상담해야 하고 삶 내내 다른 사람들의 조언에 따라 행동해야 한다. 이것은 또한 라후가 옳고 그름을 분별하는 힘과 옳은 판단의 힘을 약화시키기 때문에 일어나는데, 이것은 개인에게 파괴적인 본성을 제공한다.

의심하는 본성은 사이킥 숫자 4를 완고하고 고집 세게 만든다. 라후는 그들에게 대담함, 용기, 인내를 제공하기 때문에 불안 없이 통증과 고통을 견딜 수 있다. 그들은 짜증 없이 거뜬히 갑작스러운 변화, 불안정, 고통을 받아들인다. 그들은 반대에 과감하게 직면한다.

일상적인 논의에서든 진지한 논쟁이든 그들은 항상 패배자를 지지한다. 정부에서 일할 수 있으면 지배하는 여당에 만족하는 것이 아니라 야당의 자리에 앉는 것을 선호한다.

극단론자인 그들은 더구나 정상에서 밑바닥까지 오르내린다. 그들은 평범하게 되는 것을 좋아하지 않거나 또는 중산층에 속하는 것을 좋아하지 않는다.

그들은 성장과 발달을 위해 투쟁해야 하고 그들이 하는 어떠한 일에서도 작든 크든 계속 방해와 직면해야 한다.

그들은 생애 내내 비판과 반대를 직면해야 한다.

그들의 관점은 항상 다른 사람들의 관점과 다르기 때문이고 대화에서 약자 편을 좋아하기 때문에 스스로 문제를 만들고 또한 비밀스러운 적도 만들어낸다. 그러나 그들의 의도는 공정하다. 본래 그들은 싸우기를 좋아하지 않는다.

그들은 믿을 만하고 참을성 있는 친구들로, 스스로 모든 조건에 적응할 수 있는 사람이다. 그러나 그들은 재빨리 변화하는 본성(가끔 그들은 상냥하고 부드럽고, 가끔 거칠고 순박함)이 있기 때문에 종종 일가친척들을 짜증나게 한다. 친구들이 그들을 이해할 수 있고 그들의 변덕스러운 행동을 포기할 수 있다면 그들이 매우 도움이 되고, 통이 크고, 실용적인 사람들이고, 멋진 생각을 가지고 있다는 것을 알아본다. 그들은 특히 큰 모험과 계획을 다루는 일에서 체계적이고 효율적이다.

그들의 비인습적이고 자유로운 사고 방식은 사회에 도움이 되고 가난하고 고통스러운 사람들에게 이익이 되는 사회로 큰 개혁을 도입할 수 있다.

그들은 모든 종류의 개혁에 관심이 있다. 환경의, 사회의, 공동사회의, 가정의 개혁에 말이다. 이것은 그들을 정치나 영적인 조직으로 이끌 수 있다. 이는 그들이 개혁을 도입할 수 있고 그들 자신의 집단에서 지도자가 될 수 있는 것이다.

그들은 본래 반체제적이고 본능적으로 규율과 규칙에 대항하여 반항한다. 법률을 깨는 데 머뭇거림을 느끼지 않는다. 그들이 헌법상의 권위에 대항하여 반항할 때마다 인기 있고 유명하게 된다. 그러나 그들은 세속적으로 또는 물질적인 분야에서 실용적인 접근이 있을지라도 좀처럼 성공적이지 않다.

그들은 음모를 좋아하고 가끔 젊은 시절에는 공모자로 산다. 존재하는 기준과 다르게 되려는 경향성 때문에 그들은 무정부주의자, 테러리스트, 법률 위반자들과 동맹한다. 그러나 또한 그들을 오해하게 될 사람들 그리고 그들이 공모자가 될 것이라고 받아들일 사람들을 두려워한다. 이것은 그들을 외롭고 버려진다고 느끼게 만든다.

그들은 부를 축적하는 개념과 결부되지 않는다. 돈이 있을 때마다 아낌없이 소비한다. 사치스럽게 사는 방식과 자유롭게 소비하는 방식은 사람들에게 그들이 부자라는 인상을 준다. 통이 큰 것은 부족하고 가난한 사람들에게 돈을 주도록 만든다. 이는 사실 그들이 그렇지 않을 때도 친구와 친척이 그들이 매우 부자라고 생각하도록 만드는 것이다.

그들은 예술에 대해 매우 훌륭한 비평가이다. 그들은 예술 박람회를 방문하기, 콘서트나 극장에 참여하기, 또는 고대 유물의 전시회 보기를 좋아한다. 그들은 이런 행사들을 비판적으로 평가하기를 즐기지만 그 생각은 매우 명료하지 않다.

같이 살고 있는 다른 사람들과 더불어 또는 그들과 관련되어, 그들은 마음과 삶에 대한 명료한 그림이 없어서 어둠에서 머무른다. 이것은 가족생활과 우정에 문제를 만든다. 삶의 명료한 그림이 없는 이 습관은 그들의 길에 갑작스럽게 들어오는 사건과 방해가 있게 되는 결과이다. 그래서 그들은 원하는 것을 성취하지 못한다.

그들은 삶의 균형과 질서를 만드는 것을 좋아하고 체계적인 방식에서 그것들이 끝나기를 바란다. 조화로운 숫자들에게서 지지받게 되면 그들은 순조롭게 진전을 보이고, 부를 획득하고, 유명하게 될 수 있다. 이것은 그들이 실제적인 입안자이고, 열심히 일하는 사람이며, 의지가 굳기 때문이고, 반대와 도전을 직면하는 데 두려워하지 않기 때문이다.

우정은 그들의 삶에서 실제 친구가 아주 적을지라도 평생 간다. 그들은 항상 사람들에게 오해받는다고 느낀다.

그들은 자수성가한 사람이고 본래 매우 비밀스럽다. 그들은 자신들의 비밀을 가까운 사람과 그들에게 소중한 사람에게도 노출하지 않는다. 이것으로 그들에게 심장병을 일으키지만 그들은 외로움을 느끼고 그 모든 고통을 혼자 견디는 듯하다.

그들은 매우 이기적이고 이기적인 동기를 충족시키기 위해 어떤 극단으로도 갈 수 있다, 그것이 누군가를 해치는 것을 의미할지라도.

그들은 잘못된 약속을 하고 삶의 과정 내내 비평가, 반대자, 적을 만든다.

그들은 훌륭한 좌담가이고, 매우 예의 바르며 이성을 친절하게 대한다. 매우 관능적이다. 남성이라면 성적 충동이 두드러진다. 많은 연애를 하고 항상 사랑 문제에서 성공적이지 않다. 갑작스러운 변화의 어려움은 결혼 계획을 뒤엎는다. 비록 의심과 불확실성에 대한 그들의 특성이 이것에 중요한 역할을 할지라도 그것이 그들을 재난으로 이끄는 갑작스러운 변화의 요인이다.

사이킥 숫자 4 여성은 남편, 남편의 친구, 가족의 다른 남자 구성원들을 대하는 데에 매우 다정하다. 그녀는 낭만적이고 본래 친절하다. 그녀는 책임 있게 행동하고 남편과 남편의 친구들, 친부모, 친척들을 잘 보살핀다. 그녀는 본래 부지런하고, 신중하고, 유연하며, 과묵하다. 그녀는 독립적인 삶으로 이끄는 것을 좋아하고 다른 사람들에 의해 좌우되는 것을 좋아하지 않는다. 그녀는 사이킥 숫자 4, 8, 9와 어떤 종류의 관계라도 지속되지 않도록 조언한다. 사이킥 숫자 1, 3, 5, 6 사람이 좀더 적합하고, 동정적이고 조화롭다.

모든 반대와 비판을 제외하고 그들이 실패와 고통을 받아들인 사이킥 숫자 4는 생애의 후반부에 보상과 인정을 얻는다. 그들은 또한 재산 상속에서 이익이 있다.

– 사이킥 숫자 4를 위한 예방책

- 무비판적인 본성을 계발해야 하고 좀더 신뢰해야 한다. 가능하면 다음의 붓다의 유명한 말씀을 기억해야 한다. "모든 것을 의심하라. 그런 다음 그 의심도 의심하라." 그들은 의심을 당연한 것으로 받아들이지 말아야 하고 좋은 기회를 놓치지 않도록 해야 한다.
- 냉정을 유지해야 한다. 은잔silver goblet으로 물을 마시고 은 접시로 음식을 먹는 것이 분노를 줄이는 데 도움이 된다. 분노가 그들의 가장 큰 적이다.
- 다른 사람들에게 감사하는 것을 배워야 한다.
- 이기심을 줄여야 하고 이타적인 봉사를 수행해야 한다.
- 불필요하게 돈을 소비하는 것을 피해야 하고 노년과 필요한 때를 위해 저금해야 한다.
- 재빨리 그리고 독립적으로 그것들을 결정하는 습관을 길러야 한다.
- 다른 사람을 비난하는 것을 자제해야 한다.

- 다른 사람에게 잘못된 희망을 제공하지 말아야 하고 잘못된 약속도 하지 않아야 한다. 솔직해야 하고 그들이 다른 사람들을 위해 뭔가를 할 수 없을 때 '아니오'라고 말하는 것을 배워야 한다, '예'라고 말하고 그 다음 행동하지 않는 대신에.
- 맹목적으로 믿지 않아야 한다.
- 말을 덜해야 하고 좀더 듣기 좋은 톤으로 말해야 한다.
- 외로움과 고립을 피해야 한다.
- 목적 없이 여행하는 것을 피해야 한다.
- 명상해야 하고 마음을 고요하게 하는 운동을 해야 하는데, 그렇지 않으면 노년에 기억력 저하로 고통을 받는다.

숫자 4는 가끔 쿤달리니 경험이 있을 수 있다. 이것이 일어나게 되면 당황하지 않아야 하고 의학적인 조언을 구하지 않아야 한다. 만약 그대로 두면 그들은 어떤 문제없이 의식의 정상적인 상태를 회복할 것이다.

숫자 4 사람이 데스티니 숫자가 9이면 기계로 작업하는 것을 피해야 한다.

**어느 달이든 13일이나 22일에 태어난 사람의 특징**

- 숫자 13

어느 달이든 13일에 태어난 숫자 4 사람은 썬이 지배하는 1과 주피터가 지배하는 3의 결합이라는 것을 명심해야 한다. 13에서 썬은 주피터를 괴롭히는데, 이는 쉽게 짜증나는 본성을 만든다. 그러나 또한 숫자 1 사람에게서 발견되는 그 특성을 제공한다(13은 10시리즈의 숫자이기 때문에 이는 1에 의해 영향 받는다). 주피터에 대한 썬의 괴롭힘은 그것들이 빠르게 일어나도록 만든다. 이 사람들이 지지하는 친구를 찾으면 그들은 슬픔, 염세주의, 과민함을 남길 수 있는데, 이는 생애에서 그들의 표시를 만들기 위해서이다.

그들은 헤소나이트(gomed pishthi) 가루를 크림이나 꿀과 함께 자주 섭취해야 한다. 또한 은 식기로 먹고 마셔야 한다.

대체로 서구에서 13은 불길하고 불행한 숫자로서 생각한다. 비록 이 신념의 뿌리가 초기 유럽 신화까지 추적할 수 있을지라도 그것은 훨씬 후기인 17세기 후반에까지 이 숫자가 불행하다고 생각되었다.

중국에서 13은 어려움의 숫자로 생각된다. 그러나 멕시코의 고대 종교에서 13은 가장 상서로운 숫자였다. 이는 썬, 양, 남성 에너지를 상징한다.

카발라에서 13은 불행으로서 생각하지 않는다. 모세의 제2권에서 신의 13가지 특성을 읽을 수 있다(출애굽기 34:6~7). 13은 인도에서 불행한 숫자가 아니지만 영국의 영향 때문에 어떤 사람들은 13을 불길한 숫자라고 말한다.

수비학에서 13은 불행하거나 불길한 숫자가 아니다. 13은 실제적이고, 기민하고, 신뢰할 수 있는 사람의 숫자이다. 이 날짜에 태어난 사람은 문제의 깊이로 쉽게 갈 수 있다. 그래서 그들은 과학 연구나 탄트라와 같은 오컬트 과학에서 매우 성공할 수 있다. 종교와 철학에 대한 관심은 그들에게 큰 성공과 싯디siddhis(초자연적이 된다고 생각하는 힘)를 가져올 수 있다.

## – 숫자 22

어느 달이든 22일에 태어난 사이킥 숫자 4는 숫자 2에게 좀더 강하게 영향 받는다. 그러나 여전히 그들은 숫자 4의 모든 특성을 지니고 있다. 그들은 매우 고집 세고 친구와 친척에게서 힘든 사람이라고 간주된다. 이 숫자가 있는 사람은 가족과의 분리로 고통스럽게 되고 남성의 경우에 가끔 재혼한다.

숫자 22는 몇몇 그룹에서 신비로운 숫자라고 믿는다. 숫자 22 사람은 전문가이다. 그들은 일을 효율적으로 집행한다. 실제적이고 체계적이다. 그들은 힘들게 투쟁해야 한다. 그것은 동료, 파트너, 친척, 가족으로부터 많은 지지를 받지 못하기 때문이다. 이 숫자가 있는 사람은 정치에서 매우 성공한다. 사업에서 파트너가 지지할 때 두드러질 수 있을 뿐이다. 그들은 마음을 이완하는 기술을 배워야 하고 라후의 영향을 진정시키기 위해 헤소나이트(gomed pishthi) 가루를 사용해야 한다. 결혼 문제를 제외하고 그들은 어려움과 장애를 극복할 수 있고 성공을 얻을 수 있다.

## 데스티니 숫자 4

데스티니 4는 데스티니 숫자로서 매우 좋지 않다. 사이킥 숫자가 4일 때 그들의 삶에서 갑작스러운 변화로 오게 되는 고난과 타협하도록 스스로를 훈련시킬 가능성이 있다. 그러나 데스티니 숫자가 4일 때 갑작스러운 변화가 오고 그들의 삶의 종합적인 기본 계획을 부순다. 삶은 지치고 넌더리나게 된다. 비록 삶에 안락함과 사치스러움이 있을지라도 그들은 항상 뭔가를 잃고 있다고 느낀다.

그들은 종종 앞서 움직이는 기회를 얻지만 그 의심하는 본성은 그들을 의심스럽게 만들고 그 기회를 놓친다.

그들은 무거운 책임감과 의무감으로 부담되고 그것들을 이행하는 것 말고 다른 선택이 없다. 그들은 충분한 스태미너와 강함이 있지만 노동은 보상받지 못한다. 일에 대해 적절한 감사를 받지 못할 뿐 아니라 반대와 비판도 직면해야 한다. 이것은 그들을 미심쩍고 과도할 정도로 조심성 있게 만든다. 그래서 그들을 스스로 고립시키고 슬프고 외롭게 느끼도록 강요한다.

라후는 그들에게 실망감을 준다. 데스티니 숫자 4는 결코 일에서 만족감을 느끼지 못하고 항상 더 나은 것을 찾으려고 한다. 따라서 매우 자주 직업을 바꾸고 구르는 돌rolling stones처럼 된다.

라후의 영향 때문에 항상 비밀과 보이지 않는 적에 의해 방해받는다. 이 적들은 그들의 비인습적인 본성, 긍정적인 관점, 비평적이지만 여전히 불명확한 마음 때문에, 그리고 존재하는 관습이나 규범을 따르지 않기 때문에 그들에게 끌린다.

라후의 역행으로 인해 그들은 불안하고 참을성이 없다. 일을 지연시키는 것을 견딜 수 없지만 그들의 일에는 항상 지연이 생긴다(새턴처럼 라후는 방해와 지연을 만든다). 좋은 행운에서도 지연이 생긴다.

그들의 가정생활은 좋지 않다. 그들의 이기적이고, 의심하고, 비밀스런 본성은 그것을 파괴한다. 그들은 그것들을 재빨리 결정할 수 없다.

노년에 그들의 기억은 약하게 된다.

데스티니 숫자 4 사람이 토요일에 태어나고 사이킥 숫자가 4나 8이면 목록에 있는 모든 특성이 좀더 두드러지게 된다.

그들은 돈을 벌기 위한 다양한 자원이 있지만 그것은 쉽게 소비된다. 낭비에 대해 의식적으로 조심하기 않으면 먹고살기 위해 노년에 도 열심히 일해야 한다.

**이름 숫자 4**

비록 사이킥 숫자나 데스티니 숫자가 1이고 사이킥 숫자가 3인 사람이 이름 숫자로 4가 있을지라도 일반적으로 숫자 4는 좋은 이름 숫자는 아니다. 숫자 1과 3은 낙천적이고, 이상주의적이며, 인간의 복지에 헌신한다. 숫자 4는 그들을 조심스럽고 의심스럽게 만든다. 4는 신뢰할 수 있는 친구의 넓은 그룹을 만들지 못한다. 사업 문제에서 4는 또한 큰 성공을 가져오지 못한다. 가능하면 이름 숫자가 4인 사람은 그들의 사이킥 숫자와 조화로운 숫자로 그것을 바꾸어야 한다. 예를 들면 1, 3이나 6. 이것은 동료와의 관계를 좀더 낫게 되도록 돕고 비밀의 적에게서 그들을 지키도록 돕는다.

## 내부 환경과 외부 환경의 균형 맞추기

단식 준수하기, 적절한 향신료와 젬스톤 가루 사용하기, 만트라 명상하기, 얀트라 사용하기를 함으로써, 개인은 내적인 환경을 균형 맞출 수 있다. 외부 환경을 균형 맞추는 것은 활동에 대한 올바른 시간(어센딩 사이클이나 디센딩 사이클에서) 선택하기, 좋은 친구 선택하기(조화로운 숫자 찾기), 적절한 때(약한 기간과 강한 기간을 관찰하기)에 일을 시작하는 게 가능하다. 균형은 다음 부분에서 설명한 대로 이미 가능한 에너지 흐름과 함께 작업함으로써 성취된다. 다음 정보는 사이킥 숫자 4인 사람에게 적용된다.

## 약한 기간

10월, 11월, 12월은 일반적으로 숫자 4에게 좋은 달이 아니다. 이 기간 동안 그들의 슬픔은 증가한다. 그들은 일에서 많은 방해에 직면한다. 그래서 육체적으로 약하고, 덜 열광적이고, 게으름을 느낀다. 그리고 손실이 있고 심리적인 문제가 있다.

## 강한 기간

3월 21일과 4월 28일 사이의 기간과 7월 10일에서 8월 20일 사이의 기간이 숫자 4에게 좋다. 그들은 이 시기를 잘 사용해야 한다. 새로운 일 시작하기, 새로운 계획 집행하기, 미정의 일 끝내기, 미래에 대한 계획하기.

## 좋은 날짜

4, 13, 22, 31일은 일반적으로 좋은 날짜이다. 월요일인 1, 3, 5, 12, 14, 19, 21일이면 또한 좋다.

## 좋은 요일

토요일, 일요일, 월요일은 숫자 4에게 좋은 요일이다. 이 요일이 좋은 날짜에 오면 그들에게 부가적인 힘을 제공한다.

## 좋은 색깔

파란색, 회색, 카키색, 모든 반짝이는 색깔들은 숫자 4에게 좋다. 이 색깔을 주변에 둔다면 그 색에서 좋은 에너지를 끌어들인다.

## 보석용 원석

헤소나이트는 숫자 4의 돌이다. 그것을 다섯 가지 금속을 섞어서 세팅한 것으로 반지나 펜던트로 사용해야 한다.

몸을 전기화학적으로 치유하도록 돕기 위해 헤소나이트 가루를 사용해야 한다.

## 명상

그들은 방해 제거자인 가네샤 신에 대해 명상해야 하고 다음의 가네샤 만트라를 찬송해야 한다.

GAJANANAM BHUTGANADI SEVITAM

가자나남 붓가나디 세비탐

KAPITHYA JAMBO PHALCHARU BHAKSHANAM

카피트야 잠보 팔차루 박샤남

UMA SUTAM SHOKVINASH KARAKAM

우마 수탐 비나쉬 카라캄

NAMAMI VIGHNESHWAR PADPANKAJAM

나마미 비그네쉬와르 파드판카잠

## 신성

숫자 4는 가네샤를 경배하도록 제안한다. 가네샤는 황금 왕좌에 앉아 있다. 그는 팔이 네 개이고 코끼리 머리를 하고 있다. 한 손은 축복을 하고, 다른 손은 열망의 코끼리를 통제하기 위해 손도끼를 잡고 있다. 세 번째 손에는 올가미 밧줄을, 네 번째 손에는 좋아하는 사탕 라두Laddu를 들고 있다.

## 만트라

어떤 행성이든 만트라의 자파(반복)는 문의 어센딩 사이클 내에 끝내야 하고 제시된 숫자만큼 반복해야 한다.

4들이 방해와 금전 문제를 경험할 때마다 가네샤 만트라(명상을 보라)를 수행하고 그런 다음 108구슬의 말라(묵주)로 라후 만트라를 반복하는데, 두 번 돌려야 한다.

AUM RANG RAHUVE NAMAH AUM
옴 랑 라후베 나마흐 옴

## 라후 얀트라

| 13 | 8 | 15 |
|---|---|---|
| 14 | 12 | 10 |
| 9 | 16 | 11 |

## 건강과 질병

라후와 관련된 질병은 감기, 기침, 감염질병이나 감염에 의해서 유발된 질병이 포함된다. 혈액 부족, 심장병, 고혈압이나 저혈압(대부분 고혈압), 쉽게 진단할 수 없거나 치료할 수 없는 질병은 또한 라후와 관련된다.

숫자 4는 오레가노 씨앗과 페뉴그릭 씨앗을 낮은 소화력과 가스병으로 유발된 문제를 예방하기 위해 사용해야 한다. 이것은 심장병과 혈압 문제로부터 그들을 보호할 것이다. 또한 페뉴그릭 씨앗은 면역계에 좋고 감염 예방을 돕는다. 그들은 혈액 부족을 막기 위해 당근 주스, 비트 주스, 과일 주스를 사용해야 한다. 또한 분노를 피해야 한다. 분노는 혈액을 끓게 하고 혈압을 증가시키기 때문이다. 헤소나이트 가루의 사용은 라후에 의해 만들어진 문제로부터 그들을 구할수 있다. 정화하는 차, 푸른 잎채소, 새싹(녹두, 개밀, 페뉴그릭과 같은)의 규칙적인 사용은 그들을 강하고 건강하게 유지하도록 도울 것이다.

## 단식

월요일마다 그리고 문의 어센딩과 디센딩 사이클마다 네 번째 날에 단식해야 한다. 그날은 주스를 마셔야 하고 필요하면 일몰 후에 과일을 먹는다.

## 우정

숫자 1, 3, 5, 6, 7은 우정으로 좋다. 이 숫자가 있는 사람이 숫자 4의 강한 기간 동안에 태어났다면 그들은 좀더 적합한 친구가 될 것이다.

## 로맨스

숫자 1이 최고다. 그 다음이 6이고, 그 다음이 4가 결혼과 연애에 좋다.

### 생애의 좋은 연도

4, 13, 22, 31, 40, 48, 49, 58, 67, 76, 85세가 좋다. 또한 8, 17, 26, 35, 44, 53, 62, 71, 80세가 좋다.


# 관계에서 숫자 4 사람들

다음의 정보는 사이킥 숫자 4와 다른 사이킥 숫자를 비교한 것에 근거한다. 그것은 또한 데스티니 4와 다른 데스티니 숫자, 그리고 이름 숫자 4와 다른 이름 숫자를 비교한 것에 기반을 둘 수 있다(이 비교는 다음의 범주와 같다).

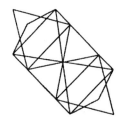

### 숫자 4와 숫자 1

어스트랄러지에서 4와 1은 적이다. 정반대의 이 세상에서 정반대이다. 정반대의 극성은 서로 끌리고 함께 완전히 새로운 제3의 힘을 만든다. 그래서 1은 4에게 매우 좋다. 숫자 1은 아는 사람과 친구의 넓은 그룹과 함께하고 행운인 반면 숫자 4는 스스로를 고립시킨다. 그들의 우정은 유익하다. 둘은 실제적이고, 부지런하고, 정치에 관심이 있다. 그래서 그들은 개혁을 좋아하고 정치에서 이상적인 파트너가 될 수 있다. 숫자 4는 가정생활에서 행운은 아니지만 1은 그들을 행운으로 만들 수 있다. 1은 자연스럽게 4에게 끌리기 때문에 그들은 생애 좋은 파트너가 될 수 있다. 4는 우유부단하기 때문에 1은 이 분야에서 그들을 도울 수 있다. 사업 파트너로서 1은 또한 4에게 이롭다. 4는 그러므로 어떤 종류의 관계를 위해서든 직업 인터뷰 날짜, 또는 주거의 숫자에도 1을 선택하는 게 좋다. 숫자 4는 그것들을 약자의 면에서 보고 비인습적이다. 이 신선한 지각은 1에게 부가된 차원을 제공한다. 4 또한 1에게서 획득한 부가적인 차원으로 풍부하게 된다. 두 숫자는 사회에 도움이 되고 함께 인류를 위한 큰 조력자가 된다.

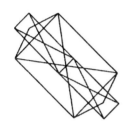

### 숫자 4와 숫자 2

숫자 4와 숫자 2는 모두 짝수이다. 다만 어스트랄러지에서는 적인데, 그들은 라후(4)와 문(2)이 지배하기 때문이다. 숫자 4는 2의 길에 방해를 만들고 그들의 성장에 결정적이다. 이름 숫자나 데스티니 숫자가 4인 숫자 2들은 장애와 어려움으로 고통스럽다. 2는 너무 변덕스럽고 정서적이며 4는 관대하지 않다. 둘은 계속해서 변하는 숫자이다. 4에서 변화는 갑작스럽고 예기치 않은 것으로, 이는 2에게 심리적인 문제를 만든다. 그러므로 4는 결혼이나 사업 파트너로 2를 선택하지 않아야 한다. 2는 4에게 해롭지 않기 때문에 그들은 친구로서 2를 선택할 수 있다. 숫자 2는 또한 약속 날짜나 주거 숫자로 좋다.

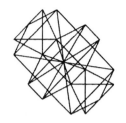

### 숫자 4와 숫자 3

4가 3의 적일지라도 숫자 3은 4에게 중립적이다. 4는 정적이고 3은 역동적이기 때문에 그들의 우정은 4에게 이롭다. 숫자 3은 4에게 훌륭한 조언자이다. 이 조언을 따르면 4는 강함을 얻는다. 이 우정은 4가 성장하고 발달하도록 돕는다. 숫자 3은 친절한 숫자이고 보편적인 조력자이다. 그래서 4는 이 우정, 사업 파트너 등으로 이롭게 된다. 숫자 4 여성은 결혼을 위해 숫자 3 남성을 선택할 수 있지만, 그 반대는 아니다. 숫자 3 여성은 4의 문제를 이해하고 동정할 수 있고, 그들에게 의심하는 본성을 치유하도록 긍정적인 에너지를 제공한다. 3은 사람들에게 영감을 주고 친구의 범위가 넓기 때문에 3은 또한 4를 고립과 우울에서 구할 수 있다.

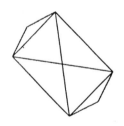

### 숫자 4와 숫자 4

비슷한 극은 서로 반항하고 비슷한 숫자는 대체로 이상적인 결합을 만들지 못한다. 비록 그들이 결코 서로에게 해를 유발하지 않을지라도 두 숫자 4는 따라서 서로 매우 유익하지 않다. 두 사이킥 숫자 4는 좋은 친구가 될 수는 있지만 함께할 때 좀더 불활성이고 소극적이고 정적이 된다. 그들이 비록 생애 파트너, 친구나 사업 파트너가 될 수 없을지라도 여전히 함께 생존할 수 있다. 그러나 둘의 의심하는 본성은 미래를 위한 계획에서 좀더 많은 어려움을 가져오고 문제를 유발시킨다. 결혼을 위해 4는 좋은 기간(3월 21일과 4월 28일 사이 또는 7월 10일과 8월 20일 사이) 동안 일요일에 태어난 4를 선택해야 한다. 이 두 4의 데스티니 숫자와 이름 숫자는 또한 서로 조화롭게 되어야 한다. 4들은 약속 날짜나 주거 숫자로서 4를 선택할 수 있다.

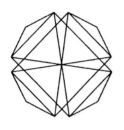

### 숫자 4와 숫자 5

숫자 5는 머큐리의 지배를 받는다. 이것은 숫자 5를 본래 불안정하고 매우 의존하게 만든다. 우정은 숫자 4에게 매우 유익하지 않다. 이것은 5가 어린애 같고 숫자 4는 필요한 관심을 그들에게 제공할 수 없기 때문에 우정에서 서서히 관심을 잃는다. 숫자 5는 역동적이지만 그들은 다른 사람들로부터 에너지가 필요하다. 반면 4는 그 에너지를 제공하지 못한다. 그들은 서로에게 나쁜 감정은 없고 함께 생존할 수 있지만 그들의 우정은 서로에게 이롭지 않다. 그러므로 숫자 4는 약속 날짜, 주거 숫자, 가벼운 우정을 위해 5를 선택하는 것이 좋지만 그들과 결혼이나 사업 파트너가 되지 않는 게 좋다.

### 숫자 4와 숫자 6

숫자 4와 6은 조화롭다. 숫자 4는 6에게 쉽게 끌리지만 장기적인 관계에서는 4에게 심한 불만족을 가져온다. 6은 비너스가 지배하기 때문에 6은 4에게 어떠한 안내도 제공하지 않고, 그들을 느리고 가끔 게으르게 만든다. 6은 4처럼 열심히 일할 수 없다. 두 숫자는 돈을 자유롭게, 불필요하게 소비한다. 사업에서 함께 일하면 그들의 경비를 지불할 정도로 충분히 벌 수 없다. 6은 느리고 안정과 인내가 부족한 반면, 숫자 4는 정반대이다. 너무 빠르다. 숫자 4는 그들의 미래를 계획할 수 없다. 급작스럽고 예기치 않았던 변화들이 너무 자주 그들의 삶에 오기 때문이다. 6은 기한보다 일찍 계획 세우기를 좋아하기 때문에 이것이 사업 파트너에서 문제를 만든다. 4와 6은 모두 삶에서 여러 번 혼자 살아야 한다. 이 결합이 함께 일하기에는 힘들지만 이미 언급한 것처럼 4는 6에게 끌리고 그들의 우정을 즐길 수 있다. 숫자 6은 전반적으로 전념하지 못하고 혼외의 성관계를 가진다. 그래서 4가 다루는 것이 조금 어렵다. 또한 4는 좋은 가정의 삶으로 축복받지 못하기 때문에 평생 반려자로서 6을 선택하는 것은 매우 조화롭지 못할 수도 있다. 그러나 숫자 4 남성은 필요하면 숫자 6 여성과 결혼할 수 있고, 몇 해는 멋진 결혼 생활을 할 수 있다. 숫자 4는 약속 날짜나 주거 숫자로 6을 선택할 수 있다.

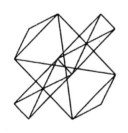

### 숫자 4와 숫자 7

숫자 7과 숫자 4는 똑같은 에너지의 양면이다. 숫자 7은 케투가 지배한다. 용의 꼬리, 즉 문의 사우스 노드다. 숫자 4를 지배하는 라후는 용의 머리, 즉 문의 노스 노드로 알려져 있다. 그들은 180도 떨어져 있고 그래서 완전히 다른 지각으로 그것들을 본다. 숫자 4는 공격적이고 7은 수동적이다. 어스트랄러지에서 그들은 친구이다. 몸이 머리를 위해서 일하는 것처럼 그래서 숫자 7은 숫자 4를 위해서 일하고 나쁜 느낌 없이 그들에게 에너지를 소비할 수 있다. 숫자 7은 4에게 좋은 친구이고, 사업 파트너이며, 평생 반려자이다. 이 관계는 7이 여성이고 4가 남성일 때 좀더 즐겁게 되기도 한다. 사업 파트너에서 그 사업은 7이 돈을 투자하고 4가 그 사업의 실제적인 일을 수행한다면 아주 잘 운영될 수 있다. 그들은 서로 보완한다. 그러나 여전히 머리가 몸을 지배한다.

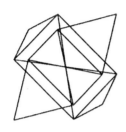

### 숫자 4와 숫자 8

숫자 8은 조용하고 평온하며, 숫자 4에게 평화를 제공한다. 두 숫자는 짝수이고 따라서 정적이다. 그러나 4는 적극적인 숫자이기 때문에 8과의 결합은 불활성이나 수동성을 가져오지 않는다. 두 숫자는 법률 위반자이고, 비인습적이며, 반항적이다. 두 숫자는 가난하고 고통스런 사람들의 조력자이다. 그들이 정치에 관심이 있으면 강한 반대 그룹을 만들고 인권과 자유를 위해 싸운다. 숫자 8은 우정, 사업 파트너십, 결혼으로 4에게 좋다. 이 관계는 8이 남성이고 4가 여성이면 훨씬 더 잘 작동한다. 8은 기본적인 안전을 제공하는 반면 4는 그 자체의 덕성을 개발할 수 있다. 숫자 8은 강력한 숫자이고 그 주인공은 생애 후반부에서 물질적인 부와 성공을 얻는다. 4는 생애 후반부에서만 성공적이다. 초기에 두 숫자는 반대, 어려움, 지연, 힘겹게 고군분투하는 것과 직면해야 하지만 삶의 후반부는 좋다. 숫자 4는 우정, 사업, 생애 반려자를 위해 8을 선택하는 것이 좋다. 4는 이름 숫자로, 중요한 일과 관련된 약속 날짜로, 어려움과 지연을 피하기 위한 주거 숫자로 숫자 8을 피해야 한다.

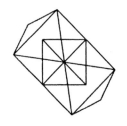

## 숫자 4와 숫자 9

숫자 9는 마스의 지배를 받는다. 마스는 숫자 4의 적이다. 숫자 9는 본래 사교적이고 숫자 4는 그보다 덜하다. 그들의 우정은 숫자 4에게 유익하다. 숫자 9는 정직하고 부지런하지만 본래 투사이다. 반면 4는 9의 적이고 강한 지구력이 있다.

숫자 9는 숫자 4의 비판에 도전을 느끼지 않을 정도로 충분히 강하다. 숫자 4는 9가 좀더 행동하는 것에 참여하도록 격려하는데, 이것은 9가 창조적인 능력을 계발하도록 돕는다. 다른 한편 9는 숫자 4가 강한 의지력을 계발하도록 그리고 의심과 혼란을 제거하도록 돕는다. 따라서 이 숫자들은 우정과 사업 파트너에서 이롭다. 결혼에서 4는 9와 결혼하는 것을 피하는 것이 좋다, 특히 9가 여성이고 4가 남성이라면. 필요하다면 숫자 4 여성은 숫자 9 남성과 결혼할 수 있다.

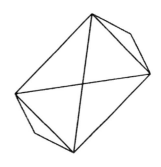

# 머큐리와 숫자 5

머큐리는 어느 달이든 5, 14, 23일에 태어난 사람, 또는 합이 5가 되는 데스티니 숫자나 이름 숫자가 있는 사람을 지배하는 행성이다. 아래에 설명된 머큐리의 특성은 사이킥 숫자 5에게서 가장 확실하게 나타난다.

머큐리는 우리 태양계에서 가장 작은 행성으로, 재빠르게 반응하고, 변덕스러운 성격, 재치, 불안과 관련된 것으로 유명하다. 머큐리는 또한 상록evergreen 행성으로 알려져 있다. 항상 젊은 행성이다. 산스크리트 이름은 쿠마르Kumar(젊은)로, 그 젊음과 호화로운 본성을 나타낸다. 또한 산스크리트어로 붓다라 불리는데, 깨달음buddhi의 행성이다. 이는 글자 그대로 지성과 재치, 즉 프라티우타판나마티pratiuttapannamati를 의미한다.

그것은 호흡계, 신경계, 연설, 교육, 지성과 관련된다.

그것은 중성이고 차고 습한 행성으로 생각된다. 힌두 체계에서 흙이 그 원소이고 본래 상인이다. 머큐리의 상인 같은 본성은 위험과 모험을 받아들이도록 만든다. 극단적인 행성이다. 한편 머큐리가 우세한 주인공은 물질적인 안락함을 좋아하고 돈을 중요하게 생각하는 사람이고, 다른 한편 돈이나 물질적인 쾌락을 신경 쓰지 않는다.

비록 머큐리가 길성이고 상서로운 행성으로 생각될지라도 그 주인공을 의심스럽고, 진지하고, 교묘하고, 가끔 기만적인 사람으로 만든다. 머큐리 주인공은 재치 있고 유머와 엔터테인먼트를 좋아하는 사람들이다. 그들은 조종하고, 현명하며, 섬세하고, 매력적이며, 여행과 모험을 좋아한다. 그들은 웅변가로 태어났다, 비록 그들의 접근에서 과학적일지라도. 그들은 또한 순수 예술 애호가이고, 부드럽게 말하며, 의심하고, 연약하며, 다정한 사람이다. 그들은 어스트랄러지, 수비학, 수상학, 인상학, 필적학, 심리학 공부에 쉽게 끌리게 된다. 그들은 자신과 다른 사람에 대해 가능한 한 명료하게 알고 싶기 때문이다. 본래 물질주의고, 합리적이며, 분석적이고, 비판적이다. 그래서 현대적인 아이디어를 좋아한다.

머큐리는 혼합된 기질의 행성으로 이중적인 본성이 있다. 그것은 주인공을 동시에 장단점 모두를 생각하게 만든다. 그 사람들은 학식 있고 전문적인 사람이며 비슷한 사람의 그룹과 유쾌하게 지낸다. 머큐리는 그 자체 싸인에서 항진된 유일한 행성이다.

머큐리는 썬, 비너스, 라후, 케투와 우호적이다. 새턴, 마스, 주피터는 우정에서 중립적이다. 머큐리는 문에게 적의를 느끼지만 이 느낌은 상호적이지 않다.

# 숫자 5

## 사이킥 숫자 5

이 사람들은 부드럽고 연약한 특성이 있고 고상한 사색가이다. 그들은 본래 학자이고 모든 순간에 배우려고 노력한다. 그들의 활동적인 뇌는 항상 생각하느라 바쁘다. 그들은 즐거움을 좋아하고 명랑하게 되려고 노력하며 주변의 분위기를 행복하게 만든다. 이것은 가끔 많은 에너지를 소모시키는데, 아무도 모든 사람을 행복하게 만들 수 없기 때문이다. 그러나 그들은 다른 사람의 호감을 얻는 데 관심이 있기 때문에 다른 사람을 행복하게 만들기 위해 모든 에너지를 소비하고 모든 자원을 사용한다.

그들은 결정을 재빨리 하고 행동에서 충동적이다. 변화를 좋아하고 원대한 계획(인내를 요구하는)을 만들지 않는다. 비록 그들이 돈을 벌기 위한 새로운 방법을 계획하는 데 항상 바쁠지라도 말이다. 그들은 고찰의 재능을 부여받았고 기꺼이 위험을 감수하기 때문에 돈을 재빨리 벌기 위한 새로운 방법을 발견하고 장기 계획은 피한다. 위험에 대한 기꺼움은 그들을 도박에 끌어들인다. 그래서 그들이 정말로 그렇게 한다면 이 방식으로 부를 얻을 수도 있다.

그들은 젊고 성숙한 사고로 창의력이 풍부한데, 이는 그들을 독특하고 매력적으로 만든다. 그들이 어느 숫자와도 아주 쉽게, 재빨리 우정을 발달시킬 수 있지만 본래 불안정하기 때문에 그 우정은 오래 지속되지 않는다. 그들은 종종 약한 기간 동안에 아주 쉽게 우정을 깬다. 그래서 그런 시기에 친구에게서 의심을 받고 신뢰를 상실하게 되며 외로움을 느낀다.

사이킥 숫자 5는 본래 매우 직관적이다. 그들은 방문하는 누구든지 의도를 정확하게 알 수 있고 그 파트너와 동료의 묘책을 쉽게 볼 수 있다. 그들은 그 사람이 질문을 마치기 전에 해답을 제공한다. 그들은 종종 "나는 당신이 말하는 것이 무슨 의미인지 알아요"라고 말한다. 말한 것의 본질을 직관적으로 이해하기 때문이다.

그들은 매우 순응적이고 얼굴에 미소를 띠며 어떠한 비극과 재난도 견딜 수 있다. 그러나 그들은 집에서 매우 유연하지 않고 그들이 물건을 정리한 것을 사람들이 만지거나 그 질서를 바꾸는 것을 좋아하지 않는다.

아이와 함께 아이처럼 된다. 그래서 젊은 사람과 함께 혁신적이고 진보적인 젊은이다.

그들은 훌륭한 논리학자이다. 개방과 달변으로 그 상대를 무력하게 한다. 그들은 상대와 친구가 될 수 있고 자신의 관점으로 그들을 바꿀 수 있다.

그들은 매력적이고 멋진 성격, 진보적인 아이디어, 적응성, 표현과 논리의 명료함, 긍정적이고 낙천적인 태도, 쾌활하고 젊은 본성으로 사람들에게 인상을 줄 수 있다.

그들은 본래 낭비가이지만 가끔 돈을 헤프게 쓴다. 비록 그들의 자금 상황이 동요할지라도 돈을 저축할 수 있는데, 이는 그들이 힘든 시간 동안 사용할 수 있는 것이다. 그들은 대체로 필요할 때마다 돈을 벌 수 있는 행운이 있다.

그들은 하나의 자원만으로 돈을 벌지 않는다. 그들은 아무 일도 하지 않고 시간을 보낼 수 없고 재빨리 돈을 버는 방법을 고안하기를 좋아한다. 항상 사업에 돈을 투자한다. 그래서 그 투기적인 본성과 기꺼이 위험을 감수하기 때문에 그들은 궁극적으로 사업에서 성공한다. 그들은 신뢰할 만한 파트너이다.

그들은 시간을 의식한다. 그들은 자신의 시간을 가치 있게 여기고 항상 바쁘다.

그들은 순수 예술, 특히 시를 좋아한다. 매우 시적인 방식으로 아이디어를 표현할 수 있고 표현한다.

그들은 유연한 특성이고 쉽게 변하지만 일하는 방식을 바꾸는 것을 좋아하지는 않는데, 이는 매우 독특한 것이다.

그들은 본래 여행자이고 자신의 나라와 먼 나라 모두를 여행을 통해서 경험과 지식을 확장시킨다. 그들은 가족에게서 멀리 떨어진 외국에서 살기를 좋아하고, 이는 삶을 즐기고 배우는 것이다.

어느 달이든 23일에 태어난 사이킥 숫자 5는 5일에 태어난 사람보다 더 행운이다. 그러나 어느 달이든 14일에 태어난 사람은 행운이 덜하다. 비록 그들이 비교적 빨리 물질적인 세계에서 성공을 할 수 있을지라도 많은 장애와 어려움과 가정생활에서 큰 반대에 직면해야 한다. 23일에 태어난 사이킥 숫자 5는 친척, 상사, 공무원, 정치인, 권위에 있는 사람에게서 도움을 받는다. 어느 달이든 5일에 태어난 사람은 완고하고, 열심히 일하며, 독립적이고, 신뢰할 만하고, 자수성가하며, 사랑에서 행운이 있다. 그들은 노년에 삶에서 합리적인 편안함으로 평화롭게 보낸다. 노년에도 젊음을 유지하고 매력적이며 항상 주변에 조력자가 있다.

비록 그들이 운명과 소명을 믿을지라도 카르마의 법칙을 칭송하고 계속 일한다. 그러나 그들은 운명이 좀더 중요하다는 것을 안다. 그래서 삶에서 그들이 바라는 것이 무엇이든 우연히 얻을 정도로 충분히 행운아다. 도박을 하면 돈을 2~3배 늘린다. 그래서 손실을 후회하지 않는다. 그들은 긴장에서 살고 흥분을 좋아한다.

어떤 설교에도 영향을 받지 않는다. 그들은 전통적인 신념에 감사하지만 신비주의자는 되지 않는다. 독립적인 사색가이고, 새로운 아이디어에 개방적이다. 그들은 학식 있고 현명한 사람의 무리를 좋아한다. 또 젊은이, 진보적이고 현대적인 사람도 좋아한다.

그들은 건강에 대해 매우 조심스럽고 필요한 음식을 선택하는 데 주의한다. 그들은 육체적인 외모에 대해 매우 의식한다. 허약할지라도 그들은 강한 체력이고 건강을 유지하며 노년에도 활동적인데, 대체로 장수한다.

머큐리는 자신의 싸인 버고에서 항진되는 것처럼 두 사이킥 숫자 5는 최고의 친구이다.

사이킥 숫자 5 여성은 사이킥 5 남성보다 더 매력적이고, 인상적이며, 부드럽고, 말을 부드럽게 하고 쉽게 영향을 받는다. 그들은 직업을 의식하고 중노동과 즐거운 방식을 통해서 스스로 중요한 경력을 만들어낸다. 젊어서 결혼하는 것이 이로울 수 있다. 삶에서 참 친구와 참 짝을 찾는 것이 어렵게 된다. 그들은 쉽게 사람들을 끌어들일 수 있다. 반면 다만 매우 교묘하고, 과도하게 선별적이고, 이성을 대하는 데서 외교적이지만 피상적이기 때문에 좋은 남편을 선택하는 데 어려움이 있다. 소수의 남성들이 남편 역할에 자격이 있을 수 있다. 그들이 남성과 사업이나 그 외의 관계에 있을 때 재정적이고 사회적인 이익을 만든다. 그들은 아주 완벽하게 의무를 수행하고 적절한 인정을 얻고 비판을 넘어선다.

## – 사이킥 숫자 5를 위한 예방책

이 예방책은 숫자 5 주인공에게 그들의 약한 기간 동안에 도움이 된다.

- 어떠한 경우에도 본성적인 유머감각과 쾌활한 본성을 잃지 않아야 한다.
- 화날 때 좀더 분개하고, 신랄하거나 날카로운 언어를 사용하지 않아야 한다.
- 모든 경우에 과도하게 비판적이 되는 것을 멈추어야 한다.
- 심장과 신경에 스트레스와 긴장을 피해야 한다.
- 아이들의 무리를 유지해야 하고 즐거움과 거리를 두지 말아야 한다.
- 항상 서두르는 것을 경계해야 한다.
- 밤에 독서를 하든 TV, 영화, 다른 공연을 보든 눈을 긴장시키는 것을 조심해야 한다.
- 사람들을 잘못 판단하는 것을 피해야 하고, 대신 친구들과 호의를 베푸는 사람들과의 믿음을 만들어야 한다.
- 짜증과 생각에 잠기는 것을 극복해야 한다.
- 자기 확신, 마음의 평안, 고요, 강한 심장의 힘을 계발하는 운동을 해야 한다.
- 가족과 친구들에 대해 좀더 인내심을 계발해야 한다.
- 숙명론적이 되는 것을 피해야 한다.
- 덜 완고하게 되기 위해 노력해야 한다.

숫자 5 사람은 다음을 피하는 게 좋다.

- 심장이나 혈압에 문제가 있을 때 소금 과잉(일종의 심장이나 피부병에 문제가 없다면, 소금을 조금 더 사용해야 한다. 그들이 아동기와 청소년기의 성장하는 동안 소금을 좀더 많이 사용하도록 조언한다).
- 추위에 노출.
- 다른 사람들에 대해 그들의 아이디어를 집중시키기.
- 다른 사람들에게 잘못된 희망을 주고 잘못된 약속을 하는 것.
- 여행하는 동안 낯선 사람을 믿고 부주의하게 되는 것.

그들은 다음과 같이 해야 한다.

- 좋은 것을 섭취하고, 아침 산책을 오래 하라.
- 피부질병과 심장병에 쉽게 감염되기 때문에 주스를 더 많이 마시고 혈액의 정화에 대해 의식적이 되어라.
- 작은 여행을 하고, 행복하게 머물고, 성공하지 못하고 비관적인 사람의 무리를 피하라.
- 다른 사람들의 의견을 참을성 있게 경청하라.
- 신경을 강화시키고 순환을 향상시키기 위해 적어도 일주일에 1~2번 아몬드유로 몸을 마사지하라.
- 과도하게 활동하는 뇌를 완화시키기 위해 육체노동이나 정원 가꾸기를 하라.
- 숫자 5, 1, 3, 9와 사업 파트너나 평생 반려자로 들어가라.
- 어떠한 이기적인 동기 없이 유명한 사람과의 만남을 발전시켜라.
- 만족하게 되도록, 친구들을 존중하도록, 다른 사람들에게 감사하도록 배워라.

## 데스티니 숫자 5

5는 사이킥 숫자 5에게 최고의 데스티니 숫자이다. 그래서 그들은 매우 강하고, 완고하고 독립적(그러나 의존적)이고, 행운이고, 현명하고, 매력적이며 인상적이 된다.

사이킥 숫자 6은 데스티니 숫자 5에게 매우 적합한데, 이들은 삶의 초반에서 자급자족하게 되는 사람이다. 이 사람들은 자신의 문제를 해결할 수 있고, 좋은 사업을 만들고, 동료와 사업 파트너 사이에 좋고 영감적인 분위기를 만든다. 사이킥 숫자 6은 결정을 천천히 하는 반면 데스티니 5는 빠르다. 빠르기와 신중함의 이 균형은 그들이 하는 사업이 무엇이든 그 결정을 가치 있게 만든다.

다음은 5가 데스티니 숫자로서 좋은 이유이다.


- 부드러움, 친절함, 지혜, 직관, 통찰, 행복, 기민함, 좋은 행운을 가져온다.
- 복권, 상속, 사업에서 받아들여진 위험을 통해 부를 가져온다.
- 그 주인공을 논리적, 합리적, 체계적으로 만든다.
- 물질적인 분야에서 사색하고 발전하는 데서 그들에게 힘을 제공한다. 그래서 가끔 그들을 선구자로 만든다. 그 일의 분야에서 발견자와 창시자이다.
- 정부, 권위적인 인물, 정치 지도자, 친구, 친척으로부터 호의를 제공받는다.
- 그 일의 분야에서 기여에 대한 인정을 가져온다.
- 다재다능하고, 인상적이고, 매력적이며 타고난 낙천주의자로 만든다.

- 그 일과 삶의 상황에 변화를 가져온다.
- 애정 문제에서 좋은 행운을 가져온다.
- 장기간 외국에서 살도록 한다.

5는 사이킥 숫자 2와 7을 제외하고 모든 숫자에게 좋은 데스티니 숫자이다. 5는 또한 출판가, 작가, 변호사, 비평가, 정치인, 사업가, 배우, 학자, 연설가, 스토리텔러, 엔터네이너, 조각가, 어스트랄러저에게 가장 적합하다.

## 이름 숫자 5

5는 또한 좋은 이름 숫자이다. 그 주인공을 진보적이고, 쾌활하고, 생생하게 만든다. 그래서 그들에게 인지도와 긍정적인 진동을 제공한다. 이 이름 숫자는 특히 데스티니 숫자가 5일 때 유익하다. 그러면 그 주인공에게 큰 물질적인 성공과 명예를 가져온다. 그 이름은 사후에도 계속 기억된다.

이름 숫자 5는 사이킥 숫자나 데스티니 숫자가 2나 7, 또는 데스티니 숫자 4에게는 좋지 않다. 숫자 2는 이름 숫자 5와 함께 좀더 불안정하게 된다. 숫자 7은 나쁜 평판을 얻는다. 숫자 4는 점점 더 많은 어려움에 직면하는데 5는 소통의 숫자이고 4는 소통을 좋아하지 않기 때문이다.

이름 숫자 5는 작가, 시인, 사업가, 은행인, 스포츠인, 출판가, 저널리스트, 의사, 배우, 정치인, 소통의 일에 종사하는 사람들에게 매우 좋다.

# 내부 환경과 외부 환경의 균형 맞추기

단식 준수하기, 적절한 향신료와 젬스톤 가루 사용하기, 만트라 명상하기, 얀트라 사용하기를 함으로써, 개인은 내적인 환경을 균형 맞출 수 있다. 외부 환경을 균형 맞추는 것은 활동에 대한 올바른 시간(어센딩 사이클이나 디센딩 사이클에서) 선택하기, 좋은 친구 선택하기(조화로운 숫자 찾기), 적절한 때(약한 기간과 강한 기간을 관찰하기)에 일을 시작하는 게 가능하다. 균형은 다음 부분에서 설명한 대로 이미 가능한 에너지 흐름과 함께 작업함으로써 성취된다. 다음 정보는 사이킥 숫자 5에게 적용된다.

## 약한 기간

숫자 5는 종종 약하고 슬픔을 느낀다. 그들의 지배 행성 머큐리가 자주 역행하기 때문이다.

그들은 약점과 흥미 부족을 느낀다. 그래서 아프다. 그리고 즐거움, 유머, 영감이 부족하다. 그래서 건강에서 좌절하고, 과도하게 민감하며, 지나치게 걱정한다. 또는 5월, 9월 12월 동안에 재정 상실과 의심으로 고통스러울 수 있다.

이 기간 동안에 그들은 친구, 파트너에게 속았다고 느낄 수 있고, 외로움, 철회, 의심스럽고, 불안하고 완고하다.

## 강한 기간

강한 기간은 5월 21일과 6월 20일 사이, 8월 21일과 9월 20일 사이이다.

이 기간들은 새로운 일을 착수하고, 새로운 계약이나 약속을 만들고, 일을 마무리 짓고, 더 나은 집이나 일을 찾기에 좋다.

## 좋은 날짜

어느 달이든 5일, 14일, 23일은 좋은 날짜인데, 특히 이 날들이 좋은 기간 안에 있을 때이다.

## 좋은 요일

수요일과 금요일은 숫자 5에게 좋다. 이 요일이 어느 달이든 5일, 14일, 23일에 있을 때, 좀더 이롭게 된다.

## 좋은 색깔

숫자 5는 초록색 색조, 청록색, 밝은 브라운 색조, 스모키 그레이, 흰색 모두 사용하는 것이 좋다. 그들은 이 색깔의 옷, 베개, 쿠션 커버, 커튼, 테이블보, 침대 시트 등에 사용해야 한다. 또한 초록의 모든 색조, 회색, 또는 흰색의 손수건을 가지고 다녀야 한다. 그러면 그 색깔은 그들의 눈을 즐겁게 한다. 그들이 편안하지 않다고 느낄 때마다 손, 얼굴, 눈을 씻을 수 있고, 원기회복과 에너지를 위해 얼굴과 손을 그 손수건으로 닦아라.

## 보석용 원석

뒤가 개방된 반지로 세팅된 3캐럿의 에메랄드는 새끼손가락에 착용해야 한다. 에메랄드 또는 그 대체 돌을 수요일에 구매하고 같은 날에 보석 세공인에게 주어야 한다. 그것을 수요일에 세공인으로부터 받아야 하고 적절한 의식을 수행한 후에 착용하라.

그들은 몸의 전기화학적인 치유를 돕기 위해 에메랄드 가루를 섭취해야 한다.

## 명상

그들은 부, 평화, 번영의 여신인 락쉬미에 대해 명상해야 한다. 이것이 가능하지 않으면 에메랄드에 대해 또는 대체 젬스톤에 대해 명상해야 한다.

## 신성

그들의 신성 마하락쉬미Mahalakshmi는 연화좌 자세로 푸른 물에 있는 분홍 연꽃 위에 앉아 있는데, 팔이 네 개다. 오른쪽 한 손으로 헌신자를 축복하고 있다. 다른 손으로 신성한 물 엘릭서elixir를 담은 물병을 쥐고 있다. 왼쪽 한 손에 연꽃을 들고 있다. 다른 손으로 금화를 쏟는데, 이는 부를 주는 것이다.

## 건강과 질병

어떤 행성의 만트라에 대한 자파(반복)는 문의 어센딩 사이클 안에 끝내야 하고 제시된 횟수만큼 반복해야 한다.

AUM MAHALAKSHMAYE VIDMAHE

옴 마하락쉬마예 비드마헤

VISHNU PRIYAYE DHI MAHI

바쉬누 프리야예 디 마히

TANNO LAKSHMI PRACHODAYAT

탄노 락쉬미 프라초다야

숫자 5는 명상 시간에 가능한 한 많이 위의 만트라를 암송해야 한다. 그것은 그들에게 모든 종류의 물질적인 이로움과 영적인 이로움을 가져올 것이고 의지력을 강화시킬 것이다.

## 머큐리에 대한 얀트라

| 9 | 4 | 11 |
|---|---|----|
| 10 | 8 | 6 |
| 5 | 12 | 7 |

## 건강과 질병

머큐리와 관련된 질병은 만성적인 설사, 변비, 위 통증, 위염, 약한 소화력으로 유발된 소화불량, 신장 문제, 마음의 불안, 악령과 유령에 대한 두려움이다.

숫자 5는 또한 독감, 감기, 기침, 피부 문제, 신경쇠약, 두통, 약한 기억력, 혈압 문제, 심장병에 감염되기 쉽다.

## 단식

보름달에 단식하는 것이 좋다. 수요일에 태어났다면 수요일에 단식해야 한다.

## 우정

최고의 친구인 숫자 5 이외에 숫자 1, 3, 9 또한 우정에 적합한 숫자이다.

## 로맨스

결혼과 연애를 위해 그들은 5월 21일과 6월 21일 사이에, 또는 8월 21일과 9월 20일 사이에 태어난 남성이나 여성을 선택해야 한다. 짝의 사이킥 숫자가 1, 3, 5든지 또는 9이든지 해야 한다. 사이킥 숫자 1이 매우 적합하다.

## 생애의 좋은 연도

5, 14, 23, 32, 41, 50, 59, 68, 77, 86세가 생애 중 최고다. 또한 합이 숫자 1이 되는 모든 연도 1, 10, 19, 28, 37, 46, 55, 64, 73, 82, 91세가 매우 좋다.

# 관계에서 숫자 5 사람들

아래에 주어진 정보는 사이킥 숫자 5와 다른 사이킥 숫자와의 비교에 근거한다. 그것은 또한 데스티니 숫자 5와 다른 데스티니 숫자와의 비교에, 이름 숫자 5와 다른 이름 숫자와의 비교에 사용될 수 있다 (이 비교는 범주와 같다).

### 숫자 5와 숫자 1

숫자 5와 1은 친화적인 숫자이다. 1은 5에게 좋은 행운, 고가의 선물, 사회적인 지위를 가져오지만 5는 그 영향을 받아들이지 않는다. 비록 5가 항상 필요한 때에 1에게 도움이 되고 좋은 친구일지라도 그들은 결코 그 영향을 받지 않는다. 숫자 5는 1이 사회적인 지위를 얻고 재정적인 이익을 성취하도록 돕는다. 그것은 5의 투기적인 기술과 체계적인 방법 때문이다. 그러나 둘은 본래 독립적이기 때문에 숫자 1 남성은 숫자 5 여성에게 좋은 남편이 될 것이라고 보장하지 못한다. 그러나 숫자 1 여성은 숫자 5 남성에게 훌륭한 부인이 될 수 있다. 사업에서 숫자 1은 5에게 좋은 파트너는 아니지만 5는 1을 포함하여 어느 숫자에게도 좋은 파트너이다. 정치적인 분야와 사회적인 분야에서 두 숫자는 많은 성공으로 함께 일할 수 있다. 이들 숫자는 이로운 결합이며 서로 의지해야 한다.

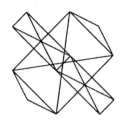

## 숫자 5와 숫자 2

숫자 5와 2는 기이한 관계가 있다. 비록 2가 5에게 중립적일지라도 5는 2와 친근감을 느끼지 못한다. 두 숫자는 불안정하고 그래서 서로 문제를 만든다. 그들은 어리석고 바보 같은 과제를 수행하는 동안만 서로 즐거울 수 있다. 2는 매우 우습게 되고 5에게 바보 같은 아이디어를 제안한다. 2는 약속 날짜나 주거 숫자, 은행 계좌, 전화번호, 또는 면허증 숫자로 5를 선택하지 않아야 한다. 5는 2에게 끌리게 되지만 곧바로 마찰이 나타나고 관계는 끝난다. 그러므로 숫자 5는 2와 사업이나 결혼으로 가지 않아야 한다.

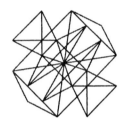

## 숫자 5와 숫자 3

숫자 3은 주피터의 지배를 받고 주피터는 5의 주인인 머큐리에 대해 중립적이다. 숫자 3은 5에 대해 긍정적인 영향이 있다. 그래서 그들은 함께 유머와 즐거움의 분위기를 만든다. 그들은 서로 돕고 함께 즐겁다. 숫자 3 남성은 숫자 5 여성에게 좋은 생애 파트너가 될 수 있다. 사업에서 5는 항상 3으로부터 재정적인 수입이 있고, 3은 5에게서 비밀계좌와 좋은 사업을 배운다.

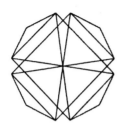

### 숫자 5와 숫자 4

비록 5가 4의 친구일지라도 그들은 이상적인 친구가 되지 않는다. 5의 불안정한 본성은 4에게 문제를 만든다. 데스티니 숫자가 5인 4를 제외하고 그들은 우정, 결혼, 또는 사업 파트너로는 부적합하다.

### 숫자 5와 숫자 5

두 숫자 5는 함께하면 강력하다. 똑같은 숫자 둘의 그룹은 일반적으로 무익하지만 이 결합은 그렇지 않다. 그들은 정치, 예술, 사업에서 기대하지 않은 높이까지 도달한다. 사이킥 숫자와 데스티니 숫자가 모두 5인 사람은 매우 인상적이고, 매력적이며, 현명하고, 교묘하다. 그들은 남성이든 여성이든 강한 성격이다. 5는 우정이든 사업 파트너든, 또는 결혼이든 모든 면에서 서로에게 좋다. 5는 또한 약속 날짜나 주거 숫자로서 5를 선택해야 한다.

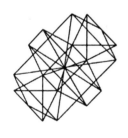

### 숫자 5와 숫자 6

숫자 5와 6은 서로 친구이다. 6은 느리고 5는 빠르다. 6은 5의 빠른 마음을 제어하고 불안을 극복하도록 돕는다. 6은 우정, 사업 파트너, 결혼에서 5에게 유익하다. 숫자 5는 6에게 훌륭한 치료사나 의사 역할을 한다. 5는 약속 날짜나 주거 숫자로서 6을 선택해야 한다.

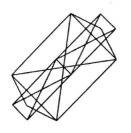

### 숫자 5와 숫자 7

비록 숫자 5와 7이 다정할지라도 그렇게 오랫동안 지속되지 않는다. 그들은 서로 쉽게 끌린다. 숫자 5는 많은 방식에서 7에게 영감을 주지만 항상 잘못된 방향에서이다. 함께 있을 때 그들은 짓궂고 악의적인 생각을 가질 수 있고 서로에게 실제적인 도움이 될 수 없다. 7은 5에게 긍정적인 에너지를 제공하지 않는다. 그러므로 우정, 사업 파트너, 결혼에 좋지 않다. 생애 파트너로서 5는 항상 7에게서 실수를 찾고 모든 가족 문제에 대해 그들을 비난한다.

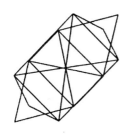

### 숫자 5와 숫자 8

숫자 8은 새턴의 지배를 받는다. 새턴은 우정에서 머큐리에게 중립적인 행성이다. 5는 그러나 8에게 다정함을 느낀다. 이 결합은 친구로서 많은 어려움이 있지는 않다. 그러나 8은 5를 무시하는 경향이 있다. 이것이 5에게 충심으로 그들에게 협조하지 않도록 만든다. 그러므로 5는 우정, 사업 파트너, 또는 어떤 중요한 모험에 8을 피해야 한다. 특히 결혼에서. 사이킥 숫자 5 사람이 데스티니 숫자가 8이 아니면 그들은 약속 날짜나 주거 숫자로서 8을 선택하지 않아야 한다.

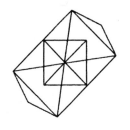

### 숫자 5와 숫자 9

숫자 9는 마스가 지배한다. 마스는 머큐리의 적이다. 비록 머큐리가 새턴처럼 마스에게 우정에서 중립일지라도 9는 사업, 돈, 또는 생계비를 버는 것과 관련된 활동에서 5를 돕는다. 그들은 함께 좋은 진동을 만든다. 이것은 9가 불같고 뜨거운 마스의 지배를 받고, 5는 차고 축축한 머큐리의 지배를 받기 때문이다. 정반대의 이 짝은 함께 매우 잘 작업한다. 숫자 9는 인내하는 배우자와 안내자로서 기능한다.

5는 우정, 상호 관심의 프로젝트, 사업 파트너를 위해 9를 선택해야 한다. 좋은 숫자 5 남편이 없을 경우에 숫자 5 여성은 남편으로 숫자 1이나 3을 선택해야 하고, 최후의 선택일 때는 9이다. 이 결합으로 결혼은 가능하고 그들이 영적인 경향이 있다면 오래 지속될 수 있다. 5는 또한 약속 날짜나 주거 수자로서 숫자 9를 선택해야 한다.

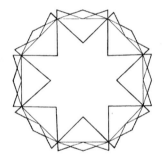

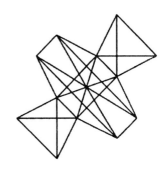

# 비너스와 숫자 6

비너스는 어느 달이든 6, 15, 24일에 태어난 사람을, 또는 합이 6이 되는 데스티니 숫자나 이름 숫자가 있는 사람을 지배하는 행성이다. 아래 설명된 비너스 특징은 사이킥 숫자 6에게서 가장 분명하게 나타난다.

비너스는 보통 샛별로서 알려져 있는데, 일출 전 동쪽 하늘에서 가장 빛나는 행성이다. 비너스는 육안으로 일출 전과 일몰 후 두 번 볼 수 있다. 어스트랄러지에 따르면 비너스는 여성성, 물의 본성인 길성으로 생각한다. 신화에서 비너스는 두 가지 다른 이미지가 있다. 하나는 사랑과 관능을 구현한 얼굴이 흰 젊은이. 그는 곱슬머리, 매력적인 눈, 빛나는 몸을 가지고 있다. 그는 본래 사교적인 쾌락주의자이며 다정하다. 다른 이미지는 반신(antigod. 아수라)의 스승(acharya. 아차랴)에 대한 이미지로, 그는 헝클어진 하얀 머리카락과 큰 턱수염이 있다.

슈크라Shukra(산스크리트어에서 글자 그대로 정액을 의미)로 알려진 비너스는 정액의 신성이 주재하는 것으로, 인간 본성의 관능적인 면이다.

비너스는 세련된 특성, 낭만, 아름다움, 열정, 성적 쾌락, 음악, 시, 춤과 같은 순수예술을 지배한다. 또한 눈, 목, 턱, 신장, 생식계를 다스린다.

비너스는 라자스(rajastic. 활성)이고 그 주인공에게 활동적이고, 예술적이며, 관능적이고, 열정적인 본성을 제공한다. 그것은 그들에게 아름답게 만들고 균형 잡히고 매력적인 신체(특히 상체와 상박)와 연꽃 같은 눈을 선사한다. 비너스가 지배적인 사람은 얼굴색이 희고, 대체로 행복하고 우아한 성격이 있다. 그들은 활기차고, 정서적이고, 민감하며, 명랑하고, 사랑스럽고, 정중하며, 경솔하고, 공손하다. 그들은 창조적이고, 창작력이 풍부하며 의학, 연금술, 탄트라, 최면술, 동물자기動物磁氣 최면술, 순수예술에 관심이 있다.

비너스는 삶에서 청소년기를 지배한다. 여성에 대한 비너스의 영향은 남성에 대한 것과는 약간 다르다.

비너스는 머큐리와 새턴의 친구이다. 주피터와 마스는 비너스(비록 비너스가 주피터를 적으로 생각할지라도)와의 우정에서 중립적이다. 썬과 문은 비너스에게 적이다.

숫자 6은 1에서 9까지의 모든 숫자 중 가장 행운인 것으로 간주한다. 어느 달이든 24일에 태어난 6이 가장 행운이다.

# 숫자 6

## 사이킥 숫자 6

6은 어느 달이든 6, 15, 24일에 태어난 사람의 사이킥 숫자이다. 그 주인공은 자력적이고, 젊고, 다정하며, 부드럽게 말하고, 고급을 좋아 하고, 예술적이고, 세련된 취미의 소유자이다. 그들은 이성을 쉽게 매혹시키고 대체로 그들에게서 사랑받고 존경받는다.

그들은 자유롭게 소비하고, 사교적이며, 아름다운 사람들을 만날 기회가 있다. 그들은 여행을 좋아하고 종종 외국으로 여행한다. 그들은 항상 바쁘다.

그들은 자신의 육체적인 외모에 대해 과도하게 의식하고 남 앞에서 흉하지 않게 잘 차려 입으려고 노력한다.

그들은 추함, 더러움, 실수, 무질서를 싫어한다. 그들은 거주지를 깨끗하고 질서 있게 유지하는 것을 좋아한다. 집, 방, 사무실 또는 일 터를 꾸미기를 좋아한다.

그들은 생애 반려자, 또는 모든 환경에서 함께 지내는 사람을 사랑 하고, 그들을 기쁘게 하려고 노력한다. 결혼생활은 평범하지만 잘 순종한다.

그들은 소란한 환경에 있는 것을 좋아하지 않고 논쟁을 시작하지 않는다. 누군가가 그들에게 싸움을 시작하면 그 장소에서 도망가고 항상 타협할 준비를 한다.

사이킥 숫자 6은 영리하고 재치 있으며 의도적인 노력 없이 다른 사람들의 비밀을 철저히 지키는 것을 배울 수 있다. 그들은 행동하기 전에 생각하는데, 이는 그들에게 느린 속도를 제공한다. 그러나 그들은 느리게 되는 습관을 좋아하고, '느리고 안정적인 것이 경주에서 이긴다'는 것을 믿는다. 그들은 재빨리 움직이다가 실수를 해서 과제를 망칠 때 대체로 짜증낸다. 그들은 평화를 유지하기를 바라고 시작한 일에 어떤 간섭을 받는 것을 좋아하지 않는다. 또한 그들의 의지에 반대하여 행동하는 어느 누구도 좋아하지 않는다. 자신도 명령하지 않고 요구하지도 않는다. 반면 그들은 내면에 느낌을 유지할 수 있고 매려적인 미소 아래로 분노를 숨긴다.

그들은 본래 비밀스럽고 다른 사람의 비밀을 유지할 수 있는데, 어느 누구에게도 그것을 드러내지 않는다.

그들은 보편적인 친구이고 좋은 가족 구성원을 만든다. 그들은 가족에게 이해심이 많고 친절하며 일가친척의 즐거움과 슬픔을 이해한다. 그들은 가정을 떠난 후라도 부모와 관계를 유지한다. 부모의 슬픔에 쉽게 영향을 받고 그들을 돕기 위해 최선을 다한다. 그들은 친구와 가족을 믿는다.

그들의 우아한 취향, 친절한 예절, 이해심 많고 부드러운 본성 때문에 친구들에게 인기가 있고 모든 사람이 좋아하게 된다. 그들은 사치스럽다.

그들은 45세 이전에 모든 사치품과 현대생활(정원이 있는 집, 자동차 같은 것)의 편의를 얻을 정도로 충분히 행운아다.

그들은 친구를 좋아하고 오랫동안 홀로 살 수 없다. 숫자 6 남성과 숫자 6 여성은 큰 차이가 있다.

– 사이킥 숫자 6 남성
사이킥 숫자 6 남성은 젊고, 매력적이고, 자력적이다. 그들은 생계비를 버는 기술에서 전문가다. 그들은 여성을 매혹시키고 유혹하기 위해 그들의 정신에 영향을 미치는 데 실력이 있다. 그들의 모든 삶은 아름답고 매력적인 여성을 찾고 친구로 머무르고 싶어 한다. 그들은 많은 관계가 있고 결혼한 여성에게 결속되어 머무르지 않는다. 그들은 쾌락적이고 물질주의적이다. 그들은 규율에 저항하고 어떤 종류의 영적인 수행을 지속하는 것이 불가능하다. 가끔 그들이 종교적이 될 수 있지만 대부분은 그렇지 않다. 성병과 생식기 질병에 감염되기 쉽다.

– 사이킥 숫자 6 여성
사이킥 숫자 6 여성은 육체적으로 아름답고, 균형 잡히고, 고상한 취향이 있다. 그들의 사랑은 일종의 모성적인 사랑이다. 청소년기에 그들은 짓궂고, 명랑하며 관능적이다. 그때에 그들은 성에 쉽게 끌리고 성적인 게임을 즐긴다. 그래서 25세 이후에는 이 무의미한 게임에 지친다. 성적 모험에서 물러난 그들은 일에 좀더 관심을 가지게 되고 어떻게 사는 것이 좀더 행복하고 만족한 삶인지를 배운다. 그들은 대체로 느리고 매우 까다롭다. 그들은 옷을 잘 차려입고 보석을 좋아한다. 그들은 자신들의 의상을 디자인하고 편안하게 산다. 그들은 학식 있고, 예술적이며, 영적인 경향이 있는 사람에게 쉽게 끌린다. 그들은 가족과 부모에게 봉사하고 정의와 진리를 좋아한다. 그들은 신뢰할 만하고 책임을 피하지 않는다. 그들은 성직자를 유혹한다.

사이킥 숫자 6 남성과 여성은 친구가 거의 없고 삶에서 여러 번 홀로 산다. 그들은 가정을 좋아한다.

그들은 전념하지 않는다. 반면 자유, 단순함, 평정을 좋아하고 이기적이지 않다.

그들은 불안정하고 장기간 어떤 하나의 주제에 집중할 수 없다.

매우 행운인 것은, 알지 못하는 자원, 외국인, 권위적인 사람으로부터 그들의 생애 전체에 도움과 안내를 받는다.

**- 사이킥 숫자 6을 위한 예방책**

숫자 6은 게으름을 피해야 하고, 쉽게 동요되지 않아야 한다. 은퇴하기 전에 아유르베다의 준비로 크림이나 꿀 한 스푼과 함께 묵타 피쉬티mukta pishti(진주 가루) 또는 프라왈 피쉬티prawal pishti(산호 가루)를 사용한다면 긴장을 극복할 것이다. 그들은 사람들을 신뢰하기 전에 그들을 철저하게 평가하는 것을 배워야 한다. 여성은 특히 육체적이거나 재정적인 관계로 들어가기 전에 다른 사람들을 평가하는 것을 배워야 한다.

논쟁을 피해야 하고 에너지를 행동이나 아이디어를 설명하는 데 소비하지 않아야 한다.

천천히 일을 할 때 가장 좋고, 서두르는 것을 피해야 한다. 그것이 프로젝트를 망치기 때문이다.

이성에게 정서적이 되고 과도한 중요성을 제공하는 것을 피해야 한다.

심한 육체적인 노동을 피해야 한다. 체력이 그런 일에 적합하지 않기 때문이다.

잘못하는 사람들을 용서해야 하고 복수에 대한 생각으로 유쾌한 에너지를 낭비하지 않아야 한다. 과거의 불쾌한 사건에 원한을 갖고 생각에 잠겨 있는 것은 신경계를 해친다.

취하게 하는 것을 피해야 한다. 중독에 쉽게 걸리기 때문이다.

혼외의 친밀한 관계를 피해야 한다.

단 음식, 기름과 지방, 매운 음식을 피해야 한다.

프라나야마(하타 요가에서 제시하고 가르친 호흡을 통제하는 기법) 수행을, 규칙적인 아침 산책을, 일주일에 서너 번 신체 마사지를 해야 한다.

삶을 조정하고, 스케줄을 조직해야 하고, 오락 장소에서 수상 스포츠를 하는 데 너무 많은 시간을 보내지 않아야 한다.

힘든 시기를 위해 저축해야 한다.


## 데스티니 숫자 6

이미 언급한 대로 6은 좋은 데스티니 숫자가 아니다. 특히 여성에게 말이다. 데스티니 6은 많은 성적인 문제를 만든다. 이 사람들은 정말로 책임감이 없기 때문이다. 그것은 그들을 원하지 않는 성적인 관계를 맺게 만든다. 6이 사이킥 숫자이면 이성을 향한 자연스러운 경향은 그 정신에 있고 받아들여질 수 있다. 그러나 그런 것이 거의 개인적인 관여 없이 우연히 일어날 때 육체적인 관계가 마치 데스티니에 의한 것처럼 강요되는 듯하다.

데스티니 숫자 6은 행운의 의해 모든 안락함과 사치스러움을 얻는다. 그들은 원하는 모든 것을 갖지만 이른 나이에 결혼하지 않으면 적합한 생애 파트너를 찾을 수 없다.

그들은 두 번 생각하지 않고 친구와 친척을 보살피고 모든 생애 동안 그처럼 열심히 일해야 한다.

매우 독립적이면서 여전히 사교적이다.

훌륭한 좌담가이고 훌륭한 이야기꾼이다. 그들은 많은 여행을 하고 삶을 즐긴다. 그래서 그들은 좋고, 맛있는 음식을 좋아한다.

데스티니 6은 논리적인 것보다는 좀더 감상적이고 과거에 대한 생각에 잠기는 경향이 있다.

그들은 속박을 받아들이지 못하고 전념하지 않는다. 그래서 법률을 깨고 전통적인 종교를 따르지 않는다. 그들은 연금술, 탄트라(특히 좌파 탄트라), 마법, 흑마술과 같은 비밀 과학에 관심이 있다.

그들은 믿을 만하고, 평화를 좋아하며, 낭만적이고, 일에서 꼼꼼하고, 훌륭한 외교관으로 봉사할 수 있다. 그들은 자신의 계층의 관심을 옹호한다.

돈은 그들의 손에서 빠져나간다. 그들은 관대하고 친척과 친구를 즐겁게 하기 위해 아낌없이 소비한다.

아름다운 드레스, 향수, 화장품, 보석, 값비싼 돌을 수집하는 것을 좋아하게 된다.

노년까지 매력적이고, 멋지며, 젊음을 유지한다. 특히 여성은 오랫동안 그 매력을 유지한다.

성적인 쾌락으로 과로하고 과도한 방종으로 고통스럽다. 그래서 성병에 걸릴 경향이 있다.

## 이름 숫자 6

이름 숫자로서 6은 시인, 예술가, 음악가, 댄서에 가장 적합하다. 그것은 친절한 특성을 주는데, 이는 6을 쉽게 받아들이고 인기 있게 만든다.

이 이름 숫자는 또한 오컬트 과학에 관심 있는 사람들에게 좋다. 그래서 그들은 마법의 힘을 얻을 수 있다.

이름 숫자 6은 협동적이고, 친절하고, 동정적이며, 환영받고, 관대하며, 정서적이고, 불안정하게 만든다. 그것은 그들을 사교적이고 쓸데없는 잡담을 좋아하는 사람으로 만든다. 그들은 쉽게 내면과 외면의 아름다움에 끌리는데, 이것은 인간의 형상과 본성 모두에서다.

## 내부 환경과 외부 환경의 균형 맞추기

단식 준수하기, 적절한 향신료와 젬스톤 가루 사용하기, 만트라 명상하기, 얀트라 사용하기를 함으로써, 개인은 내적인 환경을 균형 맞출 수 있다. 외부 환경을 균형 맞추는 것은 활동에 대한 올바른 시간(어센딩 사이클이나 디센딩 사이클에서) 선택하기, 좋은 친구 선택하기(조화로운 숫자 찾기), 적절한 때(약한 기간과 강한 기간을 관찰하기)에 일을 시작하는 게 가능하다. 균형은 다음 부분에서 설명한 대로 이미 가능한 에너지 흐름과 함께 작업함으로써 성취된다. 다음 정보는 사이킥 숫자 6에게 적용된다.

### 약한 기간

4월, 10월, 11월은 숫자 6에게 약한 기간이다. 또한 비너스가 역행할 때마다 건강에 문제가 있고, 나쁜 소식을 받고, 일에서 정신적인 문제나 장애를 경험할 수 있다. 그들은 용기, 영감, 안정감, 그리고 인내의 부족을 느낄 수 있다. 그들은 자부심이 강하고, 무례하고, 완고하며, 논쟁적이고, 질투하며, 우유부단하다. 그들은 상식을 잃어버리고 모든 사람을 믿는다. 반면 속게 될 때 정서적으로 짜증을 낸다.

## 강한 기간

4월 20일과 5월 18일 사이, 9월 21일과 10월 19일 사이는 숫자 6에게 강하고 유리하다. 그들은 이 기간 동안 새로운 일을 떠맡고, 새로운 계약을 하고, 새로운 가정(필요하다면)을 찾으며, 완성하지 못했던 일을 끝낸다. 4월 20일과 30일 사이, 10월 1일과 19일 사이의 기간은 특히 강하다. 그래서 그들은 미래의 일을 돕는 활동을 수행하기 위해 이 시기를 활용해야 한다.

## 좋은 날짜

모든 달의 6, 15, 24일은 숫자 6에게 유리하다. 또한 3, 9, 12, 18, 21, 27, 30일도 이롭다.

## 좋은 요일

수요일과 금요일은 좋은 요일이다. 이 요일이 위에 언급된 어느 날짜이면 훨씬 더 좋다.

## 좋은 색깔

흰색이 숫자 6에게 최고의 색깔이다. 흰색은 지배 행성인 비너스의 색깔이기 때문이다. 밝은 파란색, 분홍색, 크롬 옐로 또한 좋다. 크롬 옐로는 주피터와 관련되고, 비너스는 파이씨즈(주피터의 지배를 받는 싸인)에서 항진되기 때문에 노란색은 6의 좋은 특성을 향상시키고 그들을 좀더 빛나게 한다. 숫자 6 여성은 분홍색을 많이 사용해야 한다. 중요한 경우에 숫자 6 여성은 성공을 위해서 흰색 드레스를 입어야한다. 인테리어 장식에서 6은 남성이든 여성이든 흰색 침대 시트와 베개 커버와 같은 것 등에 가능한 흰색을 많이 사용해야 한다. 더욱이 피곤하거나 약하다고 느낄 때 손과 얼굴을 닦기 위해 흰색 손수건을 항상 가지고 다녀야 한다.

## 보석용 원석

다이아몬드는 숫자 6에게 이로운 돌이다. 다이아몬드는 비너스와 관련되기 때문이다. 다이아몬드가 없는 경우에 흰색 사파이어, 흰색 지르콘이나 흰색 투어마린을 사용할 수 있다. 다이아몬드는 일출과 오전 11시 사이에 금요일에 구매해야 한다. 금요일에 보석 세공인에게 주어서 뒤가 오픈된 반지로 만들어야 한다. 금요일에 그 보석 세공인에게 받아서 적절한 정화와 의식 후에 금요일에 일출과 오전 11시 사이에 착용해야 한다.

6은 몸의 전기화학적인 치유를 돕기 위해 흰색 투어마린 가루를 복용해야 한다.

## 명상

아침 정화 후에 다이아몬드나 대체 돌에 대해 명상해야 한다.

## 신성

숫자 6의 신성은 카르티케야kartikeya로, 시바의 큰아들이다. 또한 스칸다Skandha와 수브라마니얌Subramaniyam으로 알려진 그는 여섯 개의 머리, 네 개의 팔이 있고, 공작 위에 타고 있다. 그는 전쟁의 신이다.

## 만트라

어떠한 행성의 만트라에 대한 자파(반복)는 문의 어센딩 사이클 내에 완성해야 하고 제시된 횟수만큼 반복해야 한다. 비록 숫자 6에게 영적인 규율을 따르는 것이 어려울지라도 하루에 11번씩 다음의 만트라를 읊는 것이 이로울 수 있다.

AUM-JUNG, HANG, SA, BHUR, BHUVAN, SWA, KARTIKE, NAMAH,

SWA, BHUVAH BHUR, SA, HANG, JUNG-AUM.

옴-중, 항, 사, 부르, 부반, 스와, 카르티케, 나마흐,

스와, 부바, 부르, 사, 항, 중-옴

## 비너스의 얀트라

| 11 | 6 | 13 |
|----|----|----|
| 12 | 10 | 8 |
| 7 | 14 | 9 |

## 건강과 질병

이미 언급한 대로 숫자 6은 점액 지배형이다. 그들은 정체와 같이 폐에 문제가 있을 수 있다. 그들은 정서적이고 약한 신경으로 고통 받을 수 있다. 매우 관능적이고 지나친 방임으로 생식기 문제나 성병으로 고통스러울 수 있다. 또한 신장과 비뇨기 문제가 나타날 수 있다. 그들은 감기에 걸리기 쉽다. 달고 맵고 기름진 음식을 좋아하기 때문에 변비로 힘들 수 있다.

## 단식

금요일에 단식하고 일몰 후 금요일에 곡물, 콩류, 신맛의 음식을 삼가는 것이 6에게 좋다.

## 우정

숫자 6은 1, 3, 9, 다른 6과 조화롭다. 반면 그들은 또한 2, 5, 7과 어울릴 수 있다. 4와 8은 6과 조화로운 숫자가 아니다. 1과 3은 이상적인 친구가 된다.

## 로맨스

숫자 6은 사이킥 1과 3과 함께 최고의 시간을 가질 수 있다. 숫자 6 여성은 낭만을 위해 사이킥 1, 3, 또는 6을 선택해야 하고 결혼에는 사이킥 3이나 6을 선택해야 한다.

## 생애의 좋은 연도

6, 15, 24, 33, 42, 51, 63, 69, 78세가 좋다.

## 특별한 주의

6에게 35세는 굉장히 중요하다. 그들은 삶의 초년에 화려한 직업에서 일하기 시작하고 35세에 도달할 즈음에 자신을 아주 잘 세울 것이다. 45세가 될 때 물질세계에서 그들은 최고의 잠재력을 성취한다. 그래서 그 나이에 높은 책임감의 지위를 확보한다.

# 관계에서 숫자 6 사람들

아래 제공된 정보는 다른 사이킥 숫자와 사이킥 6과의 비교에 근거한다. 또한 데스티니 6과 다른 데스티니 숫자와의 비교, 이름 숫자 6과 다른 이름 숫자와의 비교에 사용될 수 있다(이 비교는 범주와 같다).

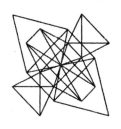

### 숫자 6과 숫자 1

**– 숫자 6 남성과 숫자 1 남성**
숫자 6과 숫자 1 남성은 쉽게 친구가 되고, 정치를 한다면 서로 이익일 수 있다. 삶을 즐기는 숫자 6 남성은 이상주의적인 숫자 1을 이해할 수 없고 그 우정은 오래 지속되지 못할 것이다. 이 결합은 사업 파트너에는 이상적이지도 않지만 또한 해롭지도 않다.

**– 숫자 6 여성과 숫자 1 남성**
숫자 1 남성은 숫자 6 여성에게 이로움을 제공하고 도움이 된다. 그들은 생애 파트너나 사업 파트너로서 이상적이지는 않다. 숫자 6 여성은 숫자 1 남성에게 이상적인 비서이다.

**– 숫자 6 남성과 숫자 1 여성**
숫자 6 남성은 결혼생활에서 난잡한 반면 숫자 1 여성은 결혼에서 정직하기를 바란다. 반면 그들은 진리를 사랑하는 사람들이고 참 관계를 믿는다. 이런 이유로 그들은 좋은 생애 파트너가 되지 못한다. 사업 파트너에서 숫자 1 여성은 숫자 6 남성이 적절하게 돈을 사용하는 문제에 대해 믿지 못한다. 이 여성은 사업 운영에서 우위에 있기를 좋아한다.

### – 숫자 6 여성과 숫자 1 여성

이 결합은 서로 즐겁게 하려고 노력하는 매우 좋은 친구가 된다. 6의 느린 템포는 지나치게 바쁜 1에게 안도의 숨을 제공한다. 숫자 1 여성은 숫자 6 여성과 우정을 유지하려 노력하고 값비싼 선물을 제공한다.

전반적으로 6과 1은 다정하다. 6은 1에게 좋은 영향을 준다. 비록 6이 1을 당황하게 할지라도 6은 1을 아주 분명하게 이해하고 그들에게 영향을 주고 도움을 줄 수 있다. 6은 1에게 봉사할 수 있고 사업 파트너가 될 수 있지만 이 관계는 오래 지속되지 않을 것이다. 그들이 항상 함께 지내지 않는다면 다소 길게 유지할 수도 있다. 이 파트너십은 그들이 일, 여행의 경우에, 그리고 파티, 페스티벌, 회의, 세미나를 함께 조직하는 경우에 잠시 동안 만난다면 더 잘 작동한다. 6은 1의 권위를 받아들일 준비를 해야 한다.

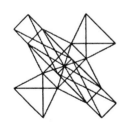

### 숫자 6과 숫자 2

숫자 6과 숫자 2는 좋은 친구가 될 수 있다. 숫자 6은 숫자 2의 성장과 발달을 돕는다. 반면 6은 평화로운 진동과 훌륭한 조언을 2에게 제공하지만 일을 위한 영감은 아니다. 우정에서 2는 6이 2에게 하는 만큼 6에게 도움이 되지 않는다. 숫자 6

은 그러므로 어떠한 중요한 일을 위해서 2를 피해야 한다. 사업에서 2는 6에게 좀더 유익하다. 결혼에서 2는 숫자 6 남성이나 여성에게 적합하지 않다.

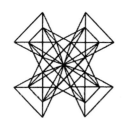

### 숫자 6과 숫자 3

숫자 3과 숫자 6은 조화롭다. 3을 선택하는 것은 6에게 좋은 결과를 가져오는데, 우정, 사업 파트너가 되는 것이든, 생애 파트너가 되는 것이든. 그들은 서로 돕는다. 이 결합은 숫자 6 남성의 결혼생활에서 그렇게 잘 작동하지 않는다. 이것은 숫자 3 여성이 남편이 혼외 관계를 갖는 것에 관대할 수 없기 때문이다. 그래서 숫자 6 남성은 숫자 3 여성과 결혼을 피해야 하지만 그 반대의 결합은 좋다. 6은 약속 날짜나 주거 숫자로 3을 선택해야 한다.

### 숫자 6과 숫자 4

비록 숫자 6과 4가 조화로울지라도 그들은 함께 아주 잘 작동하지는 않는다. 4는 짜증나고 6에게 어려움을 만들지만, 여전히 그들은 서로에게 쉽게 끌린다. 숫자 4는 6의 배움과 가르침에 저항한다. 특히 여성 6은 결혼과 사업 파트너로, 또 약속 날짜와 주거 숫자로 4를 피해야 한다.

### 숫자 6과 숫자 5

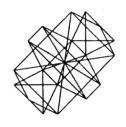

숫자 6과 5는 서로 친구이다. 5는 심리적인 문제로 6을 돕고 6에게 훌륭한 치료사나 의사가 될 수 있다. 숫자 5는 숫자 6의 육체적이고 정신적인 건강에 긍정적인 영향을 주는 반면 6은 5에게 그들의 불안과 변화무쌍한 마음 등의 결점을 극복하도록 돕는다. 그들의 우정은 정치와 소통 기술(텔레비전, 영화, 저널리즘 등)에서 손이 미치지 않는 높이까지 발전한다. 숫자 6 여성과 숫자 5 남성 사이의 결혼은 이상적이지 않지만 그 반대의 결합은 매우 좋다. 숫자 6은 숫자 5와 사업 파트너가 될 수 있고 중요한 사업 약속이나 주거 숫자로 숫자 5를 선택할 수 있다.

### 숫자 6과 숫자 6

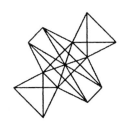

두 6은 친구이다. 그러나 둘은 똑같은 주파수에 있기 때문에 서로 영감을 주지 못한다. 그러나 그들은 함께할 때마다 큰 만족감을 느낀다. 그들은 서로 잘 이해하지만 숫자 1, 3, 5, 또는 9가 그들에게 영감을 줄 필요가 있다. 미용, 패션 디자인, 인테리어 디자인, 또는 보석 관련 사업에서 두 숫자 6은 함께 매우 고상하게 일할 수 있고 좋은 파트너가 된다. 이들 사이의 결혼은 서로 영감을 줄 수 없기 때문에 이상적이지 못하다. 그러나 여전히 함께 좋은 가족을 만든다. 6은 약속 날짜나 주거 숫자로서 숫자 6을 선택해야 한다.

### 숫자 6과 숫자 7

숫자 6은 항상 숫자 7에게 도움과 영감을 주지만 그 반대는 사실이 아니다. 6은 7에게 그들의 꿈꾸는 본성을 발전시키도록 돕는다.

숫자 7은 환상과 직관을 나타내는 반면 6은 세속적이다. 7은 알고 있는 진리를 표현하는 그 방식에서 독창적이다. 이것은 6을 약간 성가시게 하는데, 7은 이 표현에서 명료하지 않고 6은 명료함을 좋아하기 때문이다. 비록 6이 여가시간 동안 7과 함께 즐길 수 있을지라도 진지한 사업 거래 때 6은 7의 환상으로부터 벗어나 있어야 한다. 또한 6은 약속 날짜와 주거 숫자로 숫자 7을 피해야 한다. 이 결합은 좋은 짝이 되지 않는다. 그러나 결혼은 7이 남성이고 6이 여성일 때 작용할 수 있다.

### 숫자 6과 숫자 8

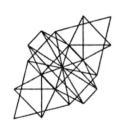

숫자 6은 항상 숫자 8에게 이롭다. 6은 8에게 영감을 주고 그들을 좀더 사교적이고 가볍게 만든다. 8은 달리 무겁고 침묵한다. 6의 명랑함이 8에게 삶의 풍미를 제공하고, 8은 그 사치스러움과 안락함에 관심을 갖기 시작한다. 8은 6을 통해 좀더 창조적이 되고 표현적으로 변한다. 두 사람이 정치, 예술, 또는 영화에 있으면 성공한다. 사업에서 6은 8이 시작한 어떠한 모험에도 돈을 투자하지 않는 것이 좋다. 그러나 8은 사업에서 6과 함께 할 수 있고 재정적으로 획득할 수 있다. 결혼에서 8은 6에게 좋지 않다. 그러나 필요하다면 숫자 6 여성은 숫자 8 남성과 결혼할 수 있고 결혼에서 몇 년을 좋게 즐길 수 있다. 6은 약속 날짜와 주거 숫자로 숫자 8을 피해야 한다.

### 숫자 6과 숫자 9

이 숫자들은 항상 서로 이롭다. 두 숫자는 3의 배수이고 좋은 결합을 형성한다. 우정과 사업 파트너에서 서로 도움이 된다. 6은 9의 관심을 신중하게 옹호하는 반면, 9는 공동의 모험에 필요한 모든 힘든 일을 한다. 음악과 다른 순수예술에서 6과 9는 매우 좋은 결합을 만든다. 정치에서 숫자 6은 9에게 찬양자, 추종자, 홍보하는 사람, 좋은 체계 입안자가 될 수 있다. 이들 숫자의 결합은 좋은 커플이 된다. 그들은 서로 사랑한다. 이 커플은 9가 남성이고 6이 여성일 때 이상적이다. 6은 약속 날짜와 주거 숫자로 9를 선택해야 한다.

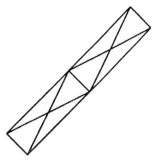

# 케투와 숫자 7

케투는 어느 달이든 7, 16, 또는 25일에 태어난 사람, 또는 합이 7이 되는 데스티니 숫자나 이름 숫자가 있는 사람에게 주재하는 지배 존재이다. 아래에 묘사한 케투의 특성은 사이킥 숫자 7에게서 가장 명료하게 나타난다.

라후와 케투는 서로 180도로 떨어져(정확하게 정반대) 있는 두 개의 반행성이다. 그들은 문의 두 노드이고 또한 용의 머리와 꼬리로 알려져 있다. 머리인 라후는 이미 숫자 4에서 논의했다. 이제 용의 꼬리인 케투를 탐색할 것이다. 이는 물고기의 몸을 가진 머리가 없는 상체로 묘사된다. 비록 케투가 흉성일지라도 라후보다는 훨씬 덜하다. 이것은 주로 케투가 목샤-카락moksha-karak(해방의 원인)이 된다고 생각하기 때문이다. 그것은 세상의 욕망과 영적인 경향에 대한 무집착을 수여한다. 그 주인공에게 지혜, 분별의 힘, 사이킥 능력을 제공한다. 그 영향에 있는 사람은 매우 민감하고 정서적이 된다. 반면 그들은 물질적인 성공에 대한 반감을 느끼고 삶의 심리극에 관심이 없게 된다. 그들은 야망이 없고 동기가 없다고 느낀다. 그들은 갸나, 즉 자기의 앎에 관심을 갖게 되고, '참 앎'을 통해 깨달음을 성취하려고 노력한다.

케투는 성이 중성(비록 몇몇 어스트랄러저가 그것을 여성성으로 생각할지라도)이고 타마식tamasic 본성이며, 파괴적이고 와해적인 특성이다. 그것은 그 주인공을 불활성으로 만든다. 밤에 강력하고 곧잘 쉽게 화를 낸다. 케투가 어스트랄러지에서 우호적인 위치에 있지 않으면 그 주인공을 장애로 만든다. 그들은 분별의 힘을 잃고 세속적인 감각에 미치게 된다. 가끔 그들은 악령과 유령에 지배를 받는 듯하다. 다른 한편 케투가 우호적이 될 때 그 주인공은 악령과 유령에 지배된 사람을 치유하는 힘을 얻는다. 그것은 그들을 치유 기술에 관심을 갖게 만든다. 이는 자연 치유, 탄트릭이나 사이킥 힐링, 마법과 오컬트 과학을 통한 힐링, 허브, 음식, 향신료, 소리 진동 등을 통한 힐링 등과 같은 것이다.

케투에 의해 지배된 주인공은 수다쟁이다. 그래서 그들은 논의와 논쟁을 좋아하고 자신의 논리가 있다. 환상에서 사는 그들은 직관적이고 상상력이 풍부하며 과장하기를 좋아한다. 그들은 외모는 허름하지만 바깥 이미지에 신경 쓰지 않는다. 가끔 옷을 잘 입고 가끔은 그렇지 않다. 그들의 견해는 세계보편적이다. 그래서 그들은 모든 종교로부터 진리를 받아들이고 자신의 종교를 만든다.

케투는 노년을 다스린다. 그것은 그 주인공에게 바람이 우세한 신체 화학을 제공하는데, 이는 그들을 불안하게 만든다.

머큐리, 비너스, 라후, 새턴은 케투의 친구이다. 주피터는 우정에서 중립이고, 썬, 문, 마스는 적이다. 인도의 많은 어스트랄러지의 성인에 따르면 라후, 케투, 새턴은 우리 시대 동안에, 즉 칼리유가(어둠의 현재 시대)에서 좀더 영향력이 있고 활동적이 된다. 그러므로 케투와 라후의 지식은 예언 과학으로 작업하는 모든 사람에게 필수적이다.


# 숫자 7

### 사이킥 숫자 7

이것은 어느 달이든 7, 16, 25일에 태어난 사람의 사이킥 숫자이다. 25일에 태어난 사람이 모든 7 중에서 가장 행운이다.

케투의 흉성적인 영향 때문에 사이킥 7은 우유부단하고, 와해적이고, 파괴적이며, 불안하고, 혁신적이며, 시무룩하게 된다. 그들은 불행이라고 생각하는 아주 많은 실패를 인생에서 만나야 한다. 그것은 많은 격변과 혁신이다. 그러나 이것은 실제로 맞는 문장이 아니다. 실패는 성공에 대한 열쇠이다. 많은 사이킥 7은 시인, 화가, 사색가, 중재자, 수비학자, 개혁가, 그리고 과학자이다, 비록 그것이 모든 사이킥 숫자 7이 여덟 개의 다른 사이킥 숫자들보다 좀더 주의가 필요하고 정확한 안내가 필요한 것이 사실일지라도. 잘 안내받은 7은 삶에서 자신의 흔적을 만들 수 있다.

사이킥 숫자 7은 정말로 영적이고 종교적이다. 그들은 친절하고, 사교적이고, 낭만적이며, 감상적이고, 고귀한 영혼이다. 그들은 표현에서 독창적이고 삶의 접근에서 독립적이다. 그들은 철학적인 견해로 자신의 개별성을 창조한다. 그들은 옛 가치와 진리에 대해 새로 갱신된 해석을 제공한다.

그들은 개별적인 자유와 사적인 자유를 옹호하고 불공평에 관대할 수 없다.

그들은 훌륭한 연설가이고 그 주장에서 공적인 의견을 동기화시키는 데 능력이 있다. 그리고 상대가 자신의 관점에 동의해야 하는 것에서도.

그들은 다정하고 쉽게 인기를 얻는다. 그들은 부자와 가난한 사람, 왕과 거지, 주인과 종을 구별하지 않기 때문이다. 똑같이 친절하고 모두를 지지한다. 그들은 아랫사람과 학생에게 따뜻하다.

그들의 성격에는 많은 국면이 있다. 불확실이 그들의 전문성이다. 외관상 그들은 무질서하고 무정부주의자처럼 보이지만 내면은 잘 조직화되어 있고 생활양식이 규칙적이다. 이것이 육체적이고 정신적인 건강을 유지한다. 그들은 훌륭한 기획자이다.

그들은 이상주의자이면서 동시에 물질주의자이다. 한편 아낌없이 기부하고, 이상향에서 살며, 보편적이고 우주적인 선善을 위한 계획을 생각한다. 다른 한편 물질적인 이득과 돈을 위해서 그들의 아이디어를 시장에 가서 판다.

그들은 너무 바쁘고 지나치게 활동적인 뇌 때문에 불안하다. 그들은 변화를 좋아하고 여행을 좋아한다. 그들은 여행하면서 배우고 동시에 벌이도 한다. 외국에서 다루는 사업은 번창하는데 반짝이는 아이디어 때문이다.

그들은 신비를 좋아하고 주변에 신비로운 환경을 유지한다. 그들은 모든 사람에게서 배우고 오컬트 지식에 매우 관심이 있다. 아이디어를 표현하는 그들 자신의 방법이 있고 어떠한 전통적인 종교를 따르지 않는다. 상상력에 호소하고 신비로운(명료하고 과학적이지 않은) 기초에 근거한 자신의 이념, 자신의 종교를 만든다.

그들은 평화로운 공존을 신뢰하고 모든 외국 환경에도 적응할 수 있다. 오랫동안 만난 사람들의 마음에 감동을 준다. 그들이 방문한 마을이나 지역에서 서서히 유명하게 된다. 그들은 매우 사교적이고 명령하지 않는다. 그들은 친구, 동료, 상사에게 좋은 행운을 가져온다. 그래서 그들이 어떻게든 우정을 깰 때 그 사람들은 상실로 고통스럽다. 그들은 기억력이 좋고 본성이 유연하다. 숫자 5처럼 그들은 아이와 함께 어린이가 되고, 젊은 사람과 함께 젊은이가 되며, 현명한 사람과 현명하고 온건하다. 그들은 많은 주제를 논의하고 안내나 상담을 위해 그들에게 오는 사람들에게 자유롭게 조언한다. 비록 그들이 어떤 인기 있는 사상이나 종파로 사람을 결속하지 않을지라도 마음속으로 그들의 조언을 받아들인 사람들, 그들의 교육을 따르는 사람들을 좋아한다.

그들은 산과 자연과 외국을 여행하는 것을 좋아한다.

용감하고 위험을 자유롭게 받아들인다.

34세 전후로 삶을 정착시킨다.

훌륭한 작가, 화가, 시인이고 어떠한 매체를 통해서도 아이디어를 표현할 수 있다. 그들이 사용하는 표현은 수단이 무엇이든 독창적이고 그 주제는 철학이다. 그들은 삶의 참 과학자이다. 삶에 사용 가능한 원칙을 가져오고 싶어 한다. 그들이 영적인 경향이라면 빠르게 진전하고 구루나 요기가 된다. 구루든 스승이든, 자신을 부르기를 좋아하는 것이 무엇이든, 그들은 자신의 일의 분야에서 탁월하게 된다. 그들은 열심히 일하고, 노력하며 생의 초년에 고난을 직면한다. 항상 자신의 재능을 과소평가하기 때문에 삶의 후반에 성공하고 부자가 된다. 그들은 성공적인 결혼생활을 하고 이성에게 일종의 특별한 성적 어필을 한다.

친구에게서 도움을 받고 그 관계에서 유익하다. 사이킥 7은 또한 삶의 초기에 유익하고, 평생 우정을 형성하는 사람을 만난다.

사이킥 숫자 7 여성은 항상 미래에 대해 걱정한다. 그녀는 불안하고, 민감하며, 정서적이고, 과민하고, 매력적이다. 그래서 매력적이고 눈은 물기를 머금고 있다.

사이킥 숫자 7은 자력적이고, 상냥하고, 매력적이다. 그들은 사람의 마음을 읽을 수 있기 때문에 쉽게 속지 않는다. 그러나 자신의 마음을 읽는 방법을 모르고 가끔 상상, 이상향, 아이디어에 의해 스스로를 속인다. 그들이 방문한 지역과 사람들의 사건에 쉽게 연루된다.

그들은 누구이든 실용주의자이다. 물건을 쉽게 쓰레기로 버리지 않는다. 그래서 그들은 쓸모없는 것에서 최고의 효용을 만든다. 많은 예술품은 사람들이 버린 것에서 만들어진 것이다.

사이킥 숫자 7은 자신의 결점을 간과하는 경향이 있어서 작은 실수는 무시한다.

그들은 종종 약물에 끌리고 가끔 술집의 큰 고객이기도 하다.


– 사이킥 숫자 7을 위한 예방책

그들은 프로젝트를 떠맡기 전에 그 본성을 완전히 이해해야 한다. 그 일의 긍정적이고 부정적인 측면을 조심스럽게 판단해야 하는데, 그것은 그 일에 들어가는 시간과 노동을 평가하고 그런 다음 그것을 받아들이는 것이다.

자신의 능력을 넘어서는 것을 떠맡는 것에서 에너지를 낭비하지 않아야 한다.

변화를 즐겁게 받아들여야 하고 생각하는 자신의 방식을 고수하지 않아야 한다. 그들은 그 문화가 어디에서 왔는지에 대해 폄하하여 말하지 않아야 한다.

그들은 독립적으로 일해야 하는데, 자영업자가 되도록 노력하고, 다른 사람에 의존하지 않아야 한다. 재능을 과소평가하지 않아야 하고 자신의 일을 용감하게 시작해야 한다.

그들은 주의 깊고, 성실하며, 일에 헌신해야 하고 환상으로 흐르지 않아야 한다. 그들은 수줍어하고, 너무 감상적인데, 다른 사람의 일에 정서적으로 관여되는 것을 피해야 한다.

그들은 서두르고 빨리 결정하는 것을 피해야 한다(숫자 7 여성은 또한 걱정을 자제해야 한다).

공상하는 데 시간을 낭비하지 않아야 하고 시간의 가치를 이해해야 한다. 그들은 시간을 지키는 것을 배워야 한다.

지나친 흡연, 약물, 알코올을 피해야 한다.

그들은 마음을 지나치게 쓰기 때문에 바디워크, 육체적이고 단순한 노동, 호흡 수행을 해야 한다.

주변에 꽃과 푸른 식물을 길러야 하고 아침에 침대에서 일어나기 전에 영감과 내면의 강함을 얻기 위해 스스로를 바라보아야 한다. 그들은 촛불, 얀트라, 또는 한 점을 응시tratak하는 수행을 해야 한다(응시에 대한 설명은 이 장에서 설명될 명상 부분을 보라).

그들은 종교를, 또는 사실 어떠한 종교에 대해서도 재미로 만들지 않아야 한다.

파트너를 존중해야 하고 남편이나 부인에 대해 친절한 방식으로 행동해야 하는데, 배우자는 그들을 가정 문제에서 벗어나고 성장하도록 돕는 사람들이다.

수상 스포츠를 피해야 하고, 깊은 물과 배나 보트로 여행하는 것을 자제해야 한다.

지나친 과로로 자신을 지치게 만들지 않아야 한다.

그들은 마음을 재빨리 바꾸지 않아야 한다.

## 데스티니 숫자 7

7은 그들의 사이킥 숫자나 이름 숫자에서 타고난 특성을 향상시키도록 돕기 때문에 7은 좋은 데스티니 숫자이다. 숫자 7의 지배자인 케투는 반행성이고 그것이 위치한 하우스에 있는 행성의 진동의 범위에 의해 쉽게 영향을 받는다. 케투는 그것을 작동시키는 사람과 함께 그 행성의 특성과 특징에 맞춘다. 데스티니 7의 이 순응성과 분별하지 않는 특성은 만나는 모든 사람이 그들을 좋아하게 만든다. 그들의 조력자의 그룹은 넓다.

그들의 재능과 잠재력을 이해하는 습관은 그들을 겸손하고, 상냥하고, 매력적으로 만들고 그들에게 인간의 특성을 부여한다.

그들의 뛰어나고 실제적인 아이디어는 사람들을 자석처럼 끌어들인다.

그들은 훌륭한 연설가이고 스토리텔러이다.

외국을 방문하고 예술이나 문학의 영역이나 또는 외교관으로서 인정을 얻는다. 사이킥 숫자에 의해 강하게 안내되는 그들의 성향에 따라 또한 조정자, 중재인, 영적 스승으로서 인정받을 수 있다.

데스티니 7은 재치 있고, 활기차며, 결정을 하는 데 신속하고, 예측할 수 없고, 항상 변화하고, 항상 젊다. 그들은 훌륭한 조언자이다. 적조차도 그들의 조언과 제안을 수용한다. 그들은 평화로운 진동을 발산하고 자신의 존재로 사람들을 평온하게 할 수 있다. 모든 문제에 대한 해답이 있고 논쟁을 해결하는 데 훌륭하다. 그들의 접근은 합리적이고, 실제적이며, 다정하고 창조적이다.

영적이면 데스티니 7은 사마디, 깊은 상태의 경험, 연속적인 명상을 성취한다. 탄트라에 관심이 있다면 시디(힘)를 획득한다. 이는 천리안, 개인적인 자력, 최면술의 힘, 변형의 힘이나 채널링 에너지 등과 같은 것이다. 30세에서 45세 사이에 직관력이 증가하고, 그래서 사람들의 마음을 누군가가 책을 읽는 것처럼 명료하게 읽는다.

그들은 놀라운 꿈이 있고 꿈에서 배운다. 대부분 뛰어나고, 독창적인 아이디어는 꿈이나 백일몽에서 온다. 백일몽은 그들이 좋아하는 여가이다. 그들은 꿈과 잠재의식의 비밀을 알고자 노력하고 미래나 과거로 사람을 이동시킬 수 있는 신비한 힘을 믿는다.

이성에게 에워싸이고 이성을 끌어당기는 그들은 특별한 방식으로 그들과 시시덕거린다.

데스티니 7 여성은 매우 사교적이고 감상적이며 데스티니 7 남성보다 더 매력적이다. 그녀는 영리하고, 자기 주장적이며, 수다쟁이고 (가끔 너무 많이 그렇다), 직업에 충실하다. 그녀는 어머니와 다른 여자 친척과 강하게 애착되는데, 이것이 항상 결혼생활에서 문제를 만든다. 그녀는 또한 걱정하는 본성이 있고 항상 미래에 대해 불안하다. 이것이 그녀가 남편에게 덜 관심을 갖게 하는 원인이다. 이는 결혼생활을 행복하게 하는 데 좋지 않다.

데스티니 숫자 7 남성은 28세 이전에 결혼하지 않는 것이 좋다.

이 데스티니 숫자가 있는 남성과 여성은 모두 한 번이나 그 이상의 혼외 관계가 있다.

**이름 숫자 7**

숫자 1이나 숫자 5를 제외한 모든 사이킥 숫자나 데스티니 숫자와 결합한 숫자 7은 좋은 이름 숫자를 만든다. 사이킥 숫자와 이름 숫자가 같은 것은 사이킥 숫자의 특성을 향상시키고 그 주인공을 좀더 수용적이며, 다정하고, 학술적이며, 사교적이고, 보편적이고 세계적으로 만든다. 이름 숫자가 데스티니 숫자와 같으면 그 사람을 선구자로 만든다. 학자, 작가, 예술가, 사회과학자, 개혁가 또는 신비가처럼. 그들의 이름은 계속 알려지게 된다. 이것은 그들의 독창적인 사색 방법과 철학적인 접근 때문이다.

모든 세 숫자의 합이 7일 때는 문제가 생긴다. 사이킥 숫자와 데스티니 숫자가 7인 사람도 특별한 관심, 안내, 보살핌이 필요하다. 그래서 이 사람들은 이름 숫자로서 7을 피해야 한다. 그러나 데스티니 숫자 7이 이름 숫자 또한 7이 되는 것은 분명히 이롭다. 일반적으로 이름 숫자는 사이킥 숫자에 영향을 준다. 그러나 이름 숫자가 사이킥 숫자와 조화로울 때 그리고 데스티니 숫자와 같을 때 행운을 가져온다.


## 내부 환경과 외부 환경의 균형 맞추기

단식 준수하기, 적절한 향신료와 젬스톤 가루 사용하기, 만트라 명상하기, 얀트라 사용하기를 함으로써, 개인은 내적인 환경을 균형 맞출 수 있다. 외부 환경을 균형 맞추는 것은 활동에 대한 올바른 시간(어센딩 사이클이나 디센딩 사이클에서) 선택하기, 좋은 친구 선택하기(조화로운 숫자 찾기), 적절한 때(약한 기간과 강한 기간을 관찰하기)에 일을 시작하는 게 가능하다. 균형은 다음 부분에서 설명한 대로 이미 가능한 에너지 흐름과 함께 작업함으로써 성취된다. 다음 정보는 사이킥 숫자 7에 게 적용된다.

### 약한 기간

1월과 2월은 약한 기간이다. 이 기간 동안에 그들은 용기를 잃고, 기회를 잃을 수 있으며, 또는 게으르게 시간을 보내거나 쓸데없는 추구와 오락에 참여한다. 그들은 또한 다른 사람들에게 매우 의존적이고, 매우 수줍어하며, 종종 친구와 아는 사람을 오해한다.

물질적인 성공과 문학의 업적을 자랑으로 생각한다.

둔하고, 부주의하며, 혼란하게 되는데, 이는 그들에게 문제와 재정적인 손실을 가져온다.

다른 종교와 자신의 문화적인 배경을 조롱한다. 그들은 가정생활에 관심이 없으며 가정 외부에 머무르고, 생애 파트너를 속이고 불친절하게 대한다.

그들은 실패를 만나고 불안하게 된다.

그들은 연애에 성공하지 못한다.

자신의 능력을 넘어서 일하고, 서둘러서 일을 망치고, 나쁜 투기적 사업에 돈을 투자하고 손실로 고통스럽다.

### 강한 기간

6월 21일과 7월 20일 사이의 기간은 숫자 7에게 최고의 기간이다, 비록 6월과 7월의 전체 달이 또한 좋을지라도. 새로운 일을 시작해야 하고, 보다 더 나은 생활 조건을 찾고, 계약을 하고, 물질적인 삶의 개선을 위해 그들의 자원을 사용해야 한다. 이는 수줍음과 재능에 대한 잘못된 평가를 제쳐두는 것이다.

## 좋은 날짜

어느 달이든 7, 16, 25일은 좋다. 또한 1, 10, 19, 28일이 좋은데, 7에 대한 1의 다정한 행동 때문이다. 2, 11, 13, 20, 22, 29, 31일은 나쁘지 않다. 이 날짜가 좋은 요일(아래를 보라)에 있으면 유리하다.

## 좋은 요일

일요일, 월요일, 수요일이 숫자 7에게 좋은 요일이다. 이들 요일에 위에서 언급된 날짜 중 어느 것이든 오면 결과가 유익하다.

## 좋은 색깔

밝은 녹색, 밝은 파랑색, 흰색은 숫자 7에게 최고로 좋은 세 가지 색깔이다. 그들은 검은색을 피해야 하고 검은색은 가능하면 거의 사용하지 않아야 한다. 그들은 커튼, 침대와 베개 커버, 쿠션에 밝은 파랑색을 사용해야 하고 바꾸고 싶을 때는 밝은 녹색을 사용할 수 있다. 녹색은 그들의 긴장을 완화시키기 때문에 주변에 식물을 길러야 하고 이완을 위해 그 식물을 바라보아야 한다.

## 보석용 원석

그들의 돌은 흰색 가는 선이 있는 캣츠아이처럼 내부로부터 광채가 변하는 빛나는 캣츠아이이다. 그 선이 밝으면 밝을수록 그 젬스톤의 특성과 영향도 더 높아진다. 캣츠아이는 네 가지 색조로 발견된다. 즉 노란색(마른 잎의 색깔), 검은색, 녹색, 흰색이면서 녹색이다. 이 네 종류 중에서 흰색이면서 녹색 돌이 숫자 7에게 최고다. 이것이 없으면 노란색 캣츠아이를 사용할 수 있다. 그것은 수요일에 구매하고 같은 요일에 세공인에게 줘야 한다. 세공인이 준비한 반지는 수요일에 받아서 적절한 의식을 수행한 후에 착용해야 한다. 그것은 다섯 가지 금속 철, 은, 구리, 금, 아연, 또는 백금의 특별한 결합으로 만들어져야 하고 왼손 새끼손가락에 껴야 한다.

그들은 몸의 전기화학적인 힐링을 돕는 진주 가루를 복용해야 한다.

## 명상

숫자 7은 나라심하Nrisimha(나르신가Narsingha), 즉 비쉬누의 사자 화신에 경배하도록 조언한다. 그들은 또한 흰색 배경에 대해, 캣츠아이 젬에 대해, 또는 (되도록이면 정화된 버터(기)에 잠긴 면 심지로 불을 켠) 불꽃에 대해 명상할 수 있다. 그들은 응시하는 것을 배워야 한다. 이는 눈에서 눈물이 날 때까지 불꽃을 바라보는 것이다. 눈물이 난 후에 눈을 감아야 하고 눈썹 사이(제3의 눈, 즉 아갸 차크라)에서 그 불꽃의 잔상에 대해 명상해야 한다. 이것은 불안한 마음을 고요하게 할 것이고, 직관의 힘을 증가시킬 것이며, 그들에게 투시력을 제공할 것이다. 그들은 명상하는 동안 흰색 옷을 입어야 한다.

## 신성

나라심하(나르신가)—비쉬누의 사자 화신

**만트라**

어떤 행성의 만트라에 대한 자파(반복)는 문의 어센딩 사이클 내에 끝마쳐야 되고 제시된 횟수를 반복해야 한다.


AUM – NRING NRING NRING NARSINGHAYE (NRISIMHAYE) NAMAH – AUM

옴 – 니링 니링 니링 나르신가예 (나라심하예) 나마흐 – 옴


위의 만트라를 문의 어센딩 사이클 내에 1만 7000번을 반복하라.

**케투의 얀트라**

| 14 | 9 | 16 |
|----|---|----|
| 15 | 13 | 11 |
| 10 | 17 | 12 |


**건강과 질병**

그들은 다음의 질병에 걸리기 쉽다.


- 감염
- 소화불량, 변비, 다른 위장 장애
- 사적인 부분(생식기)의 질병
- 바람 원소 기질의 악화에 의해 유발된 통풍, 관절염
- 일반적인 쇠약과 혈액의 문제

- 45세 이후의 나쁜 기억력

이들 문제 외에 비타민D와 E를 복용해야 하고, 과일 주스를 마시고, 규칙적인 식사 습관을 기르며, 흡연과 약물을 피해야 한다. 그들은 단지 위장을 가득 채우기 위해 음식을 먹고 다시 바쁘게 급하게 나가는 것보다는 맛을 위해 그리고 음식으로부터의 이로움을 위해 먹어야 한다.

긴장을 이완하고, 음식을 소화하며, 스트레스 상황에서 벗어나기 위해 강, 연못, 호수, 분수, 그리고 폭포 근처를 산책하며 시간을 보내야 한다.

## 단식

화요일에 단식하는 것이 숫자 7에게 좋다. 그들은 고구마와 과일 주스를 하루에 한 번 먹어야 하고, 곡물, 소금, 향신료는 피해야 한다.

## 우정

어느 달이든 7, 16, 25, 1, 10, 19, 28일에 태어난 사람이 숫자 7에게 좋은 친구다. 1월이나 2월 동안(숫자 7 사람들에게 약한 기간)에 위의 날짜에 태어난 사람들은 그들에게 좀더 적합하고 좀더 친밀한 친구가 된다.

## 로맨스

어느 달이든 25일이나 28일에 태어난 사람이 숫자 7과의 낭만에 가장 좋다. 숫자 7 남성과 숫자 1 여성 사이의 결혼은 장기간 작동하지 않지만 숫자 7 여성과 숫자 1 남성은 생애 파트너로서 좋을 수 있다.

### 생애의 좋은 연도
21, 28, 35, 42, 49세가 숫자 7에게 매우 중요하다. 이 시기 동안에 한 결정은 삶의 패턴에 영향을 준다. 그들의 생애의 주요 사건은 이 시기 동안에 일어난다. 그 외에 합이 7(7, 16, 25, 34, 43, 52, 61, 70세)이 되는 모든 연도는 좋다. 또한 10, 19, 28, 37, 46, 55, 64, 73, 82세도 유익하다.

## 관계에서 숫자 7 사람들

아래 주어진 정보는 사이킥 숫자 7과 다른 사이킥 숫자와의 비교에 근거한다. 그것은 또한 데스티니 숫자 7과 다른 데스티니 숫자, 이름 숫자 7과 다른 이름 숫자와의 비교에 사용될 수도 있다(이 비교는 범주와 같다).

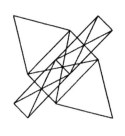

### 숫자 7과 숫자 1
숫자 7과 숫자 1은 정치, 문화, 문학 분야에서 이상적인 친구이다. 숫자 1은 규칙적이고, 시간을 엄수하고, 질서 있고, 규율이 있는 반면 7은 그렇지 않다. 그래서 그 우정은 숫자 7에게 발전을 가져온다. 사업 파트너에서 1은 경영을 담당하는 그들에게 이익을 제공한다. 1은 7에게 쉽게 끌리고 7에게 긍정적인 진동과 도움을 준다. 7이 1의 권위를 수용할 준비가 되고 그들의 조언을 따르며 7 자신의 훌륭하지만 이상적인 아이디어를 바꾸는 것에 기쁘게 복종한다면 1을 선택할 수 있다. 결혼에서 숫자 7 여성은 숫자 1 남성과 결혼할 수 있지만 그 반대는 사실이 아니다, 7이 시시덕거리는 버릇을 그만둘 수 있다면 모를까. 약속 날짜나 주거 수자로 7은 1을 선택할 수 있다.

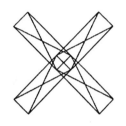

### 숫자 7과 숫자 2

2가 7에게 이로운 숫자가 아닐지라도 7은 2에게 이롭다. 숫자 7은 문의 사우스 노드인 케투가 지배한다. 케투(7)는 황도에서 문(2)을 안내하기 때문에 7은 안내하고 2에게 이롭다. 숫자 7은 2에게 훌륭한 스승이다. 그러나 2는 받는다. 항상 2는 실수를 반복하고 좋은 학생이 아니다. 7은 2을 도울 수 있고 그 우정에서 어떠한 이익을 기대하지 않고 즐기지만 7은 사업이나 생애 파트너로서 2를 선택하지 않아야 한다. 숫자 7은 그러나 약속 날짜나 주거 숫자로 2(그리고 합이 2가 되는 모든 숫자)를 선택할 수 있다.

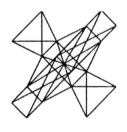

### 숫자 7과 숫자 3

숫자 3은 숫자 7에게 도움이 되고 그들에게 긍정적인 진동을 준다. 그들은 우정이나 사업 파트너로서 서로 이롭다. 그들은 쉽게 친구가 되고 그 우정은 오랫동안 지속된다. 서로의 교제에서 3은 좀더 전통적이고 7은 좀더 혁신적, 비인습적, 무정부주의가 되기 때문에 그들은 오랫동안 의견이 맞지 않는다. 그러나 곧 그들은 타협한다. 그래서 숫자 7의 습관은 타협을 하고 모든 종류의 신념에 적응하는 것이다. 우정과 결혼에서 이 관계는 7이 더 젊다면 그리고 3이 남성이고 7이 여성이면, 마음이 아주 잘 맞는다. 7은 약속 날짜나 주거 숫자로서 3을 선택할 수 있다.

### 숫자 7과 숫자 4

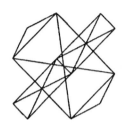

숫자 4는 숫자 7에게 이롭다. 7이 머리를 지지하는 몸으로서 4를 받아들이고 봉사한다면. 반대로 7은 항상 4에게 평화, 번영, 행복을 가져온다. 그러나 그들이 우정이나 사업이나 생애 파트너로서 자유나 우위를 제공하지 않으면 4는 장애와 문제를 만든다. 이 관계는 7이 여성이고 4가 남성일 때 가장 잘 작동한다. 7이 보스, 4는 부하로서. 그러나 보스로서 4는 숫자 7에게 어려움과 문제를 만든다. 7은 주거 숫자로서 숫자 4를 피해야 한다. 필요하면 4나 합이 4가 되는 모든 숫자를 약속 날짜로서 사용할 수 있다, 그 약속이 매우 중요하지 않으면.

### 숫자 7과 숫자 5

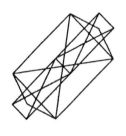

케투와 머큐리는 친구지만 숫자 7과 숫자 5는 그렇지 않다. 비록 그들이 서로 쉽게 끌릴지라도 장기간 서로에게 실제적인 도움을 제공하지 못한다. 5는 7에게 수행하기를 바라지 않는 짓궂은 행동을 하도록 권한다. 이 두 숫자는 서로에게 무관심하다. 7과 5가 혁명적인 활동이나 테러리즘에 관련된 집단에 서로 연결되어 있을 때만 그 우정은 서로 이롭게 된다.

### 숫자 7과 숫자 6

숫자 7은 6에게 매우 도움이 되지 않을지라도 그 반대는 사실이다. 숫자 7은 6에게서 그들의 성장과 발달에 도움을 받는다. 6은 7에게 평판, 명성, 지위 향상을 가져온다. 6은 사업 파트너로서 7을 위해 열심히 일하고 돕는다. 결혼은 7이 남성이고 6이 여성일 때 잘 작동할 뿐이다. 숫자 7은 항상 우정이나 사업을 위해 6을 선택할 수 있다. 그러나 그렇게 할 때 숫자 7은 열심히 일하고, 돕고, 협력하는 것에 대한 좋은 피드백을 6에게 제공해야 한다.

### 숫자 7과 숫자 7

숫자 7은 7에게 문제를 일으킨다. 숫자 7은 많은 수가 학자이다. 두 학자는 서로 불편함을 느낀다. 그들은 논쟁과 논의 없이 공존할 수 없다. 숫자 7은 또한 자부심이 강하다. 두 자부심이 강한 사람은 조화롭게 소통할 수 없다. 사이킥하고, 직관적이며, 무책임하고, 감상적인 두 사람은 쉽게 상처받고 서로를 화나게 한다. 그들의 논쟁은 서로 괴롭힌다. 그러므로 사업 파트너나 생애 파트너가 되지 않는 것이 좋다. 사이킥 숫자 7은 약속 날짜나 주거 숫자로 7을 선택하지 않아야 한다. 그러나 데스티니 숫자나 이름 숫자가 7인 사람들은 그렇게 할 수 있다. 모든 7은 중요한 일을 위한 약속 날짜로 숫자 7을 피해야 한다.

### 숫자 7과 숫자 8

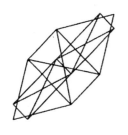

숫자 8은 항상 7을 도울 준비가 되어 있지만 7은 자부심이 있어서 도움을 요청하지 않는다. 숫자 8은 7의 존재로 편안함과 고요함을 느끼고 좋아한다. 그러나 8이 없을 경우에 7은 이기주의에 이끌려 8에 대해 나쁘게 말하고 그들을 깎아내린다. 이 두 숫자는 서로 정서적으로 신나지 않는다. 숫자 8은 7에게 금전의 도움을 제공할 수 있지만 7로부터 배울 수 없다. 8은 또한 이로운 사업 파트너이다. 8은 사업을 조직하기 위해 열심히 일하고, 도전을 만나고, 손실로부터 7을 보호한다. 숫자 8은 그러므로 중요한 일을 위한 약속 날짜로, 주거 숫자로 7을 선택해야 하지만 친구나 생애 파트너로서는 아니다. 그러나 그들이 모두 오컬트 과학에 관심이 있다면 그들은 친구와 생애 파트너로서 어떻게든 공존할 수 있다.

### 숫자 7과 숫자 9

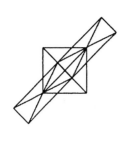

숫자 9와 숫자 7은 서로 유익하다. 9는 7을 실제적이 되도록 가르치고, 7(몽상가)은 9의 성격에 특별한 차원을 더한다. 항상 의심하는 숫자 9는 7에 의해 영감을 받고 의심의 어둠에서 개방으로, 즉 희망의 불이 켜진 장으로 나온다. 이것은 7과 9를 좋은 친구로 만든다. 그러나 7은 영감을 받을 때 과장하기 때문에 7은 잘못된 희망의 광범위한 파노라마를 9에게 보여준다. 이는 그들에게 흥미를 잃게 하는 것이다. 그러나 그들은 서로 직면하자마자 9는 7의 결점을 잊고 그래서 그들은 다시 친구가 된다. 따라서 9는 결혼을 제외하고는 모든 점에서 7에게 좋다. 숫자 9 남성은 숫자 7 여성에게 좋은 남편이지만 그 반대는 사실이 아니다. 숫자 7은 자신의 영성에서 스승으로서 괜찮다. 이는 세계적이고 모든 종교의 좋은 점을 받아들이는 것이다. 7은 약속 날짜나 주거 숫자로 9를 선택할 수 있다.

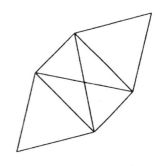

# 새턴과 숫자 8

새턴은 어느 달이든 8, 17, 26일에 태어난 사람, 또는 합이 8이 되는 데스티니 숫자나 이름 숫자가 있는 사람을 지배하는 행성이다. 아래에 설명된 새턴의 특징은 사이킥 숫자 8에서 가장 분명하게 나타난다.

우리 태양계의 가장 중요한 일곱 행성에서 새턴은 지구에서 가장 먼 행성이다. 느리게 움직이는 새턴은 산스크리트어 이름인 샤나이슈차라Shanaishchara에 나타난다. 그것은 불활성(타마식tamasic)이고, 차갑고 건조한 본성이며, 흉성들 중에서 최고의 흉성이라고 생각된다. 그 유해한 영향은 출생 문으로부터 12번째, 1번째, 2번째 하우스를 지나갈 때 경험할 수 있다. 예를 들어 문이 출생차트에서 토러스에 있으면, 새턴이 에리즈, 토러스, 제머나이를 트랜짓할 때마다 그 영향은 최고로 경험할 수 있다.

새턴은 30년에 황도를 한 바퀴를 완전히 돌 때, 2년 반 동안 항성 황도 싸인에 머무른다. 그래서 새턴이 위에 언급된 세 하우스들을 지나 트랜짓할 때 7년 반 동안 그 주인공에게 영향을 준다.

새턴이 출생차트에서 우호적으로 배치되지 않으면 주인공을 탐욕적이고, 병적이고, 우울하게 만든다. 그들은 상실과 신체 화학의 교란으로 유발된 심인성 병으로 계속 고통스럽다. 이것은 바람 원소 기질의 악화(몸에서 가스의 흐름으로 방해) 때문이다.

어둠의 행성인 새턴은 인간 본성의 어두운 면을 지배하는데, 이는 양심(또는 옳고 그름에 대한 자각)과 같은 것이다. 새턴의 견해는 불길하다. 새턴이 차트에서 잘 배치되면 지혜, 옳고 그름에 대한 자각, 진실성, 정직, 정의에 대한 사랑, 무집착, 장수, 명성, 권위, 지도력, 조직 능력을 가져온다.

새턴은 속박의 행성이다. 새턴이 차트에서 잘못 위치하거나 나쁜 국면이면, 방해, 지연, 굴욕, 적의, 나쁜 카르마, 소송, 수감을 가져온다. 새턴은 사람을 외롭고, 수동적이고, 두렵고, 조기 노화가 되고, 약물 중독, 자살 경향을 제공한다.

새턴적인 사람은 규율을 좋아하지 않는다. 그래서 그들은 반역적이고 법률 파괴자이다. 그들은 노인처럼 행동하고 실제 나이보다 더 나이 들어 보인다. 이것이 새턴이 노년을 지배하고 종종 나이든 행성으로서 묘사되는 이유다.

새턴은 손발톱, 머리카락, 치아, 뼈, 골격, 피부, 신경계를 다스린다.

머큐리, 비너스, 라후, 케투는 새턴의 친구이다. 반면 썬, 문, 마스는 적이다. 주피터와의 관계는 중립적이다.

# 숫자 8

## 사이킥 숫자 8

8은 어느 달이든 8, 17, 26일에 태어난 사람의 사이킥 숫자이다.

숫자 8은 확신과 결정의 숫자이다. 또한 신비의 숫자이다. 그 주인 공은 가장 가까운 친구와 친척에게서도 거의 오해를 받는다. 그들은 근면하고 기꺼이 도전을 받아들인다. 그래서 도전받을 때 그들은 불가능을 가능한 것으로 만든다.

그들은 내성적이고, 조심스럽고, 인내하고, 반영적이며, 깊고, 진지하고, 우울하며, 외부적으로 조용하고 잘 균형 잡혀 있다.

그들은 사회 조직, 집단, 공동체, 또는 그들에게 전체 삶의 헌신과 관련된 가족에게 매우 성실하다. 그들은 다른 사람에게서 도움을 받지 않는다. 기본적으로 모든 것을 스스로 하기를 좋아하고 도움을 요청하는 것을 좋아하지 않기 때문이다.

그들은 가끔 약간 무겁게 될 수 있는 강한 존재감이 있지만 특유의 성격이 있다. 그들의 의지력과 진지한 본성은 모든 종류의 프로젝트를 성공적으로 다루도록 힘을 준다. 비록 그들이 장애, 지연, 실패, 도전을 만나는 방식을 따를지라도 강한 개성, 고집, 의지, 인내심은 과제의 완성으로 이끌고, 따라서 역사에 그들의 흔적을 만든다. 그들은 삶에 믿음이 있고 일반적으로 스스로 희생하고 도구 역할을 하는 명분에 봉사하기 위해 태어났다.

그들은 노력에 몰두하고, 열망의 목표를 성취하기 전에 포기하지 않는다. 숫자 8은 그러므로 훌륭한 투사, 정치인, 과학자이다. 그들은 본래 혁명가이고 가끔 파멸과 관련될 수 있다. 그러나 그들의 동기는 조용히 봉사하는 것이고 가난하고 탄압받은 사람들의 이익을 위해 자신의 삶을 희생하는 것이다.

그들의 삶은 예측할 수 없다. 뜻밖의 변화는 그들을 새로운 환경에 대한 적응으로 계속 바쁘게 한다. 이것은 친구와 친척이 그들을 이해하기 힘들게 만들고 오해받게 하는 이유이다.

은둔적인 본성, 심각함, 유머의 부족, 적절한 유머의 불가능, 농담에 대한 관대하지 않음 때문에 그들은 깊은 외로움을 느낀다. 이 같은 라이프스타일은 그들을 비사교적으로 만든다. 그래서 그들은 숨겨진 깊은 내면을 순수하고 부드러운 공간을 드러낼 수 있는 진정한 친구가 아주 적다. 외부적으로 그들은 뻣뻣하지만 내면은 매우 보살피고 헌신하며, 친구의 관심을 지키기 위해 모든 종류의 상실과 고난에 직면하는 부드러운 사람이다. 그들은 친구를 옹호하고 모든 환경에서 그들을 구하지만 또한 최악의 적을 만든다. 화가 날 때 전체 환경을 방해하고 가장 강하게 흔드는 사람이 될 수도 있다. 그들은 적을 무찌르고 제압할 때까지 쉬지 못한다. 삶이 끝날 때까지 마음에 적의를 품는다. 그래서 그들은 인내심 있게 기다리고 적절한 때에 적을 공격한다. 기쁨으로 패배를 받아들이고 전략을 바꾸지만 그들이 복수를 받아들일 때까지 진정시키지 못한다. 그들은 극단주의자이고 극단적으로 간다, 우정과 증오 모두에서.

그들은 작은 성공에 만족하지 않는다. 그래서 큰 성공과 충분한 명예를 열망한다. 일이 그들의 숭배 대상이라고 믿고 큰 것을 이루는 목표에 초점을 둔다. 그들이 가진 사업이나 일이 무엇일지라도. 그들은 위선적이고 속임수를 싫어하고 스스로 정직하고, 실제적이고, 영리하다. 어릴 때 현명하게 되고 다른 사람을 평가하는 능력이 있다.

그들은 다른 사람과 다르다고 느끼고 법과 사회에서 금지한 것들을 한다. 규범이 존재하는 것을 믿지 않고 사회적 가치와 도덕적 가치와 갈등을 일으킨다. 그들은 물질주의자이고 재정적인 보장이 그들의 근본적인 대상이다. 그러나 여전히 돈을 좇지는 않는다. 자신의 이념을 좋아하고, 돈을 벌 수 있는 어떤 것(어떤 일이라도 하는 것)도 할 수 있다. 그런 다음 그 모든 돈을 이기적인 동기나 돌려받는 기대 없이 다른 사람에게 쓸 수 있다. 그러나 자신이나 가족에게 돈을 쓰는 것은 불가능하다. 35세 때까지 어떤 돈도 저축할 수 없기 때문에 생애에 몇 번의 재정 위기를 겪는다. 그러나 이 나이를 지나면 그들은 예금 균형을 찾을 수 있다. 그들은 균형이 성장하는 것을 보기를 좋아하고 돈을 쉽게 소비하지 않는다. 돈을 충분히 번 후에는 정신적인 능력을 계발하기 위해 노력한다. 내면의 대화를 계속하는 것을 극복하려 노력하고 오컬트 과학, 종교, 철학, 의학 등을 배우려고 노력한다. 비록 그들이 깊이가 없고 종교에 정말로 관심이 없을지라도 다시 극단적으로 가고 명상의 가장 깊은 상태를 얻는데, 이는 그들에게 충분히 좋은 안내가 있는 행운이 있을 때이다.

– 사이킥 숫자 8을 위한 예방책
숫자 8은 모든 도전을 받아들이지 않아야 한다.
　친구와 부하직원을 믿어야 한다.
　단지 돈을 벌기 위해서 능력을 넘어서는 일을 떠맡지 않아야 한다.
　논쟁에 빠지지 않아야 하고, 아이디어를 명확히 표현하고, 필요할 때 말하는 것을 멈추는 것을 배워야 한다.
　친구와 아는 사람의 그룹을 넓혀야 한다.

도움을 위해 다른 사람에게 의지하지 않아야 한다. 친구, 친척, 그들이 도운 다른 사람들에게서 거의 지지를 받을 수 없기 때문이다.

앙심을 품게 되는 습관을 버려야 한다.

우울하고, 심각하며, 근엄한 얼굴을 없애야 하고, 미소 짓는 것을 배우고 행복을 유지하기 위해 노력해야 한다.

적극성을 유지해야 하고 무기력, 수동성, 고립감을 피해야 한다.

좀더 관대함을 양성하고, 좀더 친절하고 고려하게 되고, 쉽게 짜증 내지 않는 것을 길러야 한다.

약물이나 취하게 만드는 것을 피해야 한다.

캔 음식, 오래된 음식, 패스트푸드를 피해야 한다. 반면 좀더 거친 곡물과 코코넛 파우더를 먹어라. 그리고 류머티즘, 관절염, 피부 염증과 같은 바람 원소의 악화로 유발되는 변비와 다른 문제를 피하기 위해 좀더 신선한 주스를 마셔라.

자신보다 좀더 경험 많고, 학식 있고, 진보한 사람의 조언을 따라야 한다.

과거에 대한 생각에 잠기는 습관을 피해야 하고 상상의 두려움을 극복해야 한다.

부모님과 사업 파트너 모두를 존중해야 한다.

연애에 관련되는 것을 피해야 한다.

가끔 여행을 해야 한다.

소문을 퍼뜨리지 않아야 한다.

좋은 친구, 철학자, 또는 안내자를 찾아야 하고 자신의 영적인 성장을 위해 어떤 에너지를 헌신해야 한다.

## 데스티니 숫자 8

8은 데스티니 숫자로서 좋지 않다. 8은 알려지지 않은 자원으로부터 지연, 장애, 실패, 굴욕을 가져오기 때문이고, 그것은 삶을 예측불가능하게 만든다. 사이킥 숫자가 8인 사람들은 자신의 실패를 위한 조건을 만들고 그것들로 놀라지 않는다. 그러나 이 삶의 실패가 데스티니로부터 올 때 숫자 8은 도덕적인 삶에서 신념을 잃고 파괴적으로 행동한다.

이 데스티니 숫자는 이유 없이 원하지 않은 반대와 적을 데려온다. 그것은 절도죄와 다른 수단에 의해 재정적인 상실을 가져온다.

데스티니 8은 사람들이 나쁜 카르마를 수행하도록 만들고, 사고가 나게 하고, 소송에 직면하고, 어린 나이에 고통스럽게 만든다. 그것은 또한 슬픈 경험, 실패, 반대를 통해 지혜를 제공한다. 데스티니 8은 가장 나쁜 조건에서 두드러진다. 그래서 어려움이 많으면 많을수록 그들은 더 밝게 빛난다. 그들은 명예와 조직력을 성취하고, 높은 직위를 확보하고, 생의 후반부에 부자가 된다. 정치에 관심이 있으면 그들은 가장 높은 지위를 얻는다. 영적이고 오컬트 과학에 관심이 있으면 그 집단의 지도자가 된다. 그러나 그들은 결코 문제(실제와 상상 모두), 반대, 의외의 굴욕에서 벗어날 수 없다. 그들은 고독을 좋아하지만 외로움으로 고통스럽다.

데스티니 8은 또한 약물 중독에 쉽게 영향을 받고 취하는 것을 좋아한다.

그들은 사랑의 문제에서 성공하지 못하고 성 스캔들 때문에 나쁜 평판을 얻는다. 그들은 결혼생활을 오래 끌고 가지 않는다. 항상 거부, 분리, 또는 이혼에 대한 두려움에 위협받는다. 이는 가끔 정치적인 경력이나 영적인 삶에 긍정적으로 드러난다. 그들은 철학적인 아이디어가 있기 때문에 즐거움을 찾는 본성에서 벗어날 수 있고 동료의 고통과 맞서기 위해 자신의 에너지를 쏟는다.

역사에 흔적을 남기는 것이 운명에 있다. 구체적인 연구에서 혁명가로서, 사회적인 개혁가로서든, 또는 나쁜 카르마와 파괴적인 행동에 의해서든 말이다(그들은 반대 집단이나 반사회적 집단의 리더가 되기 때문에 혁명을 시작하고 비극적인 결말을 만나기 때문이다).

데스티니 8은 1에서 9까지의 어느 다른 숫자보다 더 강한 지구력을 가지고 있다. 그들은 스트레스나 긴장으로부터 쉽게 고통 받지 않는다. 반면 그들은 매우 유연하고 재빨리 충격에 적응한다.

그들은 일에서 가장 높은 지위를 얻기 위해 매우 분주하게 노력하기 때문에 오락을 즐길 시간이 없다.

데스티니 8 여성은 상속받은 재산이 있고 돈을 저금하는데, 대부분 힘든 때와 노년을 위해서이다. 그들은 혼자 사는 것을 좋아하는데 초기 결혼생활에서 겪은 많은 슬픔들 때문이다. 그들은 비록 가족에 헌신할지라도 적절한 생애 파트너를 찾는 것에 어려움이 있다. 인내심, 영적인 성향, 진정한 신념이 있다면 그들은 가정생활에서의 문제와 결혼 관계의 문제를 극복할 수 있다. 데스티니 8 남성은 생애 파트너를 존중하지 않는다.

데스티니 8은 좋은 기획자이고 원대한 스케일의 성공을 좋아한다. 그들이 조화로운 숫자의 사람을 만난다면 직업에서 매우 높은 지위에 도달할 수 있다.

데스티니 8의 증오는 위험하다.

데스티니 8은 다른 사람을 의심하고, 그 상대를 두려워하며, 부진,

고립, 친절한 환경의 결핍으로 고통스럽다.

데스티니 8은 적어도 인생에서 한 번 소송을 겪어야 한다.

## 이름 숫자 8

8은 사이킥 숫자나 데스티니 숫자가 1, 3, 6일 때 이름 숫자로서 유일하게 좋다. 그 외에는 앞에서 언급한 것처럼 어려움, 지연, 방해를 만든다. 그것은 사람을 외롭게 만들고 친구와 친척이 좋아하지 않는 것이다. 그러나 데스티니 숫자나 사이킥 숫자가 1, 3, 6일 때 그들은 인기 있고, 친절하고, 일반적으로 친구, 친척, 동료가 좋아한다. 약간의 고립은 항상 주변 무리의 사람으로부터 벗어나도록 그들을 돕는다. 비록 그들이 고난에 직면해야 할지라도 성공, 평판, 명성을 가져온다. 그러나 숫자 1과 6이 행운의 숫자로서 고난은 그들에게 그렇게 힘들게 하지 않기 때문에 그들의 데스티니 숫자나 사이킥 숫자는 새턴 영향의 나쁜 국면을 극복할 수 있다. 사이킥 숫자, 데스티니 숫자, 이름 숫자가 동시에 모두 8인 사람은 정말로 힘든 때가 있고 자살 경향으로 괴롭다. 이 경우에 이름 숫자를 1, 3으로든 또는 6으로든 바꾸는 것이 더 낫다.

# 내부 환경과 외부 환경의 균형 맞추기

단식 준수하기, 적절한 향신료와 젬스톤 가루 사용하기, 만트라 명상하기, 얀트라 사용하기를 함으로써, 개인은 내적인 환경을 균형 맞출 수 있다. 외부 환경을 균형 맞추는 것은 활동에 대한 올바른 시간(어센딩 사이클이나 디센딩 사이클에서) 선택하기, 좋은 친구 선택하기(조화로운 숫자 찾기), 적절한 때(약한 기간과 강한 기간을 관찰하기)에 일을 시작하는 게 가능하다. 균형은 다음 부분에서 설명한 대로 이미 가능한 에너지 흐름과 함께 작업함으로써 성취된다. 다음 정보는 사이킥 숫자 8에 게 적용된다.

## 약한 기간

새턴이 역행이나 식일 때마다 약한 기간이다. 그 외에 약한 기간은 1 월의 첫 20일, 2월의 마지막 주, 12월, 3월, 4월을 포함한다. 이 기간 동안 그들은 상실로 고통스럽고, 비난과 모욕이 있으며, 사랑하는 사 람과의 이별로 고통스럽다. 그들은 또한 정신적인 문제를 경험하고 완고하고 냉소적이 된다. 그들은 취하는 것과 약물을 사용한다. 그들 은 원하지 않은, 무시된, 거부된 느낌이 있고 탐욕스럽게 된다. 그들 은 앞장서는 것에 주저하고, 막혔다고 느끼며, 확신을 잃는다. 그들은 이 기간 동안에 새로운 사업, 법적인 서류에 서명, 소송, 논쟁 등을 피 해야 한다. 이 기간 동안 아파트를 바꾸거나 새로운 아파트를 임대하 지 않아야 한다.

## 강한 기간

숫자 8이 항상 강할지라도 그들은 9월 20일과 10월 25일 사이, 그리 고 1월 20일과 2월 20일 사이에 특히 강하다. 이는 새로운 모험, 모 든 계류 중인 일과 여행과 비즈니스를 위한 프로젝트를 시작하기에 최고의 시간이다. 이 기간에 그들은 미래를 위한 계획을 세워야 하고 필요하면 더 살기 좋은 장소를 찾아야 한다.

### 좋은 날짜

어느 달이든 8, 17, 26일이 좋다. 합이 1, 3이 되는 날짜 또는 6이 되는 날짜가 또한 좋다. 이들 날짜가 12월 21일과 31일 사이에, 1월 20일과 27일 사이에, 또는 2월 19일과 26일 사이에 오면 더 유리하게 된다. 위에 언급된 날짜에 이 기간 동안에 시작한 어떤 일이든 이로운 결과를 가져온다.

### 좋은 요일

토요일이 숫자 8에게 그 주일에서 최고의 요일이다. 토요일이 좋은 기간 내에 좋은 날짜에 온다면 그것은 정말로 특별하게 된다.

### 좋은 색깔

검은색, 감청색, 회색, 퍼플은 숫자 8에게 좋은 색깔이다. 그들은 이 색깔의 옷을 입어야 하고 주변에 이 색깔이 있어야 한다. 그들은 커튼, 베개 커버, 침대 시트, 쿠션에 이 색깔들을 사용해야 한다. 검은색 손수건은 항상 그들에게 신선한 진동을 가져온다.

### 보석용 원석

블루 사파이어, 블루 사파이어 대체물, 자수정, 흑진주, 라피스라줄리가 숫자 8에게 좋다. 이 원석은 토요일에 구매해야 하고 같은 요일에 보석 세공인에게 줘야 한다. 보석 세공인은 다섯 가지 금속의 결합으로 반지를 만들어야 한다. 금 1, 은 2, 납 3, 구리 1, 아연 5로, 뒤는 개방하여 세팅해야 한다. 그는 또한 백금으로 반지를 만들 수 있다(금 1, 은 10). 이 원석은 토요일에 반지로 세팅해야 하고, 토요일에 보석 세공인에게서 받아야 한다. 적절한 의식을 수행한 후에 일몰 후나 늦은 저녁에 새턴 손가락(가운데손가락)에 껴야 한다.

그들은 전기화학적으로 신체 치유를 돕기 위해 블루 사파이어 가루를 복용해야 한다.

## 명상

숫자 8은 위에서 언급한 다섯 가지 금속 합성으로 만든 새턴의 숭배 대상에 대해, 또는 블루 사파이어에 대해 명상해야 한다. 명상 전에 그들은 아침 정화의식을 해야 하고 가능하면 목욕을 해야 한다(명상은 아침에 장 정화 이전에는 금한다).

## 신성

콘도르 위에 앉아 있는 어두운 색깔의 새턴은 강한 존재로, 둥근 얼굴, 강력한 큰 눈, 이중 턱이 있다. 콧수염은 그를 좀더 악의적으로 보이게 만든다. 그는 팔이 네 개다. 한 손에는 검을 쥐고 있고, 다른 손에는 삼지창을 쥐고 있다. 세 번째 손에는 곤봉을, 네 번째 손에는 콘도르의 고삐를 쥐고 있다. 무기로 잘 무장한 새턴이 미소 지으며 대담성을 수여하는 것에 묵상해야 한다.

## 만트라

어떤 행성에 대한 만트라의 자파(반복)는 문의 어센딩 사이클 내에 완성해야 하고 제시된 횟수를 반복해야 한다.

숫자 8은 매일 새턴의 만트라를 108번 암송해야 한다. 그들은 다음의 베딕 만트라를 암송할 수도 있다.

AUM SHANNO DEVI RABHISHTHAYE

옴 샨노 데비 라비슈타예

APO BHAVANTU PITAYE

아포 바반투 피타예

SHAN YO RABHISRA VANTU NAH : AUM

산 요 라비스라 반투 나흐 : 옴


탄트라 만트라를 암송할 수도 있다.


AUM AING HRING SHRING SHUNG

옴 아잉 흐링 쉬링 슝

SHANAISHCHARAYE NAMAH : AUM

샤나이슈챠라예 나마흐 : 옴


## 새턴의 얀트라

| 4 | 9 | 2 |
|---|---|---|
| 3 | 5 | 7 |
| 8 | 1 | 6 |


## 건강과 질병

새턴적인 사람은 마비, 류머티즘, 통풍, 청각장애, 언어장애, 의기소침, 불안, 담석통증, 귀 질환, 정신이상, 천식에 감염되기 쉽다.

그들의 주요 문제는 바람 기질의 악화 때문이다. 장의 가스, 변비, 혈압과 심장질환. 그들은 또한 빈혈, 혈액의 불순, 사지의 약함이나 수족냉증, 한센병, 열, 방광의 약함, 출혈, 코와 귀의 통증, 대머리로 고통스럽다.

그들은 참기름으로, 또는 가능하면 겨자기름으로 정기적으로 몸을 마사지해야 한다. 또한 커민과 같은 이뇨제인 향신료를 사용해야 하고, 개방된 장소에서 아침 산책을 해야 한다. 새턴은 차고 건조하다. 그래서 그들은 감기에 잘 걸리고 피부가 건조하다. 그들은 블루 사파이어 가루로 만든 아유르베딕 요법인 닐마니 피쉬티neelmani pishthi가 분명히 도움이 되는데, 이는 잠자리에 들기 전에 꿀이나 크림과 함께 복용할 수 있다. 숫자 8은 비타민A, D, E, 칼슘, 아연 섭취를 늘려야 한다.

### 단식

숫자 8은 토요일에 단식해야 한다. 저녁에 석양 명상 다음에 그들은 키차리khichari를 먹어야 한다. 키차리는 잘게 부순 우라드 콩(껍질을 벗긴 검은 콩을 잘게 부순)과 쌀을 섞어 마련한 음식이다. 이것은 1인분 요리법이다. 잘게 부순 우라드 콩 ½컵을 씻고, 돌과 다른 외부 물질을 제거하고 깨끗이 씻은 흰쌀 ½컵과 섞어라. 물이 깨끗하게 될 때까지 이 혼합물을 헹궈라. 깨끗한 물 ½컵을 붓고 암염(일반적인 식탁용 소금이 아닌) ¼티 스푼을 넣어라. 이렇게 섞은 것을 가열해서 1분 동안 끓여라. 그런 다음 열을 줄여서 젓고, 뚜껑을 단단히 덮어라. 콩과 쌀이 부드럽게 될 때까지 가열하라. 우라드 콩은 다른 콩이 부드러워지는 것보다 조금 더 오래 걸린다. 버터와 함께 내라.

또한 검은 참깨로 만든 사탕과 재거리jaggery(원당)를 키차리 대신에 먹을 수 있고 또는 둘 모두를 사용할 수 있다.

## 우정

어느 달이든 8, 17, 26일이나 또는 2, 4, 6, 12, 15, 20, 24일에 태어난 사람은 숫자 8과 좋은 친구가 될 수 있다.

## 로맨스

숫자 8은 로맨스를 위해 1, 3, 5, 6을 선택해야 하고 4, 8, 9를 피해야 한다. 8은 사이킥 숫자가 4, 8, 또는 9인 사람과 친구, 동료, 동업자가 될 수 있다, 그 관계가 오래 지속되지 않으면. 8은 어떤 식으로든 8을 돕지 못한다. 두 숫자 8 사이의 로맨스는 오랫동안 지속하지 못한다. 숫자 8은 1, 2, 4, 5, 7일에 태어난 사람을 자연스럽게 좋아한다.

## 생애의 좋은 연도

8, 17, 26, 35, 44, 53, 62, 71, 80, 89세가 숫자 8에게 좋다. 4로 나누어지는 모든 연도 또한 좋다.

# 관계에서 숫자 8 사람들

아래 제공된 정보는 사이킥 숫자 8과 다른 사이킥 숫자와의 비교에 근거한다. 그것은 또한 데스티니 8과 다른 데스티니 숫자와, 이름 8과 다른 이름 숫자와의 비교에 사용될 수 있다(이 비교는 범주와 같다).

### 숫자 8과 숫자 1

숫자 1은 자연스럽게 숫자 8에게 끌리고 그들에게 큰 혜택과 에너지를 제공한다. 숫자 8은 우울한 반면 1은 행복하고 영감을 준다. 그들은 완전히 정반대다. 8은 행복과 영감을 위해 1이 필요하다. 숫자 1은 밝고 숫자 8은 어둡다. 그래서 어둠은 빛이 필요하다. 그러나 1 또한 8에 대해 규율과 법을 강요함으로써 적의 역할을 하는데, 8은 이 법들과 규율을 따르지 않는다. 이것은 8에게 문제를 일으킨다. 그러나 1이 행운의 숫자이기에 8에게 많이 필요한 행운을 가져온다. 숫자 8은 물질주의자이고 1은 이상주의자이다. 그들은 오랫동안 함께 잘 어울리지 않고 8은 결국 그 관계를 깬다. 그러나 1은 우정과 로맨스에 여전히 좋은 숫자이다, 사업 파트너가 생애 파트너가 아니라면. 8은 어떤 관계에도 1을 선택해야 한다. 숫자 8 여성은 숫자 1 남성과 결혼할 수 있고 잠시 동안 행복을 느낄 수 있다. 결혼은 어느 숫자와도 결코 영구적인 문제가 아니다. 또한 8은 주거 숫자로 1을 선택할 수 있다.

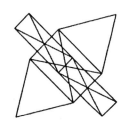

### 숫자 8과 숫자 2

숫자 8은 새턴이 지배하고 숫자 2는 문이 지배한다. 새턴은 문에 중립적이지만 문은 새턴의 적이다. 그들은 서로 끌린다. 숫자 8은 항상 2에게 도움이 되고 좋은 친구를 유지할 수 있다. 그러나 2는 실제적인 방법으로 8을 돕지 못한다. 2는 단지 언어적인 지지만 제공한다. 2는 비록 그들이 8에게 돈을 벌 수 있도록 돕고 그들 스스로 돈을 벌지라도 사업 파트너와 생애 파트너로는 좋지 않다. 2는 쉽게 긴장하고 8은 지구력이 강하다. 이것이 2를 돕는다. 이 두 숫자는 권위를 가진 숫자가 8인 경우에 프로젝트에서 함께 일할 수 있다. 8은 약속 날짜나 주거 숫자로 숫자 2를 선택해야 한다.

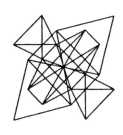

### 숫자 8과 숫자 3

숫자 8과 숫자 3은 새턴과 주피터처럼 중립적인 관계이다. 주피터는 다르마(자연의 법칙)를 믿고 새턴은 법칙을 믿지 않는다. 새턴은 그러나 주피터를 존경한다. 주피터는 그의 아버지의 스승이 된다(태양신). 따라서 8과 3은 서로 손해도 아니고 이익도 아니다. 8은 자급자족하고 도움을 요청하지 않는다. 반면 3은 요청하지 않으면 조언하지 않고 돕지 않는 스승이다. 그래서 3은 결코 정말로 8에게 관여하지 않지만 그들은 좋은 친구를 유지한다. 숫자 3은 8의 건조한 삶에 기쁨과 행복을 가져올 수 있다. 8이 3의 조언을 요청하고 경청한다면 그들은 물질적인 성공과 영적인 성공 모두를 성취할 수 있다. 숫자 8은 그러므로 열심히 일할 준비를 해야 하고 우정과 사업을 위해서 3을 선택해야 한다. 8이 정치에 있으면 3은 매우 도움이 될 수 있다. 그들은 함께 전반적으로 인류를 위해 엄청난 것들을 할 수 있다. 그것은 사회적인 개혁을 가져오는 것과 같은 것이다. 숫자 3은 결혼으로 8에게 적합하지 않지만 연애로는 좋다.

### 숫자 8과 숫자 4

숫자 8과 숫자 4는 친구이다. 숫자 4의 지배자인 라후는 본성에서 새턴과 비슷한 것으로 묘사된다. 두 숫자가 모두 있는 사람은 혁신적이고, 정의를 사랑하고, 인생 후반부에만 성공적이다. 숫자 4는 돈을 관리하지 못하고 자유롭게 소비하는 반면, 8은 저축하기를 좋아하고 돈을 소비할 줄 모른다. 4는 8에게서 힘든 때를 위해 돈을 저축하는 비법을 배울 수 있다. 이들 숫자는 매우 비슷하다. 즉 둘은 오해받는다. 그래서 둘은 장애, 고난과 반대를 직면한다. 그리고 둘은 예측이 불가능하고 변덕스럽다. 그들의 우정은 서로 이익이다. 그 우정은 숫자 8에게 충만함을 제공하고 그들의 성장과 발달을 돕는다. 숫자 4는 숫자 8에 비해 조용하고 침착하다. 반면 숫자 4는 8을 행운으로 만든다. 숫자 8은 친구, 사업이나 생애 파트너, 약속 날짜나 주거 숫자로서 4를 선택해야 한다. 몇몇 서구 수비학자들은 4가 8에게 좋지 않다고 제안한다. 이것은 그들이 썬인 1의 부정적인 면과 숫자 4가 관련되기 때문일 수도 있고, 또는 유레너스와 연결되어 갑자기 분노를 폭발하기 때문일 수도 있다. 그러면 새턴은 4와 완전히 정반대가 된다. 그러나 우리가 4와 8이 매우 비슷하다고 알고 있기 때문에 4는 8에게 유일한 희망임이 분명하다. 정말로 공감하는 사람, 조력자, 친구이다. 아무도 8을 이해하지 못한다. 반면 4는 이해하고 긍정적인 진동을 8에게 제공한다. 숫자 8들은 4가 8에게 좋지 않다고 주장하는 수비학자들에게서 조언을 받지 말아야 한다. 8은 숫자 4를 선택해야 한다. 특히 숫자 8 남성은 결혼, 우정, 로맨스, 사업 파트너를 위해 숫자 4 여성을 선택할 수 있다.

### 숫자 8과 숫자 5

숫자 8과 숫자 5는 이상한 관계이다. 새턴은 머큐리와 우정에서 중립적이고 머큐리는 새턴에게 친절하지만 새턴은 흉성이고 머큐리는 길성이다. 그들은 완전히 상반된다. 5는 빠르고 8은 느리다. 숫자 5는 명랑하고 유머와 농담을 좋아한다. 반면 숫자 8은 진지하고 적절한 유머나 농담을 하지 못한다. 이것이 문제를 일으킨다. 8은 5를 무시하고 충심으로 5를 지지하지 않는다. 그래서 5는 철회하고 자의식이 강해진다. 이 둘 사이의 우정은 다만 정치적인 분야에서 그리고 인류 복지를 위한 조직이나 협회에서 가능할 뿐이다. 그들은 서로 이익일 수 있지만 그렇지 않으면 좋은 동료를 만들지 못한다. 8은 우정이나 사업이나 생애 파트너로 5를 선택하지 않아야 한다. 숫자 8은 어느 달이든 5, 14일, 또는 23일에 중요한 프로젝트를 시작하지 않아야 한다. 이 날짜에 여행도 시작하지 않아야 한다. 숫자 8은 주거 숫자로서 5를 피해야 한다.

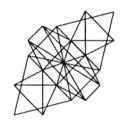

### 숫자 8과 숫자 6

숫자 8과 숫자 6은 아주 좋은 친구이다. 6은 항상 도움이 되고, 영감을 주며, 매력적이고 잘 관리되고, 부드럽고, 명랑하다. 숫자 8은 6에게 쉽게 끌리고 그들의 교제에서 사교적이고 관대하게 된다. 예술, 정치, 영화와 같은 분야에서 8과 6은 좋은 조합을 만든다. 그들은 또한 우정, 사업 파트너(우위인 6이 제공하는), 생애 파트너로서 좋다. 8은 약속 날짜나 주거 숫자로 숫자 6을 선택할 수 있다. 숫자 6 여성은 숫자 8 남성에게 행운이고 훌륭한 주부가 된다. 6 여성과 함께 8은 어떤 따뜻함, 사랑, 평화로 가정을 깨끗하고 멋지게 마련할 수 있다. 비록 이 관계가 영원히 지속하지 않을지라도 8이 외국으로 자주 여행을 하고 6이 혼자 있고 독립적이 되는 시간이 있다면 길어질 수 있다. 이것은 8이 1, 3, 4, 5, 또는 6과 같은 어떤 적합한 숫자와 결혼생활을 연장하도록 도울 수 있다.

### 숫자 8과 숫자 7

숫자 8과 7은 그들 자신의 관계가 있다. 8은 7에게 이롭지만 7은 사적인 이유로 8을 싫어하고 그들과 자유롭게 소통하지 못한다. 8은 7에게 편안함을 느낀다. 반면 그 반대는 아니다. 이것은 생애 파트너와 우정에서 어려움을 만든다. 그러므로 8과 7은 결혼에 이상적이지 않다. 우정에서 8은 7에게 열심히 일하고 봉사해야 한다. 그렇지 않으면 7은 외면한다. 재정적인 문제에서 그들은 협력할 수 있지만 8은 경영에서 우위에 있어야 한다. 인생과 사랑의 분야에서 8은 7에게서 배울 수 있고 따라서 그들의 삶이 풍요롭게 된다. 숫자 7은 독특한 성격이 있고 8 또한 평범하지 않다. 7이 연장자이고 8이 젊으면, 7이 스승이고 8이 학생이면, 또는 7이 공동체나 조직의 지도자이고 8이 관리를 하면 함께 일할 수 있다. 8은 또한 합이 숫자 7이 되는 집을 선택할 수 있다. 다만 그 집은 오컬트 수행을 위한 만남의 장소가 될 것이며 많은 영적 스승이 그 집을 방문할 것이다. 8은 약속 날짜나 주거 숫자로서 7을 선택할 수 있다.

### 숫자 8과 숫자 8

두 숫자 8은 결합에서 강하게 된다. 함께할 때 그들은 서로를 용해시키고 서로 즐겁게 하려고 노력한다. 두 숫자 8이 적이 될 때 서로 선전한다. 친구로서 그들은 서로 영감을 주고, 둘이 물질적인 성공이나 종교나 오컬트 과학에서의 성공에 관심이 있을 때 좋은 동료이다. 비록 8이 8에게 스승이나 훌륭한 학생이 아닐지라도 협력자로서 그들은 매우 잘 하고 열망한 성공을 얻는다. 이 결합은 사업 파트너나 생애 파트너에 좋다. 부부 모두 인류 복지 조직에 관심이 있다면 그들은 함께 머무르며 그 조직을 돕는다. 8은 약속 날짜나 주거 숫자로 8을 선택할 수 있다.

### 숫자 8과 숫자 9

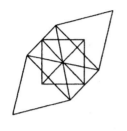

숫자 9는 숫자 8의 적이지만 훌륭한 적이다. 숫자 9는 8에게 생각하고 숙고하도록 영감을 준다. 반면 9는 8의 훌륭한 스승이고 8이 성장하고 발달하도록 돕는다. 8은 9에게 에너지를 소비해야 하고 9를 재정적으로 도와야 한다. 숫자 8은 숫자 9에게 행운의 숫자이지만 그 반대는 사실이 아니다. 사업 파트너에서 숫자 8은 그 사업이 그들 자신의 이름이면 이익이 되고 그 반대도 마찬가지다. 숫자 8은 우정과 결혼으로 9를 선택할 수 있다. 숫자 9 여성과 숫자 8 남성은 잠깐 동안 좋은 결합이 될 수 있다. 숫자 8 여성은 숫자 9 남성과 재정적인 문제에 직면할 것이다. 8은 주거 숫자로 9를 선택해야 하지만 9는 중요한 일을 위한 이상적인 약속 날짜는 되지 않을 수도 있다. 8이 집 숫자로 9를 선택한다면 8은 그 집에 머무르기 위해 많은 돈을 소비해야 할 것이다.

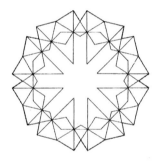

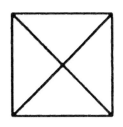

# 마스와 숫자 9

마스는 어느 달이든 9, 18일, 또는 27일에 태어난 사람, 또는 합이 9가 되는 데스티니 숫자나 이름 숫자가 있는 사람을 지배하는 행성이다. 아래에 설명된 마스 특성은 사이킥 숫자 9에서 가장 분명하게 나타난다.

마스는 신들의 회합에서 수장의 지휘관이다. 마스는 똑같은 신성의 국면인 아홉 발광체, 즉 아홉 행성에게 존경받는다. 마스는 강한 남성적인 인물로 의인화된 것으로, 전사의 복장을 하고서 양(투쟁적인 본성으로 잘 알려진 동물)을 타고 있다. 호전적이라는 말은 행성 마스와 그 특성에서 대부분 유래되었을 것이다. 즉 목적, 의무, 질서, 규율에 대한 강한 느낌이다. 마스는 용기, 용맹, 인내, 자신감 같은 특징으로 알려져 있다. 마스에 대한 산스크리트 용어들 중 하나는 로히탕 Lohitang인데, 반짝이는 빨강색을 묘사한 것으로, 이는 밤하늘에서 육안으로 볼 수 있다.

마스는 어스트랄러저들이 홍성으로 생각한다. 마스의 지배를 받는 사람들은 그 자신의 열망을 다른 사람의 열망 위에 두는 이기주의자이기 때문이다. 그 영향은 그들을 성마르고, 논쟁적이고, 파괴적인 무기를 좋아하며, 불안하고, 불안정하며, 잔인하고, 폭력적으로 만든다. 그들은 어떤 관계든 또는 모든 관계를 해칠 수 있다. 마스가 출생차트에서 1번째, 4번째, 7번째, 또는 12번째 하우스에 올 때 주인공의 결혼생활에 어려움을 만든다.

마스는 피와 관련된다. 이는 다른 산스크리트 이름인 쿠자르Kujar와 루디르Rudhir로서 암시한다. 그것은 또한 근육계, 뼈골수와 관련 있고, 이는 바이러스와 박테리아와 싸우기 위한 백혈구 생산으로 면역계를 강화시키는 것이다. 이런 방식으로 마스는 신체의 방어기제를 돕는다. 그것은 용기를 다스리고, 혈당 수준과 직접적으로 관련된다. 따라서 마스는 강함을 제공하고 안녕감과 관련 있다. 그러나 마스로 인한 불안정과 불안은 그 주인공을 본래 항상 불안정하고, 의심하며, 충동적으로 만든다. 이들 특성은 일종의 둔감함을 만들고, 이는 마스를 흉성으로 만들며 그 주인공을 불법적인 투기와 부정한 연애 경향으로 만드는 것이다.

마스에 지배되는 주인공은 무술, 사냥, 스포츠, 토론, 대회, 연설, 정치를 좋아하는 사람이다.

마스는 그 주인공에게 스포츠맨과 같은 정신을 부여하는데, 이는 그들에게 패배나 승리를 똑같이 받아들이도록 만든다. 그것은 그 주인공이 대담한 것을 하도록 만드는 역동적인 에너지를 제공한다. 이는 불 위를 걷거나 또는 호랑이나 코끼리와 싸우는 것과 같은 것이다. 그 주인공은 그들의 특별한 용기로 사람들을 놀라게 하는 것을 좋아한다. 그들은 27세에서 40세까지 최고의 힘을 얻는다.

썬, 문, 주피터는 마스와 친구이다. 새턴, 비너스, 라후, 케투는 우정에서 중립적이다. 반면 머큐리는 유일한 적이다.

27일에 태어난 사람이 가장 부드럽고 의심한다. 반면 9일에 태어난 사람은 좀더 거칠고 좀더 강하지만 또한 좀더 행운이고 강력하다. 18일에 태어난 사람은 내면이 갈등으로 고통스럽고 점점 덜 명료하게 되고, 좀더 이기적이 되며, 시간과 싸우기를 좋아하게 된다.

# 숫자 9

### 사이킥 숫자 9

9는 어느 달이든 9, 18일, 또는 27일에 태어난 사람의 사이킥 숫자이다. 위에 언급한 마스의 모든 특성은 어느 달이든 9일에 태어난 사람에게서 분명하게 나타난다.

불과 열의 행성 마스는 다루기가 쉽지 않은 강렬한 에너지를 만든다. 그것은 사이킥 숫자 9를 불안하게 만든다. 반면 그들은 계속 활동에 몰두한다. 그들은 열망한 목표를 이루어 성공할 때까지 쉴 수 없다. 그들은 전사이고 어느 분야이든 정상을 향해 경쟁적으로, 그러나 스포츠맨 같은 정신으로 자신의 방식대로 싸운다. 그들은 용감하고 모험을 좋아한다. 그들은 야망적이고 강한 의지와 결정에 따라 선택한 길에서 빠르게 발전한다. 그들은 상황에 재빨리 반응하고 첫 불리한 신호에 기민하게 된다. 내적 방어기제는 강하고 항상 반대를 수용할 준비를 한다. 종종 과도한 기민함으로 적을 만든다. 그들은 잠깐 논쟁을 시작하고 끝내기를 좋아한다. 문제를 골똘히 생각하거나 숙고하지 않으며, 에너지를 천천히 고갈시키지 않는다. 그들은 솔직하다.

마스의 영향은 숫자 9에게 휘발성의 본성을 부여한다. 그래서 그들은 다이너마이트보다 쉽게 유발되고 폭발한다. 그들은 적절한 순간을 기다리는 시간을 낭비하는 것을 생각하지 않는다. 에너지의 막강한 공급으로 본성이 낙천적이고 독립적인 그들은 자선으로 살거나 또는 다른 사람의 동정을 받는 것을 좋아하지 않는다. 그들은 자유롭고, 솔직하고, 두려움이 없으며, 충동적이고, 전제적이다. 그들은 극단주의자이고 대담한 행동으로 이 세상을 깜짝 놀라게 하는 것을 생각한다. 이는 가끔 그들을 비극적인 결말로 향하도록 이끈다. 그들은 비극적인 결말도 용기로 대하고 죽음이나 재난을 두려워하지 않는다. 고난을 좋아하는 성실한 사람인 숫자 9 주인공은 열광과 영감으로 충만하고 항상 그들의 열망하는 목표를 이루기 위해 서두른다. 그들은 일의 방해를 올바르게 평가하지 않고 비판을 싫어한다. 그들에게는 커다란 책임감이 있다. 그들이 하는 것이 무엇이든 성실성과 그 상황에 대한 참 이해로 안내받는다. 이것은 그들이 하는 그 방식을 행동하도록 그들에게 요구하는 것이다. 그들은 스스로에 대해 좋은 의견이 있고 그것을 인정받고 감사받는 것을 좋아한다. 그들을 지배하는 본성은 삶의 모든 행적에서 분노와 비판을 가져온다. 젊을 때는 어려움과 반대에 직면해야 하고 사회, 가정, 일, 또는 작업의 분야에서 존경받는 위치를 성취하기 위해 장애를 견뎌야 한다. 그러나 그들의 강한 의지력과 결단력 때문에 40세에 이른 후에 성공하게 된다.

그들은 코코넛을 좋아한다. 외부는 단단하고 내부에는 달콤한 과육으로 가득 차 있다. 외관상 그들은 단단하고, 규율적이며, 흔들리지 않는다. 반면 내면은 부드럽고 자비롭다. 그들은 부하직원을 잘 보살핀다.

사이킥 9는 훌륭한 조직자이고 유능한 행정관이다. 권위와 통제가 충분히 주어지면 그들의 자원, 성실, 낙천적인 태도, 실제적인 지식은 조직에 도움이 될 수 있다. 권위와 완전한 통제가 없으면 그들은 관심이 없고 느리고 소극적이 된다. 그들은 명예와 품격을 좋아하고 어떤 것도 할 수 있으며 그 명예와 품격을 위해서 어떠한 물질적, 정신적인, 또는 재정적인 상실도 견딜 수 있다. 그들은 애정과 동정을 얻기 위해 에너지를 소비한다.

비록 그들이 가족에게 특별히 헌신하고 부모를 잘 보살필지라도 어느 정도 가정생활로 불행하고 평생 반려자와 자주 다툰다.

사이킥 숫자 9 남성은 성적 충동으로 동기화된다. 그러나 종종 파트너를 지배하고 소유하려 하기 때문에 실패를 마주하고 절망적이 된다. 생애 파트너에 대한 그의 행동은 시간이 지나면 변덕스럽게 된다. 그가 초년에 좋은 생애 파트너를 찾으면 결혼생활을 성공으로 이끈다. 그는 부인으로부터 완전한 결합, 깊은 낭만적인 관계, 육체적인 쾌락을 바란다. 그가 완전한 관심을 얻으면 삶에서 극적인 진보를 경험한다.

사이킥 숫자 9 남성은 자기 부인을 많이 존경하고 사랑하는 것을 보여주지 못한다. 반면 다른 여성들에게는 매우 친절하고, 쾌활하고, 다정하다. 그는 침착성과 정신적인 균형을 잃고 다투고, 부인에게서 자신을 고립시키고, 고통스럽다. 그는 비록 그 결혼이 재정적인 좋은 행운과 세속적인 성공을 가져올지라도 생애 파트너, 친구, 친척에게서 잘못 평가받는다. 허식과 쇼를 좋아하는데 반해 그는 대부분 단순한 삶을 산다.

사이킥 숫자 9 여성은 비록 관계에서 선택적이고 비밀스럽더라도 일반적으로 매우 잘 돌보고, 친절하고, 다정하다. 그녀는 탁월한 주부가 될 수 있고, 남편에게 헌신하고 충실하며, 매혹과 매력으로 가득하지만 그들은 숫자 9 남성이 결혼하는 것보다 신중한 결혼을 할 기회가 드물다. 그녀는 남편으로부터 완전한 충실을 기대하고 어떠한 종류의 외도에도 관대할 수 없다. 그녀의 생애 파트너는 아프게 되고, 많은 양의 에너지를 소비해야 한다.

남성과 여성 모두 사이킥 숫자 9는 '예'라고 말하기 전에 '아니오'라고 말한다. 그들은 많은 시간과 에너지를 집과 일터를 완벽하게 청소하고 정리하는 데 소비하지만 가정생활에서는 질서와 평화를 만들 수 없다.

그들은 불, 폭발, 전기로 사고와 상처를 받기 쉽다. 그래서 그들은 삶에서 외과수술과 소송을 겪어야 한다. 그들은 종종 상처와 부상을 입고 감염되거나 외과수술을 통해 상처와 부상으로 죽음을 만난다.

정서적으로 상처받을 때 그들은 앙심을 품고, 공격적이며, 사납게 된다.

그들은 리더십의 능력을 갖고 태어났고, 매우 완고하고 고집 센 사람을 자신의 자비와 인간성으로 통제할 수 있다.

데스티니 숫자와 이름 숫자가 조화로울 때 사이킥 숫자 9는 큰 조직의 지도자가 되어 능력을 발휘한다. 강력하고 지배적인 성격을 소유한 사이킥 9는 높은 이상이 있고, 마음이 넓으며 창조적이다. 사이킥 9와 조화로운 숫자가 있는 누군가와의 결혼은 좋은 가족을 만든다. 모두에게 개방하고, 도움이 되며, 봉사하고, 모범적이다. 부모와 형제의 숫자가 조화로운 가족에 태어난다면 사이킥 9는 삶을 즐기고, 지위가 오르며, 유명하게 되고, 크게 성공한다.

사이킥 9는 성공하도록 태어났고 그렇게 되기 위한 모든 필요한 특성이 있다. 그들은 중년에 대담한 행동을 수행함으로써 사람들의 경외심을 받는다. 그들은 생애 파트너가 아닌 사람들과 가까운 친구에게서 행운이 있다고 생각한다.

### – 사이킥 숫자 9를 위한 예방책
모든 숫자 9는 불, 폭발물, 태풍, 홍수, 교통으로 유발되는 사고 경향이 있다. 그들은 화기를 다루는 데 주의해야 한다. 그리고 허리케인, 태풍, 홍수를 피해야 한다. 운전할 때 조심해야 한다.

모든 종류의 자극과 복수심을 피해야 한다.

잘못된 자부심과 위선을 제거해야 한다. 그것은 질투와 비판을 불러오기 때문이다.

곧바로 정서적으로 되지 않아야 하고 용기를 잃지 않아야 한다.

위험을 받아들이는 것을 피해야 하고 불필요하게 대담하게 행동하는 것을 피해야 한다. 또는 그들의 용기, 지구력과 결단을 증명할 뿐인 일을 피해야 한다.

부정적인 이야기, 불평, 그들의 동료, 부모, 그리고 생애 파트너를 판단하는 것을 피해야 한다. 그들은 생애 파트너를 사랑해야 하고, 가정에 평화를 만들어야 하고, 다음의 격언을 기억해야 한다, '잘못하는 것은 인간의 일이고, 용서하는 것은 신의 일이다.'

가급적 외과수술을 피해야 한다.

서두르지 않아야 하고 불안을 극복해야 한다.

엄격하게 보이는 것을 피해야 하고 얼굴에 미소를 유지하는 것을 배워야 한다.

웃어른을 존경해야 하고 그들과 불필요한 논쟁이나 논의로 들어가지 않아야 하는데, 9는 쉽게 자극되고 침착함을 잃기 때문이다. 그들은 토론을 좋아하는 상황을 피해야 하고 부정적이고, 방어적이며, 큰 소리나 또는 폭력적이 되지 않도록 노력해야 한다.

삶에서 질서를 만드는 규율을 따라야 한다.

법적 서류에 서명하는 데 조심해야 하고 그렇게 하기 전에 적절하게 그것을 연구해야 한다. 필요하면 서명하기 전에 변호사나 전문가에게 상담해야 한다.

그들의 힘, 에너지, 강건한 성격에 대해 과도하게 자신하지 않아야 하고, 극단적이 되는 것을 피해야 한다. 자신의 힘에 대해 조심해야 하는데, 그것은 그들을 파괴할 수 있기 때문이다.

다음의 세 가지 주요 결점을 피해야 한다.

- 분노
- 오만
- 공격성

스스로 고립되는 것보다는 친구와 만남의 단체를 넓혀야 한다.

어떠한 경우에도 유머를 잃어버리지 않아야 한다. 유머는 좋은 행운을 가져온다.

그들은 황도대의 다른 싸인을 지나가는 마스의 움직임의 진로를 쫓아야 하고, 마스가 약하고, 멀어지며 또는 역행할 때 새로운 모험을 시작하고, 대담한 과제를 수행하거나 또는 움직임을 안내하는 것을 피해야 한다.

그들은 취하게 하는 것과 약물을 피해야 하는데 중독 경향이 강하기 때문이다.

## 데스티니 숫자 9

숫자 9는 사이킥 숫자보다 데스티니 숫자로서 더 낫다. 사이킥 9는 성마른 성향이고, 분노하고, 싸우기 좋아한다. 데스티니 숫자 9인 사람들은 자신의 사이킥 숫자의 지배를 받는다. 사이킥 숫자가 조화로우면 그들은 분노와 결점을 쉽게 극복하고 충동적이고, 싸우기 좋아하는 행동을 뉘우친다. 조화로운 사이킥 숫자가 없으면 데스티니 9는 조화로운 이름 숫자를 선택해야 한다. 그것은 정신에 큰 영향이 있기 때문이다. 어떤 종교적인 규율의 수행은 또한 이 결점들을 극복하도록 도울 수 있다.

그들은 삶의 고난을 통해 영적으로, 정신적으로 발전한다. 그래서 우주적인 사랑의 의미를 이해하고 참 지혜를 제대로 인식할 수 있다. 그들이 영적인 삶에서 완전을 성취하는 목표를 세운다면 그것에 성공하고 마음과 물질 모두의 지식을 얻는다. 그들은 탁월한 스승임이 판명된다. 그들은 경전과 영적 스승에게서 배운 것을 맹목적으로 믿는 것이 아니라 실제적인 수행의 면을 추가하는데, 이는 그들의 학생들을 정말로 영적으로 발전할 수 있도록 도울 수 있다.

데스티니 9와 사이킥 9는 모두 순수예술과 아름다움의 애호가이다. 그들의 차이를 사이킥 9는 배워야 하고 순수예술의 세계에서 자신의 방식을 만들기 위해 노력해야 한다. 다른 한편 데스티니 숫자 9는 그 분야에서 쉽게 성공하고 유명하게 되며 모든 종류의 아름다움으로 둘러싸여 있다. 그들은 아름다운 것을 좋아하고, 유명하고, 성공한 예술가이며, 저명한 작가, 영적인 마스터가 된다.

비록 데스티니 9가 파트너와 어린 시절에 형제와 어려움과 갈등에 직면해야 할지라도 뒤에 그들에게서 사랑받고 그들의 고귀한 특성을 공정하게 잘 인정받고 평가받게 된다.

그들의 데스티니는 항상 바쁘게 되는 것이다. 그들은 휴식하거나 휴식하도록 요청받을 때 불안하게 된다.

삶을 즐겁게 만드는 모든 것에 관심이 있는 그들은 모험과 낭만을 좋아하고 삶은 즐겁고 영감을 공유하는 데 의미가 있다고 믿는다. 그들은 삶의 좀더 고차원이고 좀더 정교한 방식에 관심을 갖는다. 진리를 찾는 데서 그들 자신의 내면의 안내자를 따른다. 그들은 진리를 인식할 수 있는데, 그들의 직관은 훌륭하고 그것에 도달하는 옳은 수단을 채택하려고 노력하기 때문이다. 그들은 힘든 규칙을 따른다. 이 것은 그들이 그 진리로 좀더 깊이 가기 위해 그들 스스로가 개발하든지 적용하든지 하는 것이다. 데스티니 9는 속물이 아니다. 그래서 그들은 모든 살아 있는 존재와 하나 됨을 느끼고 모든 것에서 신성의 불꽃을 본다. 그들은 전반적으로 인류의 보호자이고 모든 살아 있는 형상들의 보호자이다. 치유 기술과 생태환경에 관심이 있고, 그 외에 음악, 찬팅, 순수예술에 관심이 있다.

기본적인 전체 숫자들의 시리즈에서 마지막인 9는 영혼(의식)의 완성의 숫자이고 또한 신비롭게 생각된다. 데스티니 숫자가 9인 것은 삶과 죽음(탄생과 재탄생)의 사이클의 마지막이 된다는 의미이다. 이 사람들은 그들의 삶(데스티니 숫자는 정상적으로 35세 이후에만 강력해진다)의 초기를 의식하게 되면, 목표를 성취할 수 있다. 그들은 전생 카르마를 작업함으로써, 그리고 새로운 카르마를 피함으로써 이것을 성취한다. 이는 관능적인 만족에 대한 열망으로 만들어진 것이다. 그들은 깨닫게 될 수 있고 돌아오지 않는 길을 앞서 갈 수도 있다.

데스티니 9는 사람들을 영적인 경향으로, 부드럽고 겸손하게 만든다. 그들의 폭력적인 본성은 논쟁, 연설, 잇따르는 어려움, 자기 강요적인 규율을 통해 방법을 발견한다. 그것은 그들에게 성자에 대해 한결같음과 헌신을 제공한다. 그래서 그것은 그들에게 지구력과 스포츠맨의 정신을 부여한다. 영적인 경향이 아닌 사람은 정치에서 또는 일에서 언쟁과 싸움으로 좀더 문명화된 형태를 통해 그들의 폭력을 표현한다.

데스티니 9는 많이 노력해야 하는데, 그들의 의심하는 본성, 사고의 부정적인 방법들, 공상하는 문제 때문이다.

**이름 숫자 9**

이름 숫자는 사이킥 숫자에 영향을 준다. 반면 이름 숫자는 데스티니 숫자에 영향을 주지는 않는다. 데스티니는 전생 카르마에 의해 만들어졌기 때문이다. 사이킥 숫자가 데스티니 숫자와 조화롭지 않으면 이름 숫자가 삶에 조화를 발생시킬 수 있다. 이것이 가끔 사람들이 이름을 바꾸거나 필명을 택하는 이유이다. 9는 사이킥 숫자나 데스티니 숫자가 9인 사람에게 이름 숫자로서는 분명히 좋지 않다. 즉 그것은 마스의 영향을 좀더 강력하게 만들 것이고 결혼생활에 문제를 만들 것이다. 그러나 9는 사이킥 숫자나 데스티니 숫자가 2, 3, 또는 7인 사람에게 매우 좋은 이름 숫자이다. 숫자 6에게는 나쁘지도 좋지도 않고 중립적이다. 숫자 2에게는 힘을 가져온다. 반면 숫자 3에게는 좋은 행운을, 숫자 7에게는 모든 곳으로부터의 도움을 가져온다.

이름 숫자 9는 사람을 솔직하고, 표현적이며, 창조적이고, 독립적으로 만든다. 그것은 그들에게 강한 의지와 결심과 힘과 삶에서 고난과 반대를 견디도록 지구력을 부여한다. 정치인에게 9는 좋은 이름 숫자이다. 또한 스포츠맨, 레슬링 선수, 군인, 화가, 시인, 음악가, 작곡가, 성자에게 좋다. 명예, 영광, 명성, 인정을 가져온다. 그들에게 명성, 명예, 품격, 인정을 가져온다. 이름 숫자 9는 또한 사람을 열심히 일하게 만들고 오락과 휴식에 시간을 보내지 않도록 만든다. 그것은 불안을 만들지만 그들을 창조적으로 만든다. 그들은 외부 세상에서 불안하게 존재하는 것을 표현하기 위해 자신의 불안을 이용한다. 그들과 세상이 휴식하고 즐길 수 있는 것에서 보다 더 나은 생활조건을 만들기 위해 일한다. 이름 숫자 9 또한 모험과 낭만적인 본성을 제공한다. 그것은 남자를 좀더 남성적으로 만들고 여자에게 매력과 매혹을 준다. 영적인 경향에서 이 이름 숫자는 큰 도움이 된다. 그들이 유명한 영적 스승, 투시가, 정신과 의사를 만나게 한다. 가끔 그들은 스스로 이들 중 하나가 되고 직관력과 놀라운 위업으로 명예를 얻는다. 숫자가 9인 모든 사람들은 찬팅과 육체적인 수행을 포함하는 어떤 종류의 종교적인 수행에 종사해야 한다.

9는 사이킥 숫자나 데스티니 숫자가 4나 8에게 좋은 이름 숫자는 아니다.

# 내부 환경과 외부 환경의 균형 맞추기

단식 준수하기, 적절한 향신료와 젬스톤 가루 사용하기, 만트라 명상하기, 얀트라 사용하기를 함으로써, 개인은 내적인 환경을 균형 맞출 수 있다. 외부 환경을 균형 맞추는 것은 활동에 대한 올바른 시간(어센딩 사이클이나 디센딩 사이클에서) 선택하기, 좋은 친구 선택하기(조화로운 숫자 찾기), 적절한 때(약한 기간과 강한 기간을 관찰하기)에 일을 시작하는 게 가능하다. 균형은 다음 부분에서 설명한 대로 이미 가능한 에너지 흐름과 함께 작업함으로써 성취된다. 다음 정보는 사이킥 숫자 9에게 적용된다.

## 약한 기간

3월, 5월, 6월의 시작, 또한 10월 1일에서 21일까지, 11월 27일에서 12월 27일까지가 약한 기간이다. 이 기간 동안에 그들은 패배, 연애의 실패, 오해, 건강의 좌절, 일에서의 관심이 덜한, 불안, 음모, 소송, 의심, 불필요한 걱정, 비판, 적의 증가를 경험할 수 있다.

## 강한 기간

3월 21일에서 4월 26일까지, 10월 21일에서 11월 27일까지의 기간은 숫자 9에게 유리하고 강하다. 이 기간에 그들은 새로운 투자를 시작하고, 대담한 과제를 하고, 오랜 프로젝트를 완성하고, 새로운 집을 찾고, 새로운 교감을 시작하고 해외여행을 해야 한다.

## 좋은 날짜

어느 달이든 9, 18, 27일이 숫자 9에게 좋다. 3, 6, 15, 21, 24, 30일 또한 이롭다. 이 날짜들이 강한 기간에 있으면 좀더 유리하게 된다.

## 좋은 요일

화요일과 금요일이 9에게 좋다. 이 요일들은 좋은 날짜에 강한 기간에 있으면 더 이롭게 된다.

## 좋은 색깔

빨강의 모든 색조와 분홍색은 9에게 적합한데, 빨강색이 마스의 색깔이기 때문이다. 그들은 어떤 식으로든 이 색깔을 자신에게 어울리는 어떠한 방식으로 사용해야 한다. 분홍색 침대 시트, 베개 커버, 쿠션 커버, 거실 커튼은 좋은 진동을 가져온다. 그래서 그들이 에너지가 부족하다고 느낀다면 재충전하기 위해 빨강의 손수건을 바라보라.

## 보석용 원석

산호가 숫자 9에게 가장 좋은 돌이다. 매우 오만하고 화내는 9는 젊은 시절의 전성기에 흰색 산호를 착용하는 것이 좋고, 40세 이후에는 (이탈리아의) 붉은 산호, (티베트의) 주홍 산호, 또는 밝은 산호를 사용할 수 있다. 또한 커넬리언과 (붉은) 재스퍼, 붉은 아게이트, 또는 산게 무스sange moose(붉은 돌)를 사용할 수 있다.

이 돌은 오전 11시 이전에 화요일에만 구매해야 한다. 화요일에 보석 세공인에게 주고 반지나 펜던트나 무엇이든 화요일에 보석 세공인에게서 받아야 한다. 그것은 구리와 금의 혼합으로 만들어야 하고 마스를 위해 제안한 의식을 행한 후에 오전 11시 이전에 착용해야 한다.

그들은 신체의 전기화학 치유를 돕기 위해 산호 가루를 복용해야 한다.

## 명상

숫자 9는 원숭이 신인 하누만의 그림이나 상에 대해, 또는 산호에 대해 명상해야 한다. 명상은 아침 이른 시간에 일출 30분 전이나 후에 이루어져야 한다(하누만에 대한 예배는 일출의 첫 한 시간 전에는 금지한다). 그들은 또한 명상을 위해 구리판에 새겨진 마스 얀트라를 사용할 수 있다.

## 신성

그들의 신성은 하누만, 즉 원숭이 신이다. 하누만은 이타적인 봉사의 상징이다. 그는 에고가 없다. 자신을 람(유지자 비쉬누 신의 화신)의 겸손한 종이라고 생각하고 자신이 어떠한 힘을 갖기를 요구하지 않는다. 그의 강함은 람 신에게서 오는 초인간의 위업을 수행하는 것이다. 9들은 이것을 분명히 이해해야 하고 자신의 힘에 대한 자부심을 느끼지 않아야 한다. 그들은 하누만에게서 완전한 복종에 대한 학습을 배워야 하고 자신의 삶에서 그것을 수행해야 한다.

## 만트라

어떠한 행성에 대한 만트라의 자파(반복)는 문의 어센딩 사이클 내에 완성해야 하고 제시된 횟수만큼 반복해야 한다.

숫자 9는 다음의 만트라를 하루에 108번 반복해야 한다.


AUM NAMO HANUMATE HUNG‒AUM

옴 나모 하누마테 훙‒옴


그들은 아래의 하누만 가야트리 만트라를 하루에 11번 읊을 수 있다. 이는 폭풍, 불, 또는 자동차 사고에서 보호하기 위한 것이다.


AUM‒ANJANEYAYE VIDMAHE

옴‒안자네야예 비드마헤

MAHABALAYE DHI-MAHI

마하발라예 디‒마히

TANNO HANUMAN PRACHODAYAT‒AUM

탄노 하누만 프라초다얏‒옴


## 마스의 얀트라

| 8 | 3 | 10 |
|---|---|---|
| 9 | 7 | 5 |
| 4 | 11 | 6 |

## 건강과 질병

숫자 9는 모든 종류의 열병의 경향이 있다. 담즙이 지배적이고 열에서 온 담즙의 심화 때문이다. 또한 감염, 베임, 열의 전염을 유발하는 상처, 수두, 촌충의 유충, 습진과 발진 같은 피부질환에 걸리기 쉽다. 또 혈액질환, 중독증poisoning, 궤양, 과도한 갈증, 결핵, 위장병, 간, 폐, 코, 귀의 질환이 있을 수 있다.

또한 사이킥 방해와 뼈 장애가 있을 수 있다. 비록 그들이 신체가 강하고 쉽게 아프지 않을지라도 약한 기간 동안에 위에 언급된 문제들이 있을 수 있다.

음식에 대한 적절한 주의 없이 성적 행위에 지나친 열중은 그들을 고갈시킬 수 있고, 면역체계를 약화시키며, 감염과 감염적인 질병으로 고통스럽게 될 수 있다. 그들은 상처를 적절하게 보살펴야 한다. 기름진 음식, 피클, 매운 음식, 취하게 하는 것과 약물의 과도한 사용을 피해야 한다.

숫자 9 남성은 우유로 요리한 대추야자를 사용해야 한다. 그들은 우유에 요리한 대추야자를 짓이기고, 대추야자를 잘 걸러내고, 대추야자 우유에 잘 갈린 샤프론 한 꼬집을 첨가한 음료를 만들 수 있다. 매일 또는 적어도 일주일에 세 번은 오일로 몸을 마사지하는 것이 건조한 피부에서 유발되는 피부 발진과 다른 문제를 예방한다. 아침 산책은 폐에 도움이 될 것이다. 잘라 네티(코를 통해 물을 들이키는 것)는 코 질환을 예방할 것이다. 그리고 귀에 가끔 기름 1~2방울 떨어뜨리는 것은 귀 질환에서 그들을 보호한다. 9, 18, 27, 36, 45, 54, 63세가 건강에 중요한 나이다. 그래서 대부분의 건강 변화(좋고 나쁜)는 이 나이에 일어난다.

## 단식

일주일에 한 번 화요일에 하는 단식은 숫자 9에게 매우 도움이 된다. 저녁 단식으로 제안된 음식은 소금과 곡물을 뺀다. 목마를 때 그날 주스를 마실 수 있다. 명상 후 저녁에 병아리콩 가루로 만든 달콤한 빵이나 팬케이크, 아니스 씨앗, 재거리(원당)를 먹을 수 있다. 달콤한 빵 반죽이나 팬케이크 반죽 준비를 위해 물이나 우유를 그 요리법에 따라 추가해야 한다. 기나 버터는 빵이나 팬케이크를 튀기기 위해 기름 대신에 사용해야 한다.

## 우정

숫자 9는 우정에서 조심해야 한다. 최고의 친구들이 종종 적이 되기 때문이다. 어느 달이든 3, 6, 9, 12, 15, 18, 21, 24, 27, 30일에 태어난 사람은 그들의 친구가 될 수 있다. 또한 사이킥 숫자 5나 7과 좋은 우정을 나눌 수 있다. 9일에 태어난 사이킥 주인공이나 또는 그들이 태어난 날짜와 똑같은 날짜에 태어난 사이킥 주인공과의 우정은 친밀하게 될 수 있지만 매우 생산적이지는 않다. 사이킥 숫자 3과의 우정이 그들에게 최고의 결과를 가져온다.

## 로맨스

숫자 6 여성은 숫자 9 남성에게 이상적이고 숫자 3 남성은 숫자 9 여성과 낭만에 이상적이다. 숫자 9는 그들의 약한 기간에 태어난 1, 3, 6, 9와 결혼한다. 비록 그들이 7을 자연스럽게 좋아하게 될지라도 숫자 9 여성과 7 남성은 절대로 성공적인 결혼이 되지 못한다. 여성은 완전한 충실함을 기대하고 매우 소유적이지만 남성은 가벼운 바람에 저항할 수 없기 때문이다.

## 생애의 좋은 연도

9, 18, 27, 36, 45, 54, 63, 72, 81, 90, 99세가 좋다. 27세와 36세 사이의 연도와 그리고 45세가 매우 중요하다.


# 관계에서 숫자 9 사람들

다음의 정보는 사이킥 숫자 9와 다른 사이킥 숫자와의 비교에 근거한다. 그것은 또한 데스티니 9와 다른 데스티니 숫자, 이름 9와 다른 이름 숫자와의 비교에 사용될 수 있다(이 비교는 범주와 같다).

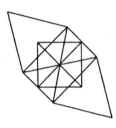

### 숫자 9와 숫자 1

숫자 1은 9에게 도움이 되고 좋다. 숫자 9는 불안하고 의심한다. 반면 1은 자기주장적이고 적절한 때에 올바른 결정을 한다. 숫자 1은 9에게 좋은 결정을 하도록, 그리고 의심에서 벗어나도록 도울 수 있다. 두 숫자는 강력하고, 원기왕성하며, 부지런하다. 그들은 매우 좋은 동료이다. 9는 다른 사람의 실수를 불평하고 찾아내는 방식이 있고 1은 부러움, 원한, 뒤끝을 초월한다. 9는 많은 적이 있는 반면 1은 모든 사람에게 친절하다. 그들이 함께할 때 1은 9를 위해 열심히 일하고 모든 약점으로부터 그들을 구한다. 이 이유로 그들의 우정, 파트너십, 정치에서의 협력은 9에게 이롭다.

또한 숫자 1은 9를 행운으로 만들고 9 여성은 결혼, 우정, 로맨스, 또는 사업 파트너로 1 남성을 선택하도록 조언한다. 그러나 숫자 9 남성은 숫자 1 여성에게 이상적인 남편이 되지 않는다. 비록 9가 1에게 훌륭한 스승이 되고 그들을 성장하고 발전하도록 도울지라도 1은 가끔 9를 가르친다. 9는 중요한 일을 위한 약속 날짜로 숫자 1을 선택하지 않는 것이 좋다. 그들은 또한 영구적인 주거 숫자로 1을 피해야 한다. 단기 체류에 1은 매우 즐겁고 인상적이 될 수 있다.

### 숫자 9와 숫자 2

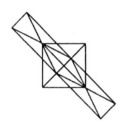

숫자 9와 숫자 2는 서로 친구다. 9는 남성성이고 2는 여성성이다. 그들은 함께 매우 잘 어울린다. 마스는 뜨겁고 문은 차갑다. 숫자 9는 숫자 2에게서 매우 완전함을 느낀다. 특히 9가 남성이고 2가 여성일 때이다. 숫자 2는 또한 숫자 9에게서 강함과 영감을 느낀다. 둘은 우정, 로맨스, 결혼, 사업 파트너로 서로 적합하다. 그러나 9는 2를 위해 열심히 일해야 한다. 2는 다소 의존적이고 수줍어하기 때문이다. 9는 일시적인 주거 숫자로 숫자 2를 선택할 수 있다.

### 숫자 9와 숫자 3

숫자 3은 9에게 최고의 숫자 중 하나이다. 9(3의 배수)는 뛰어난 경영상의 능력과 조직적인 능력이 부여된 숫자이다. 이것은 3에게 이롭다. 숫자 3은 9의 권위를 받아들인다. 3

의 존재는 9에게 심리적인 도움과 내면의 강함을 제공한다. 다음으로 숫자 9는 3이 성장하고 발달하도록 돕는다. 사업 파트너에서 3은 결코 9 때문에 상실로 고통스럽지 않지만 다만 많은 돈을 벌지 못한다. 9는 그들에게 영감과 즐거움을 가져오는 3에게서, 그리고 그들은 가볍고, 좀더 중심에 있고, 덜 의심한다고 느끼는 3에게서 도움을 받는다. 그러므로 숫자 9는 모든 종류의 관계를 위해서, 그것이 우정, 로맨스, 결혼, 사업 파트너가 되든, 또는 약속 날짜와 주거 숫자이든 3을 선택하도록 조언한다.

### 숫자 9와 숫자 4

숫자 9와 숫자 4는 서로 적이다. 그러나 정반대로서 그들은 서로 끌리기도 한다. 둘은 열심히 하는 사람들이다. 그래서 그들이 서로 접근할 때 많은 에너지가 발생한다. 숫자 4는 확장할 기회를 얻고 9의 창조적인 능력은 좀더 향상된다. 4는 9의 창조적인 능력으로 이롭다. 9는 항상 사회적인 상황에 연루되는 반면 4는 본래 덜 사회적이다. 그래서 9는 4를 사회적으로 만든다. 4는 9를 좀더 적극적이 되도록 자극하고, 9는 4가 좀더 강한 의지력을 계발하도록 돕는다. 그들은 전반적으로 인류의 복지와 연결되는 무엇인가를 위해 협력할 때 서로 이롭다. 4는 습관적으로 반대한다. 반면 9는 반대에 친숙하고 이 반대는 9의 건강을 증명한다. 숫자 9는 공상에 잠기는 것을 좋아하고 4는 힘든 현실에서 산다. 그래서 그들은 오랫동안 함께 하지는 않는다. 9는 4와 장기간의 우정, 사업 파트너십, 또는 비밀스런 연애를 할 수 있을지라도 결혼은 피하는 것이 좋다.

숫자 9는 또한 약속 날짜나 주거 숫자로 4를 피해야 한다.

### 숫자 9와 숫자 5

숫자 9와 숫자 5는 기묘한 관계가 있다. 숫자 9는 5의 적이지만 5는 9에게 중립적이다. 그들이 서로 접근할 때 좋은 에너지를 발생시킨다. 5는 항상 9를 돕지만 9는 5에 대한 인상을 지속적으로 남기지 않는다. 5는 머큐리처럼 재빠르고 불안하기 때문에 그들은 9에게 좋은 생애 파트너가 되지 못한다. 비록 9가 5에게 이롭다고 증명될지라도 사업에서 5는 9에게 좋은 파트너가 되지 않는다. 숫자 9는 열심히 일해야 하고 재정적인 소득은 덜하다. 우정에서 5는 9에게 우호적이고 호의를 베푸는 사람임이 판명된다. 서로 특별한 프로젝트에 관심이 있을 때 둘은 좋은 관계를 만든다. 예술이나 음악 분야에서 그들은 좋은 동료로서 일할 수 있고 서로 돕는다. 그러나 실제 우정에서 5는 9에게 다소 냉담하다. 9는 그러므로 약속 날짜나 주거 숫자로 5를 선택하지 않는 것이 좋다.

### 숫자 9와 숫자 6

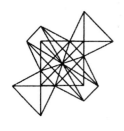

마스와 비너스는 서로 중립적이지만 숫자 6과 9는 특별한 친구가 되고 서로 끌림이 있다. 마스는 순전히 남성이고 비너스는 본성이 여성이다. 두 숫자는 서로 완전하다. 그들의 관계는 오래 지속하고, 특히 모든 분야에서 함께 일할 수 있다. 음악과 순수예술에서 일을 매우 잘 할 수 있는데 둘은 순수예술에서 훌류한 비평가이기 때문이다. 정치에서 6은 9를 지지한다. 두 숫자는 물질적인 번영과 성취에 관심이 있다. 둘은 서로 재정적인 문제와 그것을 다루는 것에서 정직하다. 사업 파트너로서 6은 9의 관심을 보호하는 반면 9는 그들의 일과 실제적이고 창조적인 아이디어로 6을 돕는다. 숫자 9는 모든 종류의 관계, 즉 결혼, 우정, 로맨스, 사업 파트너에서 6을 선택할 수 있다. 결혼에서 9가 남성이고 6이 여성이면 좋을 수 있다. 9는 또한 약속 날짜나 주거 숫자로서 6을 선택할 수 있다.

### 숫자 9와 숫자 7

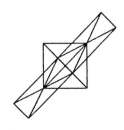

두 흉성인 마스와 케투는 적이다. 마스가 이 둘에서 좀더 강력하다. 그들이 함께 가깝게 될 때 7은 엄청난 힘을 만들고 9로부터 강함을 끌어낸다. 숫자 7은 9의 존재에서 자신의 정체성을 잃는다. 반면 그들은 매우 좋은 조력자와 친구로서 행동한다. 숫자 9는 또한 7에게 끌리고, 그들의 실제적인 지혜로 꿈 많은 7을 돕는다. 숫자 7은 신비주의 스승이고 9는 신비와 오컬트 지식에 관심이 있기 때문에 서로 도움이 된다. 숫자 7은 다른 숫자들이 그들과의 결합으로 행운이 되게 한다. 그래서 숫자 9의 사회적 지위는 7과의 협업으로 상승된다. 숫자 7은 좋은 사업 파트너가 아니다. 비록 7 여성이 9 남성에게 좋고 헌신하는 부인이 될지라도 결혼에서 숫자 7 남성은 숫자 9 여성에게 좋은 짝은 아니다. 로맨스에서 숫자 9 남성과 여성은 숫자 7과 좋은 관계가 될 수 있다. 숫자 9는 약속 날짜나 영원한 주거 숫자로 7을 사용하지 않아야 한다. 9가 숫자 7인 집에서 산다면 사생활을 잃게 된다. 그래서 그 집은 활성화되고 영적인 탐구자, 성자, 예술가, 신비가, 유명한 사람이 빈번하게 방문한다.

### 숫자 9와 숫자 8

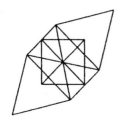

새턴은 우정에서 마스와 중립적인 반면 마스는 새턴의 적이다. 새턴에 영향을 받는 숫자 8은 법률 파괴자이다. 반면 마스에게 영향 받는 9는 법의 보호자이다. 8이 행운이고 재정적으로 9를 돕는다고 보장할지라도 우정으로서 관계는 오래 지속하지 않는다. 그 프로젝트가 오래 지속하는 것이라면 숫자 9는 8과 함께 투자하는 것을 피해야 한다. 단기간의 사업 상황에서 9는 8로 인해 이롭다. 9는 일반적으로 8과 결혼하지 않는 것이 좋다. 필요하면 9 여성은 8 남성과 결혼할 수 있지만 그 반대는 결코 좋지 않다. 8은 9의 훌륭한 학생이 될 수 있고, 이 관계에서만이 9가 8로 인해 정말로 도움이 된다. 9는 중요한 일, 약속 날짜나 주거 숫자로 8을 선택하지 않는 것이 좋다.

### 숫자 9와 숫자 9

같은 숫자는 대개 우정, 결혼, 로맨스에 이상적이지 않다. 그래서 그들은 고립과 논쟁만으로 오래 지속할 수 있는 관계가 방해받을 수 있다. 9에 9를 더해도 9가 남지만(잃는 것도 없고, 얻는 것도 없는), 다만 비록 그들이 서로 많이 영감을 주지 않을지라도 9는 여전히 9에게 사업 파트너로서 좋은 숫자이다. 사이킥 숫자가 9인 두 사람이 공동 전선을 위해 서로 손을 잡을 때 그들은 개혁을 가져올 수 있다. 그들이 친구이면 그 우정은 오랫동안 유지된다. 그러나 항상 다툴 것이다. 두 9는 서로 낭만적인 관계가 있을 수 있다. 숫자 9는 또한 약속 날짜나 주거 숫자로 9를 선택할 수 있다.

# 숫자의 상호작용 요약

|  | 1 | 2 | 3 | 4 |
|---|---|---|---|---|
| 1 | 이상적인 친구가 아닌 | 부러운, 힘이 없는, 그러나 친절한; 나쁜 습관 제거자 | 친절한, 도움이 되는 | 장애를 만드는 |
| 2 | 비판적이지만 도움이 되는 | 호의를 베푸는 사람, 협력적인 | 중립적, 훌륭한 조언자 | 다정한, 도움이 되는; 가끔 짜증나게 하는, 지연시키는 |
| 3 | 친절한, 도움이 되는, 지지적인 | 해롭지 않지만 부정적인; 에너지를 낭비하는 | 평온한, 서로 도움이 되는, 협력적인 | 강한 반대; 이롭지 않은 |
| 4 | 비판적이지만 매력적인, 이로운 | 상서롭진 않으나 이롭고 사업에서 행운 | 중립적이지만 도움이 되는, 훌륭한 조언자, 동정적인 | 도움이 되고 항상 지지할 준비 |

숫자의 관계와 상호작용 결정하기 위해, 자신의 사이킥 숫자를 왼쪽 세로줄에 두고, 그 다음 가로줄에서 바라는 관계가 있는 사람의 사이킥 숫자를 찾아라. 교차하는 칸은 다른 사람의 특성과 그 사람이 자신과 어떻게 상호작용하는지를 요약한 것이다.

| 5 | 6 | 7 | 8 | 9 |
|---|---|---|---|---|
| 친절하지만 독립적인 | 돈이 많이 드는 친구 | 친구, 행운 | 반대 | 친절한, 지지하는 |
| 문제가 있는 | 호의적인, 서로 이로운 | 분개한, 때로 비판적인, 좋은 안내와 정확히 반대 | 좋은 동료, 다정한, 봉사하고 보살피는 | 훌륭한 조력자, 친절한, 보호자 |
| 문제를 만드는 ; 시간과 에너지 낭비 ; 사업과 상업을 가르치는 | 도움이 되는, 친절한, 매력적인, 서로 이로운, 만족하는 | 중립적, 소홀한, 독립적인 | 인척이나 학생이 아니면 많은 도움이 되지 않는 | 완전한 지지, 서로 이로운 |
| 가까운 친구, 조력자, 아이 같은 | 소홀한 ; 우정과 결혼에서 얻는 것도 잃는 것도 없음 ; 조화로운 ; 사업과 관련 없는 | 매우 불친절하지만 사업과 결혼에 조화로운 | 친절하고, 매력적인, 지지하는 ; 이름 숫자나 집 숫자로서 좋지 않은 | 반대와 논쟁 ; 실제적으로 가르치는 |

| | 1 | 2 | 3 | 4 |
|---|---|---|---|---|
| 5 | 다정한, 사회적이고 정치적으로 좋은 | 불편한, 끌리는, 재미있는 ; 단기간 우정이 좋음, 행운, 길조 | 비판적이나 즐거운 ; 좋은 기회를 가져오고 성장을 돕는 | 소홀한, 평범한 우정 |
| 6 | 좋은 친구지만 사치스러운, 좋은 영향, 조력자 | 매우 이롭지 않으나 친절한 | 조력자와 친구 ; 안전과 좋은 환경을 제공 | 조화롭지 않은 |
| 7 | 정치, 문화, 문학 분야에서 이상적인 친구 ; 사업에서 이로운 | 비판적인, 배려하지 않는, 반대하지만 성장에 도움 | 성장에 도움 ; 강한 지지자 | 고집 센 ; 문제와 장애를 만드는 |
| 8 | 문제를 만드는 ; 장애가 존재하는 ; 행운을 가져오는 | 우호적이고 친절하나 도움이 되지 않는 | 중립 ; 조언자나 스승으로서 훌륭한, 정치 분야에서 도움 | 고요한, 충만한, 동정적인, 긍정적인 |
| 9 | 오래 지속하는 우정, 도움이 되는 ; 적과 비판으로부터 보호하는 | 서로 친구 ; 협력할 때 이로움 | 조력자와 친구 ; 영감을 주는 ; 중심에 있도록 도움, 내적 강함을 제공 | 강한 반대 ; 사회적 프로젝트에서만 협력적인 |

| 5 | 6 | 7 | 8 | 9 |
|---|---|---|---|---|
| 가장 가까운 친구 | 고요한; 다정한; 얻는 것도 잃는 것도 없는; 단점을 극복하도록 도움 | 중립적 | 이로운; 좋은 행운을 가져오나 냉정한, 소홀한 | 비판적이나 친절한; 성장에 도움 |
| 호의를 베푸는, 친절한, 지지적인 | 친절한, 협력적인, 조용한 | 이로운, 영감적이지만 가까운 친구가 아닌 | 낯선 사람처럼 행동; 보통 친구 | 이로운, 성실한, 사랑하고 보살피지만, 가끔 이상한 |
| 이상한 관계, 보통 친구 | 좋은, 친절한, 이로운, 행운 | 반대, 문제를 일으키는, 논쟁적인 | 재정적으로 도움이 되는, 우정에서 중립적 | 이로운, 불만족, 영감을 주는 |
| 정치적 분야에서 친절한 | 좋은 친구; 도움이 되는, 영감을 주는, 매력적인, 보살피는 | 스승으로서 훌륭한, 편안한, 이로운, 행운, 좋은 친구 | 좀더 많은 힘을 제공하는; 협력적이나 비판적인 | 훌륭한 조언을 제공하는; 성장에 도움; 반대할 때 뒤끝이 있고 심술궂은 |
| 도움이 되는, 우호적인, 덜 따뜻하고 친절한 | 훌륭한 친구; 완전한 지지; 그 관심사를 옹호 | 정체성을 상실하는; 조력자, 친구, 행운 | 반대, 학생으로서 훌륭한 | 친절하지만 비판적이고 논쟁적인, 영감을 덜 주는 |

# 합성수

이제 한 자리 수의 전체 숫자의 특성을 이해했다. 우리는 어느 달이든 9일 이후에 태어난 사람의 특성을 결정하기 위해 합성수에 대해 좀더 알 필요가 있다. 여기에 언급된 모든 합성수는 그 날짜에 태어난 사람의 사이킥 숫자에 적용한다. 숫자 11, 13, 22는 분리하여 설명을 할 만큼 특별한 숫자이기에 숫자 2와 4에서 이미 상세하게 언급했다. 또한 10일에서 31일까지 태어난 사람이 같은 사이킥 숫자이지만 한 자리 수 날짜에 태어난 사람과는 약간 다르다는 것을 언급했다. 이제 어느 달이든 1일에서 9일까지 태어난 사람들이 아닌 합성수에 있는 사람에게서 발견된 부가적인 특성에 대해 간략한 설명을 제공할 것이다. 이것은 결합에서 두 행성 에너지가 상황에 다르게 반응하기 때문에 일어난다. 그 과정은 행성의 컨정션과 매우 비슷하고 그 영향도 비슷하다.

## 숫자 10

숫자 10은 1과 제로의 결합이다. 1은 의식인 썬이다. 반면 제로는 무한대(아난트 타트바Anant Tattva)이다. 10은 1시리즈에 속하기 때문에 숫자 1의 특성이 10을 지배하는데, 이는 명예, 신념, 자신감, 카르마 법칙에 따라 오르내리는 평판과 명성(좋든 나쁘든)을 수여한다. 1은 행운이고 제로는 불운이다. 불운의 제로는 노력을 가져오는데, 이는 이들 사이킥 주인공에게 자신감과 올바른 이해를 제공하고 그들을 빛나게 만드는 것이다. 제로는 숨겨진 적을 만들지만 1은 적을 인정하도록 기민함을 제공한다. 따라서 10은 열심히 노력한 후에 성공을 얻는 숫자이다. 내관內觀과 깨어 있음을 유지하는 것이 언급된 장애를 해결하는 유일한 것이다. 다른 사람에게 의존하는 것은 문제를 유발시킨다.

숫자 11은 숫자 2의 설명 아랫부분에 자세하게 논의했다.

## 숫자 12

이것은 썬(1)과 문(2)의 결합으로 정반대의 짝이다. 이미 언급한 것처럼 1과 2는 이상적인 짝을 만들지 못한다. 반면 이 숫자가 있는 사람은 항상 서로 다르다. 1과 2 사이의 이 다른 관계는 어느 달이든 12일에 태어난 사람의 마음에 불안을 만든다. 비록 사이킥 숫자 3이 삶에서 도움, 협력, 성공을 얻는 데서 행운이 있을지라도 이 불안을 12일에 태어난 사람은 결코 떨칠 수 없다. 사이킥 3은 모든 것과 모든 사람에게 '예'라고 말하는 것으로 유명하지만 그들이 하는 유일한 것은 내면에 의미 있는 것이다. 따라서 그들은 친구와 친척을 실망시키는 것으로 유명하다. 12일에 태어난 사람은 이 문제에서 가장 고통스럽다. 그들은 이 두 정반대로 속이 바짝바짝 탄다(1의 안정과 결정적인 본성 그리고 2의 변하는 의견). 그들이 '예'라고 말하는 것은 문제를 가져온다. '예'라고 말할 때 그것이 정말로 '예'라는 의미인지를 스스로 확신하지 못하기 때문이다. 그래서 잠시 후에 숫자 2의 영향은 그들의 의견을 바꿀 수도 있다. 12일에 태어난 사람은 대체로 마지막 순간에 그것들을 결정한다. 그런 다음에도 그것에 대해 아무것도 확신하지 못한다. 그들은 일을 시작한 후에도 마음을 바꿀 수 있고 그것을 결코 마무리하지 못한다. 그들은 인생 후반부에 성공하지만 무수한 일과 프로젝트를 그만두는데, 이는 그들이 완전히 열광적으로 시작하지만 마무리를 하지 못한 것이다. 그들은 계획을 재빨리, 자주 바꾸기 때문에 친구와 친척은 결코 그들의 행방을 확신하지 못한다. 이 사람들은 사생활을 즐기고, 행복하고, 건강하며, 번영한다. 그들은 스스로 보살피고, 요리에 관심이 있으며, 진수성찬을 만드는 것을 좋아하고, 훌륭한 미각이 있으며, 철학적이고 종교적이다. 그들은 1의 강함과 2의 부드러움이 있다. 그들은 통합하는 것을 믿고 관습에 얽매이지 않는다. 이것은 모든 종류의 환경에 스스로 적응하기 위해 준비하는 것이다.

숫자 13은 숫자 4의 설명 아랫부분에서 논의했다.

# 숫자 14

서로 끌리는 두 정반대의 결합으로 이것은 많은 위험, 두려움, 과소평가, 미래에 대한 잘못된 평가의 숫자이다. 1은 썬이고 4는 라후이다(라후는 문의 노스 노드). 라후는 썬의 적이지만 그 자체는 반행성일 뿐이다. 그런 연합으로 행성의 본성에 따라 작동해야 한다. 썬과의 연합에서 그 본성의 적과 정반대로, 그것은 고뇌를 유발하려고 한다. 그것은 썬이 부분 일식을 하도록 유발하고 장애로 존재한다. 어느 달이든 14일에 태어난 사람은 내면의 갈등으로 고통스럽다. 변화는 그들의 삶에서 다른 사이킥 5의 삶에서보다는 더 빈번하게 발생한다. 라후는 기꺼이 위험을 받아들이고 썬은 위험을 받아들이는 것을 두려워하지 않는다. 그래서 14일에 태어난 사람은 가끔 다른 5보다 더 위험하다. 5는 전반적으로 투기꾼이기에 14일에 태어난 사람은 재정적인 손실과 다른 문제를 가져올 수 있는 도박이나 다른 수단으로 인한 좀더 많은 위험을 택한다. 숫자 1은 미래를 정확하게 평가할 수 있는 재능이 있지만 4와의 결합으로 숫자 14에서 그것은 문제를 만든다. 14일에 태어난 사람은 미래에 대한 정확하지 않은 평가로 자신의 삶에 여러 번 고통을 겪는다. 그들에게 협회와 동료를 조심하도록, 그들의 열망하는 목표를 성취하기 위해 평정을 유지하도록 조언한다. 사이킥 숫자 5의 삶을 지배하는 머큐리의 영향으로 그들은 유동적이고 변덕스럽다. 반면 그들이 하는 방식으로 사는 것을 개인적으로 즐긴다. 그들은 도움이 되고, 현명하고, 빠르게 반응하고, 불안하지만 명랑하며(23일에 태어난 사람보다는 덜 명랑할지라도), 도박으로 덕을 보고 위험을 받아들인다. 라후의 영향 때문에 그들은 뇌우, 허리케인, 또는 어떠한 종류의 자연재해에도 조심하는 것이 좋다.

## 숫자 15

숫자 15는 썬(1)과 머큐리(5)의 결합이다. 이 두 행성은 모두 지적이고 준비된 재치와 연결된다. 둘은 모더니즘, 물질적인 성공, 인기를 좋아한다. 반면 둘은 친절하다. 어느 달이든 15일에 태어난 사람은 확실히 사치스럽고 물질적인 번영을 좋아한다. 그들은 또한 문학, 순수 예술, 음악에 관심이 있다. 15는 사이킥 숫자가 6이기 때문에 비너스의 지배를 받는다. 사치스럽고, 자유로우며, 적극적으로 관계하지 않는 삶을 좋아하고, 관능적인 쾌감을 좋아하는데, 이는 15의 관점을 지배한다. 썬은 그들에게 인기를 가져온다. 머큐리는 그들을 돌아다니게 하고 여행하게 한다. 비너스는 그들에게 아늑하고, 값비싸고 사치스러운 장소로 데려간다. 썬 때문에 그들은 협력과 도움을 얻는다. 머큐리 때문에 그들은 레크리에이션에 둘러싸여 있고 다른 사이킥 6보다는 삶에서 자주 축제를 누리는 경우가 있다. 머큐리는 쉽게 영향을 받고, 감상적이며, 오래 지속한다. 15일에 태어난 사람은 부드럽고, 정서적이며, 매력적이고, 또래 사람들보다 더 젊어 보인다. 이 숫자가 있는 남성은 그들의 관능적인 본성을 즐기고 탐색할 힘을 얻기 위해서 탄트라, 마법, 마술에 관심을 둔다. 여성은 그들의 관능적인 본성을 극복하기 위해 탄트라, 마법, 마술에 관심을 갖게 된다. 15일에 태어난 사람은 이성에게서 좀더 많은 협력과 도움을 얻는다. 그들은 삶을 즐기고 꽃과 향수를 좋아하며, 보석을 무척 좋아하고, 옷에 대해 예민한 감각이 있다. 명랑한 성격과 매력적인 태도가 있다.

## 숫자 16

숫자 16은 두 정반대의 결합이다(썬과 비너스). 비너스가 비록 길성일지라도 악마의 스승으로서 흉성이다. 썬 자체는 흉성이지만 신들의 스승인 주피터 그룹에 속한다. 이런 방식으로 썬과 비너스는 정반대 진영(자연스럽게 적)에 속한다. 이 결합은 어느 달이든 16일에 태어난 사람의 삶에서 문제를 만든다. 숫자 7은 케투의 지배를 받는다. 케투는 분별력을 흐리게 하는 유해한 반행성이기 때문에 어느 달이든 16일에 태어난 사람은 분별하는 데 어려움이 있고, 이는 그들을 불확실과 불안으로 고통스럽게 한다. 썬은 그들에게 이상주의를 부여한다. 반면 비너스는 그들을 쾌락주의자로 만든다. 이 둘의 결합은 16일에 태어난 사람을 외적으로는 이상주의자로 만들고 내적으로는 즐거움을 좋아하는 사람으로 만든다. 그들은 몽상가가 되고 자신의 꿈의 세상에서 산다. 케투의 영향은 그들을 세속적인 열망과 야망에 관심을 갖지 않게 만든다. 영적인 경향이면 그들은 참나에 대한 지식, 사이킥 능력을 얻고, 금욕주의자가 된다. 그러나 비너스의 영향은 그들을 힐링 기술과 오컬티즘으로 이끈다. 영적인 경향이 아니면 그들은 음모자 집단에 참여할 수도 있다. 비록 항상 불안하고 그들의 현재 상태를 잃는 것에 두려워할지라도 여러 번 일어나고 넘어진다. 그들은 패배로 고통스럽지만 자신의 길을 계속 간다. 그들은 삶에서 사고와 재난에 대비하여 조심해야 한다.

# 숫자 17

이것은 썬(1)과 반행성인 케투(7)의 결합이다. 17은 사이킥 숫자가 8이기 때문에 새턴의 지배를 받는다. 따라서 17은 노력, 장애, 어려움의 숫자이다. 게다가 썬과 케투는 적으로, 이는 17에게 내면의 갈등을 부여한다. 그러나 이 내적 갈등은 그들에게 참 이해를 가져오고, 좀더 깨어 있게 하고, 숙고하고, 사랑하고, 영적으로 만든다. 그들은 저항을 개발하여 용기를 잃지 않고 장애와 어려움을 극복한다. 그들은 평화롭게 되어 주변의 사람에게 평화를 전한다. 비록 숫자 8이 흉성인 새턴에 지배를 받을지라도 17은 사후에 그들에게 평판과 명예를 가져오는 인류의 고통에 대해 은혜를 베풀게 하는 뭔가를 하게 된다. 새턴적인 어려움과 지연은 그들을 떠나지 않지만 그들은 그것들에 영향을 받지 않고 역사에 자신의 독특한 흔적을 만든다. 새턴은 인생 후반부에 17을 성공하게 만들고, 사람들은 그들을 행운아라 생각한다. 그들은 사생활과 가정생활에서 고통스러울지라도 부와 번영을 얻고 다른 사람들에게서 존경을 받는다. 그들이 어쨌든 신에 대한 믿음을 계발하고 영적인 훈련을 받아들인다면, 섭리에 도움을 받고 장애는 신비롭게 사라질 것이다. 그들은 친구를 선택하는 것에서, 그리고 친구, 친척, 동료의 도움을 구하는 것에서 조심하는 것이 좋다. 그들은 용기가 있고 대담하다.

## 숫자 18

이 숫자는 썬(1)과 새턴(8)의 결합이고 마스(9)의 지배를 받는다. 18일에 태어난 사람은 삶에서 강한 반대, 내적 갈등, 장애를 만난다. 그러나 숫자 9는 마스가 지배하기 때문에 그들은 강한 투사이고 힘든 환경에서 생존한다. 그들은 도전을 만나고 가족과 친척의 원한과 증오로 유발된 불리한 상황에 직면하곤 한다. 그들은 사생활과 가족 안에서 평화가 결여된다. 그들의 호전적인 본성 때문에 일가친척과 나쁜 감정을 만들고 좋은 결혼생활을 즐기지 못한다. 그들은 공정하지 못한 수단으로 돈을 벌고 사회의 윤리적인 규범을 좋아하지 않는다. 그들은 전쟁, 혁명, 사회적인 격변으로 재정적인 혜택을 받는다. 그들은 긴장, 불안정, 불안으로 고통스럽다. 그들은 부도덕하게 되고, 나쁜 친구와 어울리고, 거칠게 되고 가끔 잔인하게 되는 것을 즐긴다. 이들이 다소 규율적인 삶을 따른다면 번영하고 높은 지위에 오른다. 그들이 아힘사ahimsa(비폭력)의 학습을 배운다면 역사에 자신의 흔적을 만들 수 있다. 그들은 가족과 친구와의 논쟁을 피하는 것이 좋다. 그들은 물질주의자이고 돈을 버는 데 특별한 기술을 얻는다. 그들은 40세 이후에 재정적으로 부유하게 되고 인생 후반부에 그 노력에 대한 보상을 받는다.

## 숫자 19

이것은 썬(1)과 마스(9)의 결합으로 썬(1)의 지배를 받는다. 19일에 태어난 사람 사람은 행운의 사이킥 숫자가 1이다. 썬과 마스는 친구이고, 썬은 또한 마스가 지배하는 황도대 싸인 에리즈에서 항진된다.

이 사람들은 열광, 행복, 영감으로 충만하고 삶의 모든 분야에서 성공한다. 그들은 생명력이 충만하고 친구와 동료에게서 존경을 받는다. 썬의 영향 때문에 그들은 현명하다. 반면 마스로 그들은 이상한 상황에 직면하고 도전을 만날 수 있다. 그들은 성실과 불굴의 정신으로 성공한다. 그러나 이 결합과 마스의 영향으로 그들은 완고하고 성마른 경향인데, 이는 결혼생활에 문제를 일으킨다. 그들은 숫자 1의 모든 특성이 있고 어느 달이든 10일에 태어난 사람보다는 좀더 행운아라 할 수 있다. 그러나 어느 달이든 28일에 태어난 사람보다는 덜 행운아다. 전반적으로 19일에 태어난 사람은 높은 지위, 명예, 성공, 물질적인 번영을 즐긴다. 그들은 도움이 되고 협력적이며 관대하다.

## 숫자 20

2는 제로와 결합하여 20이 되는데, 이는 성급함의 숫자이다. 숫자 2 사람들은 일반적으로 참을성이 없고, 긴장하며, 의존적이고 신속히 변한다. 제로는 책임감을 더한다. 그래서 2는 피곤할 것이다. 그들은 다른 2처럼 부드럽고 정서적이만 좀더 협력적이고, 사랑하고, 보살핀다. 그러나 그들은 노력과 사랑하는 보살핌에 대해 적절하게 보상받지 못한다. 그들은 프로젝트가 불필요하게 지연되는 경험을 하고 불안과 혐오로 고통스럽다. 결혼생활은 그다지 성공적이지 못하고, 가족과 친척들을 소홀히 대한다. 마음의 평화와 성공을 위해 그들은 영적인 분야에 관심을 갖는 것이 좋다.

## 숫자 21

비록 21일에 태어난 사람이 사이킥 숫자가 3일지라도 그들은 다른 사이킥 숫자 3과 다르다. 여기서 2와 1의 결합은 12와 다르다. 비록 21이 주피터의 지배를 받더라도 21은 20시리즈에 속하기 때문에 숫자 2의 영향을 더 많이 받는다. 2는 온화함을 제공하고 1은 삶에서 성공하게 되는 잠재력을 제공한다. 다른 사이킥 숫자 3보다 좀더 사회적인 그들은 모든 모임과 이성에게 인기가 있다. 그들은 다른 3보다 좀더 자유롭게 교제하고 자신의 어려움을 극복할 수 있으며 봉사나 사업에서 성공적으로 스스로를 일으켜 세울 수 있다. 숫자 2는 중재자와 외교관으로 일할 수 있다. 반면 숫자 1로서 그들은 성공하고 일어설 수 있다. 이 결합에서 1이 2를 돕는다. 이 사람들이 약간의 인내심을 계발한다면, 행운을 가져오고 안정적으로 발전할 수 있다.

숫자 22는 숫자 4의 설명 아랫부분에서 논의했다.

## 숫자 23

문(2)과 주피터(3)의 이 결합은 성공의 숫자가 되는 것으로 생각한다. 어느 달이든 23일에 태어난 사람은 숫자 5이고, 머큐리에 지배를 받는다. 이것은 그들을 지적이고, 성실하며, 박식하고, 일반적으로 모든 것에 대해 배우는 데 관심을 갖게 만든다. 그들은 직업에서 성공할 좋은 기회가 있고 유명하게 된다. 그들은 이성으로부터 혜택을 받고 공무원과 권위적인 지위에 있는 다른 사람들에게서 도움을 받는다. 비록 그들이 약간 변덕스럽고 성마른 경향이고, 기꺼이 위험을 감수할지라도 그들은 사람들이 좋아하고 삶에서 성공하게 된다. 그들은 부유하게 살고 새로운 아이디어를 촉진시킨다. 그들은 평판과 명예를 얻고, 공동체에서 상승하며, 명랑한 본성으로 알려진다.

## 숫자 24

문(2)과 라후(4)의 두 반대의 결합인 24는 2와 4는 6이고 6은 행운의 숫자이기 때문에 행운이라고 생각한다. 비너스는 숫자 6을 지배하고, 6이 2와 4의 결합일 때 그 사람은 2와 4의 영향이 있고, 6의 행동을 한다. 이 특별한 숫자 6은 또한 2와 4가 조화로운 관계에 있기 때문에 행운이다. 비록 24가 사이킥 숫자 6의 모든 특성이 있고 6이라고 생각될지라도 그들은 어느 달이든 15일이나 6일에 태어난 사람과 다르다. 4는 어려움과 변화의 숫자이고, 2는 변화의 숫자이다. 그래서 24일에 태어난 사람의 삶은 매우 자주 변화를 겪는다. 2의 영향으로 그들은 도움을 주고 성실하다. 반면 4의 영향으로 그들은 강하고 끈기 있다. 그들은 비밀스럽고 다른 사람의 비밀을 지킬 수 있다. 이성으로부터 혜택을 받지만 또한 배신으로 그들이 가져온 실패로 고통스럽다. 그들은 부드럽고 도움이 된다. 데스티니 숫자와 이름 숫자가 사이킥 숫자와 조화롭다면 그들은 평범한 가족생활을 즐길 수 있다.

## 숫자 25

2와 5는 좋은 결합이 아니다. 문(2)과 머큐리(5)의 관계는 기묘한 것이다. 문은 머큐리에 중립적이지만 머큐리는 문과 적이다. 이 이상한 관계는 자기 비난의 본성을 만든다. 25는 7이 되고 케투의 지배를 받는다. 7이 다른 사람에게는 행운을 가져다 주는 숫자일지라도 사이킥 숫자 7은 삶에서 초년에 많은 고통을 겪는다. 숫자 2와 5는 그들에게 동요하는 본성을 제공한다. 이 상황은 애매모호함의 행성인 케투의 영향에 기인한다. 어느 달이든 25일에 태어난 사람은 다른 숫자 7보다 꿈이 많고, 상상력이 풍부하며, 예술적이고, 변덕스럽고, 철학적이다. 그들은 신비의 본성을 이해하려고 노력한다. 그들은 자신의 신화를 발전시키고 종교 기관의 설립자가 된다. 그들은 실패를 통해 경험과 이해를 얻고 결국 정착한다. 천천히 그리고 점차 그들은 친구, 친척, 동료의 도움으로 안전한 자리를 획득한다. 이 날짜에 태어난 사람은 철학적인 견해가 있다. 그들은 전반적으로 예술적인 재능과 성공에 대한 자부심이 있는데, 이는 많은 노력 후에 성취된다.

그들은 연애에 행운이 없지만 결혼을 통해 재정적인 소득을 얻는다. 위험한 투자는 피하는 것이 좋다.

## 숫자 26

2와 6의, 즉 문(2)과 비너스(6)의 이 결합은 이들에게 이성에 의존하는 경향성을 부여한다. 2는 다른 사람에게 의존하는 숫자이고 그것은 숫자 6이다. 어느 달이든 26일에 태어난 사람의 사이킥 숫자는 8이다. 그들은 새턴의 지배를 받고 자신을 물질주의자와 운명론자라고 생각한다. 그들은 특히 삶의 초반부에 많은 어려움과 반대를 만난다. 숫자 2와 6 모두 이성에게 매력적이다. 이 매력은 8의 삶에서 문제와 불행의 주요 원인이다. 숫자 26은 생애 파트너를 선택할 때 조심하는 것이 좋다. 어느 달이든 17일이나 8일에 태어난 숫자 8의 결혼이 다른 숫자의 결혼보다 더 낫다. 비록 그들이 쾌락주의자일지라도 그들은 결혼 후에 정착하고 매우 성실하게 된다. 26이 숫자 1, 3, 6, 8을 제외한 어떤 숫자와 결혼한다면 고통스럽고 가족생활에 흥미를 잃는다. 그들이 1, 3, 6을 선택한다면 좋은 행운을 얻고 행복한 결혼생활을 할 수 있다. 26일에 태어난 사람은 인생 후반부에 두드러지고 정상의 지위를 얻는다. 그들은 열심히 일하고 완고하다. 남성은 그들이 다른 숫자에 원한을 가질 때 앙심을 품고 잔인해질 수 있다.

## 숫자 27

숫자 27은 강한 정반대의 2와 7, 즉 문과 케투의 결합이다. 이것은 27에게 직관적이고 무한정한 에너지를 제공한다. 숫자 2와 7은 모두 다른 숫자에 매우 의존적이다. 27일에 태어난 사람이 다소 독립적(즉 자유 의지와 독립적인 본성을 계발)이 되면, 그들은 모든 일을 성공적으로 수행할 수 있다. 두 숫자는 계획을 잘 세우기 때문이다. 그들은 사업과 가족 문제에 도움이 될 수 있는 좋은 계획을 세울 수 있다. 2와 7은 합이 9이기 때문에 27은 행성 마스의 지배를 받는다. 이는 27을 강력하고, 명령하고, 권위 있게 만든다. 그들은 잘 계획된 방식으로 각각 프로젝트와 모든 프로젝트를 수행하여 성공한다.

그들은 사랑하는 사람들로, 가족이나 자신이 속한 조직에 헌신한다. 2와 7 모두 정서적이고 직관적인 숫자이다. 이들이 안정성을 계발한다면 물질세계에서 매우 성공할 수 있다.

## 숫자 28

문(2)과 새턴(8) 에너지의 결합인 28은 노력의 숫자이다. 이 날짜에 태어난 사람은 많은 장애와 반대에 직면해야 한다. 그러나 2와 8의 합은 1이기 때문에 28은 썬의 지배를 받는다. 이는 성공을 가져오는 행운의 숫자이다. 이 성공은 28이 반대를 극복하고 노력을 이어가면 얻을 수 있다. 28일에 태어난 사람은 다른 숫자 1보다 좀더 경험을 얻고, 좀더 부드럽고, 덜 권위적이며, 덜 명령적이고, 덜 요구한다. 그들은 봉사할 수 있고 다른 1보다 더 많은 협력과 도움을 얻는다. 이것은 친구와 아는 사람의 범위를 넓힌다. 사이킥 숫자 2와 8은 모두 봉사자로, 완고하고 훌륭하고 강한 투사이다. 28에서 2와 8의 결합은 이 사람을 상처받기 쉽고 성공적인 투사로 만든다. 그들은 짓밟힘에 대해 정의를 주장하는 싸움으로 이끌고 훌륭한 정치인과 정치적인 영웅이 된다. 그들은 역사에 흔적을 남긴다. 숫자 2의 영향으로 그들은 철학적인 반면 8의 영향은 물질적인 발전과 현대화에 관심을 갖게 만든다. 그들은 물질적이고 영적인 발전 모두를 결합하는 독특한 방법을 개발한다. 그들의 태도에는 전체성wholistic이 있다.

## 숫자 29

문(2)과 마스(9) 에너지의 결합인 29는 삶에서 기본적인 불안정과 불확실을 가져오는 숫자인 것으로 생각한다. 29는 2와 9의 결합이기 때문에 이는 합이 2로 29는 2이고, 그러므로 문에게 좀더 강하게 영향을 받는다. 물질적인 면에서 어느 달이든 29일에 태어난 사람들은 성공을 얻고 높은 지위로 오른다. 그러나 사생활, 특히 결혼생활은 만족하지 못한다. 2의 변화하는 본성과 숫자 9가 가져오는 감성은 그들의 삶을 지배한다. 좋은 데스티니 숫자와 조화로운 이름 숫자로 29는 사업과 삶에서 올바른 파트너를 선택할 수 있다. 그들의 도움과 협력으로 발전을 할 수 있다. 그러나 데스티니 숫자나 이름 숫자가 조화롭지 않으면 이 사람은 잘못된 것에 연루되고 윤리적, 도덕적인 삶으로 이끌지 못한다. 비록 29가 일의 분야에서 높은 지위를 성취하더라도 그들은 불안정과 외로움을 느낀다. 마스의 영향은 그들을 불안하고 의심하게 만든다. 이 날짜에 태어난 남성은 생애 파트너를 선택하는 데 매우 의식적이 되어야 한다. 여성이 그들의 삶에서 문제와 슬픔의 주요 원인이기 때문이다.

이 날짜에 태어난 여성이 멋지고 조화로운 남편을 만나는 데 관심이 있다면 월요일이나 목요일에 단식을 해야 한다. 그들은 생애 파트너의 감정을 이해하려고 노력해야 하고 그들 자신의 감정의 기복에 대해서만 생각하지 않아야 한다. 전반적으로 29일에 태어난 모든 사이킥 사람은 사랑하고 마음이 따뜻하다. 그들은 높은 미학적인 감성을 가진 남성과 여성에게 끌릴 수 있고 권위적인 인물에게서 호의를 받는다. 그들은 짜증과 성마름을 피하는 것이 좋다. 그래서 그들은 어떤 영적인 훈련을 따라야 하고 신에 대한 참 믿음을 개발해야 한다. 그들은 자기를 위해서 스스로 가정환경을 만들려고 노력해야 한다.

이 숫자에 속하는 남성은 가족과 친척을 좀더 상냥하고 관대하게 대해야 하는데, 이들의 도움과 협력이 필요하기 때문이다. 그들은 결혼 계획을 지연시키지 않아야 하고 이른 나이에 결혼해야 한다. 반면 만혼은 불행하고 정신적인 문제를 가져온다.

# 숫자 30

이날에 태어난 사이킥 숫자 3은 다른 사이킥 숫자 3보다 다소 덜 행운인데, 제로와 결합되었기 때문이다. 불운이라고 말할 수 없지만 제로는 그들의 발전을 더디게 하고 친구의 수를 감소시킨다. 그러나 3

은 성실하기 때문에 숫자 30은 편안하게 살 수 있고, 그렇게 열심히 일하지 않아도 돈을 충분히 벌 수 있다. 다른 숫자 3처럼 그들은 사회적이고 보편적인 조력자이지만 그 삶은 이성으로부터 좀더 많은 영향을 받는다. 그들은 계속 일에 종사하면서 하나의 자원으로만 돈을 벌지 않는다. 가끔 그들은 동시에 아주 많은 프로젝트를 시작하고 많은 일을 미완성으로 남겨야 한다. 제로의 영향으로 그들은 에너지를 낭비하고 다하지 못한 일들을 그대로 두게 된다. 그들은 주피터(3)의 지배를 받기 때문에 30일에 태어난 사람은 사색가이다. 그래서 그들은 다른 3보다 좀더 많은 정신적인 에너지를 사용한다. 그들은 초년에 많이 노력해야 하기 때문에 자신의 철학을 형성하고 그것들을 살펴보는 특별한 방법을 개발한다. 그들은 모태 종교에 구속되지 않고 시간이 지남에 따라 다른 종교와 철학와 좀더 친밀하게 된다. 그들은 본래 비판적이기 때문에 자신을 포함하여 모든 종교를 조소하고 보편적인 사랑을 옹호한다. 그러나 사생활에서 그들 자신의 방식과 방법을 따르는데, 이는 그들이 태어난 것의 전통에 근거한다. 데스티니 숫자와 이름 숫자가 조화로우면 그들은 도움과 협력을 얻어 두드러지게 된다. 그들의 창조적인 에너지와 능력을 사용할 수 있는 사회적인 협회와 조직으로부터 혜택을 받는다. 그들은 이기적이 되지 않도록, 그리고 인류의 복지를 위해 일하는 협회나 조직에 참여하는 것이 좋다.

# 숫자 31

31은 숫자 3(주피터)과 1(썬)의 결합이다. 숫자 3은 좋은 숫자이고 1 자체 또한 좋은 숫자이다. 그러나 이 둘의 결합은 어느 달이든 31일에 태어난 사람에게 아주 좋지는 않다. 이 결합은 합이 4이기 때문에 라후, 즉 흉성의 반행성의 지배를 받기 때문이다. 문제를 만드는 것으로 유명한 라후는 4를 다른 사람들과 다르게 만든다. 그래서 그들의 삶을 불확실하게 만들고 갑자기 예기치 않았던 변화를 가져온다. 이 변화는 좋기도 하고 나쁘기도 하다. 이것은 어느 달이든 31일에 태어난 사람을 불확실하고 외롭게 느끼도록 만든다. 그들은 친구와 동료들에게서 오해를 받는다. 그들은 친절과 영감적인 환경의 부족 때문에 스스로를 고립시키고, 덜 사교적이고, 덜 인기가 있고, 가끔 폭력을 사용하는 혁명적인 그룹에 참여한다. 그들은 완고하고, 비밀스러우며, 명령하게 된다. 그들은 다른 사람들에게 자신의 생각을 강요한다. 숫자 3의 존재는 그들을 약간 이기적으로 만들고, 1의 존재는 그들을 권위적으로 만든다. 숫자 1 또한 그들에게 리더의 특성을 부여한다. 비록 사이킥 숫자 3과 사이킥 숫자 1이 성실하고, 사회적이고, 외향적일지라도, 31일에 태어난 사람은 수줍어하고 덜 사교적이지만 열심히 하는 사람이다. 그들은 사회에서 알려지기 전에 많은 노력을 기울어야 한다. 그들은 현대적인 생각을 좋아하고 오랜 가치에 반하여 반항한다. 그들은 정의를 좋아하지만 그것을 성취하는 수단으로 반드시 정의를 사용하지는 않는다. 그들은 대중적인 생각에 반대하기를 좋아하고 대중적이지 않은 것에 대한 호의에 논쟁하기를 좋아한다. 그들이 정치에 관심 있으면 야당에 참여한다.

# 요약

11에서 31까지 합성수의 의미를 이해함으로써 수비학자는 어느 달의 어느 날짜에 태어난 사이킥 주인공의 특성을 좀더 선명하게 알 수 있다.

수비학의 목적은 비록 육체적인 체격에서 한결같을지라도 세상을 보는 방식에서 다른 사람에 대한 전반적인 정보를 제공하는 것이다. 그들의 복잡한 행동은 어스트랄러지 배치의 빛에서, 그리고 사이킥 숫자, 데스티니 숫자, 이름 숫자 사이의 관계에서 볼 수 있다. 수비학의 목적은 그들의 좋은 점과 나쁜 점에 대해 사람들을 교육시키는 데 있다. 그래서 수비학은 그들에게 삶에서 문제를 만드는 습관을 피하도록 조언한다. 수비학은 어둠으로부터 그들을 안내하는데, 그 어둠은 그들의 삶에 대한 행성의 영향에 대한 무지에서 비롯된다. 수비학은 그들에게 색깔과 젬스톤을 사용함으로써 이들 영향과 작업하는 방법을 제공한다. 또한 그들의 전반적인 정신적인 건강과 신체적인 건강, 그들이 고통 받을 수 있는 질병 타입에 대한 조언과 그 질병들을 피하는 방법을 제공한다.

# 미래로 투영하기

수비학은 다가오는 연도의 사건에 대한 공부에 도움이 될 수 있다. 어스트랄러지가 미래로의 투영에 좀더 나은 방법이 있을지라도 미래 사건들에 대한 전반적인 이해는 수비학에서 얻을 수 있다.

　서문에서 언급한 것처럼 수비학이 완전한 과학은 아니다. 그래서 훌륭한 수비학자는 또한 인간 행동 패턴에서 좀더 많은 통찰을 얻기 위해 어스트랄러지, 수상학, 필적법, 인상법와 같은 기술을 배워야 한다.

　다음은 연간 계산을 투영하는 한 방법이다. 다음의 정보를 종이에 기록하라.

- 생월
- 생일
- 질문하는 그 연도의 마지막 두 자리
- 질문의 그 연도에서 생일이 있는 그 주의 요일에 해당하는 숫자

예를 들면, 1934년 5월 12일에 태어난 사람의 연간 계산을 하려고 한다. 살펴보기를 바라는 해는 1991년이다. 이것은 다음과 숫자를 더하면 된다.

생월 = 5
생일 = 12
기록에 있는 연도에서 만들어진 = 91
1991년 5월 12일은 일요일이고, 이는 1이다.

그 주의 요일에 부여되는 숫자는 그 요일을 지배하는 행성의 숫자로, 다음과 같다. 일요일＝1(썬), 월요일＝2(문), 화요일＝9(마스), 수요일＝5(머큐리), 목요일＝3(주피터), 금요일＝6(비너스), 토요일＝8(새턴)

5 + 12 + 91 + 1 = 109 = 10 = 1

이것을 더하여 나온 결과의 숫자 1은 투영된 연도의 숫자가 된다. 연도 숫자로서 1이 갖는 의미를 찾기 위해서 다음 쪽을 참고하라. 이 요약은 매우 일반적이고 전체가 투영된 연도를 나타내는 데 사용할 수 없지만 다가올 것이 무엇인가에 대한 전반적인 아이디어를 제공할 수 있다.

이 계산에서 얻은 한 자리 숫자로, 개인은 질문한 연도를 점검하기 위해 다음의 정보를 사용할 수도 있다.

# 썬이 지배하는
# 연도 숫자 1

숫자 1은 중요한 숫자이기 때문에 이 숫자가 있는 연도는 또한 중요하다. 이 기간 동안, 여러 해 동안 있었던 어려움과 문제가 줄어들 것이다. 개인은 운이 좋다고 느낄 것이고 많은 사람에게서 도움을 받을 것인데, 특히 권위에 있는 사람과 공무원으로부터다.

이 연도는 다음과 같을 것이다.

- 정신적으로 육체적으로 더 건강하다고 느끼고 발전하는 길로 움직일 것이다.
- 조직하고 미리 계획했다면 일과 사업에서 성공할 것이다.
- 삶에서 중요한 변화가 있다. 반면 모든 변화는 현재 삶의 상황의 개선을 위한 것이다.
- 미래에 도움이 될 새로운 사람을 만난다.
- 두려움과 불안으로부터 벗어난다.
- 스트레스를 덜 받으며 열심히 일한다.
- 명성을 얻는다.

이 연도는 또한 독서하기, 글쓰기, 대회에 출연하기, 새로운 재정적인 투자를 시작하기, 기계를 사기에 좋다. 이 사람이 작가, 음악가, 또는 화가라면, 이 연도는 새로운 작품이 매우 의미 있다고 밝혀질 것이다.

# 문이 지배하는
# 연도 숫자 2

- 개인적인 매력의 증가
- 미래에 도움이 될 새로운 친구
- 보다 적은 걱정과 스트레스
- 정서적인 것, 그러나 또한 좀더 실용적인 것
- 부동산으로부터의 이익
- 새로운 집이나 아파트
- 생각하는 방식의 변화
- 인내와 좋은 계획을 통한 개선된 생활

이 연도에 개인은 불필요한 걱정과 서두름을 피해야 한다.

# 주피터가 지배하는
# 연도 숫자 3

- 좀더 많은 지식과 실제적인 지혜
- 오랜 프로젝트를 마무리할 때
- 새로운 친구와 인물

이 연도는 또한 다음과 같을 것이다.

- 상서롭다. 그래서 재정적인 수익, 평판, 명예를 가져온다. 좀더 명료하게 자신을 표현하게 된다. 특히 작가, 연설가, 웅변가에게 의미 있다. 이 사람은 글쓰기나 대중 연설에서 조심해야 한다. 주피터의 영향은 미래에 그들에게 문제를 가져올지도 모르는 솔직함과 대담성을 줄 수 있다.
- 사업가와 어떠한 종류의 소송에 연루된 사람들에 의한 서류에 서명하거나 계약을 하기에 좋지 않다.
- 사업이나 새로운 투자를 시작하기에 좋다.
- 일을 계획하고 마무리하기에 좋다.
- 직업에서 승진을 하는 해
- 친구들을 믿기 전에 시험할 때


## 라후가 지배하는
## 연도 숫자 4


- 어려움과 함께 성공
- 뜻밖의 문제와 장애로 인한 강함과 방해받지 않음
- 기민함, 성실, 평정
- 재정적인 이익, 수입의 자원이 증가, 재정적인 안정
- 새로운 집이나 아파트와 같은 새로운 투자


이 연도는 또한 다음과 같이 될 것이다.

- 상서로움, 결혼. 개인이 공식적으로 결혼을 바라지 않으면, 생애 파트너를 얻는다. 자녀가 없는 기혼자는 아이를 갖는다.
- 친구와 생애 파트너와의 관계가 좋다.
- 연애와 로맨스에 성공하지 못한다.
- 공무원과 권위적인 남성과의 관계가 좋다.
- 여행하기에 좋다.
- 영적인 추구와 종교적인 활동에 좋다.

# 머큐리가 지배하는 연도 숫자 5

- 성공과 재정적인 안정의 해로, 친구 범위의 증가를 가져온다.
- 사업과 사업가에게 좋다.
- 여행과 사업으로 해외로 가고, 즐거움을 얻는다.
- 사업에서 파트너십이 좋다.
- 이야기하는 동안 의식적이 되는 때
- 거래나 계약에 서명하는 동안 의식적이 되는 때
- 매체와 소통 사업에 종사하는 사람들에게 좋다. 즉 작가, 시인, 배우, 엔터테이너, 라디오 아티스트, 저널리스트.
- 대회에 출연하고 위험을 감수하기에 좋다.
- 인상적인.

## 비너스가 지배하는
## 연도 숫자 6

- 가족관계가 좋다. 그래서 가정 사건의 문제에서 자유롭다.
- 연애와 임신하기에 좋다.
- 인테리어 실내장식가, 배우, 음악가, 시인, 화가, 또 영화제작자, 극장 관계자, 흥행 사업에 관련된 사람들에게 좋다. 보석 세공인과 향수 사업에 관련된 사람에게 좋다.
- 실내장식, 엔터테인먼트, 즐거움을 소비하기에 좋다.
- 고용주를 얻는 시간, 고용된 사람들에게 좋다.
- 아름다움, 관능적인 즐거움, 세속적인 기쁨, 선물의 아이템을 다루는 때

이 연도는 또한 예기치 않았던 부와 임금의 상승을 얻는 기회를 가져온다.


## 케투가 지배하는
## 연도 숫자 7

- 오해와 어려움
- 사업의 어려움. 열심히 일해도 이익이 적다.
- 법적인 일, 소송과 같은 것들에서 성공

또한 다음과 같은 해가 될 것이다.

- 친구와 조력자를 점검하는
- 불필요한 논쟁을 피하는
- 힐링 기술, 어스트랄러지, 탄트라의 수행, 마법, 최면에 에너지를 쏟는
- 보다 적은 위험을 받아들이는
- 연애와 낭만에 의식적이 돼라. 그렇지 않으면 나쁜 평판을 얻을 수 있다.
- 맡은 일에서 성공을 열망한다면 낙천성을 유지하고 방해받지 않도록 하라. 끈기와 낙천적인 태도는 문제를 해결할 것이고 장애를 제거할 것이다. 이 어려움은 단지 시험일 뿐이다.

이것은 또한 힐러, 어스트랄러저, 오컬트 과학에 관련된 사람에게 좋은 해가 될 것이다.


# 새턴이 지배하는
# 연도 숫자 8

- 정치인, 사회사업가, 철과 금속산업과 관련된 사람들에게 좋다. 새로운 모험을 시작할 기회를 가져온다.
- 건강이 허약하다. 예방이 필요하다. 스트레스, 흥분, 불안을 피하라. 좀더 많은 주스와 향신료를 사용하라, 이는 혈액을 정화하고

심장을 강화시킨다. 진주 가루(mukta pishti)와 가루로 된 블루 사파이어(neelam pishti)를 사용하라.

- 세속적인 문제에서 성공을 얻는 때다. 그래서 개인은 자신의 에너지를 좀더 창조적으로 사용해야 한다. 에너지의 올바른 사용은 행운을 가져올 것이다.
- 적에게서, 소송에서 승리를 얻기에 좋다.
- 독립적이 되는 때, 자신의 자원과 판단에 의지하는 때
- 사회적인 일에 좋다.


# 마스가 지배하는
# 연도 숫자 9

- 완성, 성공, 좋은 행운의 해
- 열망을 충족하는 때
- 스스로 조직하는 때
- 권위적인 남성과 공무원에게서 혜택을 얻는 해

또한 다음과 같을 것이다.

- 약간의 불화. 그래서 공무원과의 거친 언쟁이 해가 될 가능성이 있다.
- 전투와 경쟁에서 성공
- 사회적 명예

- 기대하지 않았던 재정적인 이득의 기회, 이는 복권, 상속, 또는 다른 자원을 통해서이다.

이 연도에 개인은 의심과 완벽주의를 피해야 한다. 영적인 추구에 더 많은 에너지를 쏟음으로써 좋은 결과를 가져올 것이다.

# 숫자의 관계와 특성 표

|  | 1 | 2 | 3 | 4 |
|---|---|---|---|---|
| 지배자/특성 | 썬 | 문 | 주피터 | 라후 |
| 친화적인 숫자 | 2, 3, 9 | 1, 3 | 1, 2, 9 | 5, 6, 8 |
| 적의 숫자 | 4, 6, 8 | 5, 4 | 5, 6 | 1, 2, 9 |
| 중립적인 숫자 | 5 | 6, 8, 9 | 8, 4 | 3 |
| 항진의 숫자 | 28 | 29 | 12 | 31 |
| 좋은 날짜 | 1, 19, 28 | 2, 20, 29 | 3, 12, 21, 30 | 4, 13, 22, 31 |
| 요일 | 일요일 | 월요일 | 목요일 | 일요일 |
| 성性 | 남성 | 여성 | 남성성 | 중립 |
| 본성 | 목적 있는 | 목적 있는 | 목적 있는 | 이기적 |
| 방향 | 동 | 남서 | 북동 | 남동 |
| 색깔 | 골드 | 화이트 | 옐로 | 골드 |
| 젬스톤 | 루비 | 펄 | 옐로 사파이어, 토파즈 | 헤소나이트 미가공 커넬리언 |

특성과 관계에 대한 이 요약은 제일 위 칸에 있는 숫자가 사이킥 숫자에 해당된다.

| 5 | 6 | 7 | 8 | 9 |
|---|---|---|---|---|
| 머큐리 | 비너스 | 케투 | 새턴 | 마스 |
| 1, 4, 6 | 4, 5, 8 | 8, 6, 5 | 4, 5, 6 | 1, 2, 3 |
| 2 | 1, 2 | 1, 2, 9 | 1, 2, 9 | 5, 4 |
| 9, 3, 8 | 3, 9 | 3 | 3 | 6, 8 |
| 23 | 24 | 25 | 26 | 27 |
| 5, 14, 23 | 6, 15, 24 | 7, 16, 25 | 8, 17, 26 | 9, 18, 27 |
| 수요일 | 금요일 | 월요일 | 토요일 | 화요일 |
| 중립 | 여성 | 중립 | 중립 | 남성 |
| 활성 | 활성 | 활성 | 불활성 | 불활성 |
| 북 | 남동 | 북서 | 서 | 남 |
| 그린 | 실버 | 화이트 | 블랙 | 레드 |
| 에메랄드 | 다이아몬드 | 캣츠아이 | 블루사파이어, 자수정 | 산호 |

|  | 1 | 2 | 3 | 4 |
|---|---|---|---|---|
| 금속 | 금 | 은 | 금 | 금 |
| 인물 | 왕 | 여왕 | 수상 | 왕 |
| 원소 | 불 | 물 | 에테르 | 불 |
| 가장 활발한 때 | 22-24 | 22-25 | 12-22 | 27-41 |
| 신체 화학 | 담즙(피타) | 점액(카파) | 균형 | 담즙 |
| 정신 | 양향성 | 양향성 | 외향성 | 양향성 |
| 건강 | 우수한 | 허약한 | 좋은 | 육체적으로 강한 |
| 좋아하는 맛 | 매운/자극적 | 짠/알칼리 | 달달한 | 매운/자극적 |
| 머릿결 | 가는 /대머리 | 찰랑거림 / 곱슬 | 풍성한 | 가는 |
| 대처 스타일 | 강경한 | 달래는 | 신중한 | 비밀스러운 |
| 몸의 요소 | 뼈 | 혈액 | 뇌 | 신경 |
| 하루 때 | 정오 | 오후 | 새벽 | 일출 |
| 계절 | 여름 | 여름 | 인디언 여름 | 겨울 |
| 피부 온도 | 뜨거운 | 차가운 | 따뜻한 | 실내온도 |

| 5 | 6 | 7 | 8 | 9 |
|---|---|---|---|---|
| 금 | 은 | 백금 | 철 | 구리 |
| 왕자 | 수상 | 수상 | 봉사자 | 장군 |
| 흙 | 물 | 물 | 공기 | 불 |
| 25-33 | 25-28 | 36-42 | 36-42 | 26-33 |
| 균형 | 점액 | 점액 | 공기(바타) | 담즙(피타) |
| 내향성 | 양향성 | 양향성 | 외향성 | 양향성 |
| 보통 | 허약한 | 허약한 | 매우 허약한 | 좋은 |
| 뜨거운/매운 | 달달한 | 쓴/<br>자극적 매운 | 쓴 | 쓴 |
| 붉은 | 찰랑거림/<br>곱슬 | 긴, 가는 | 긴, 굵은 | 굵은 |
| 비밀스러운 | 신중한 | 비밀스러운 | 비밀스러운 | 강경한 |
| 피부 | 정액 | 신경 | 신경 | 골수 |
| 새벽 | 오후 | 일몰 | 일몰 | 정오 |
| 겨울 | 봄 | 늦겨울 | 늦겨울 | 여름 |
| 따뜻한 | 차가운(여성)<br>따뜻한(남성) | 차가운 (여성)<br>따뜻한 (남성) | 차가운 (여성)<br>따뜻한 (남성) | 뜨거운 |

| | 1 | 2 | 3 | 4 |
|---|---|---|---|---|
| 몸매 | 강한 | 가냘픈 | 강한 | 강한 |
| 지역 | 산 | 물 | 산, 수원지, 강 | 없음 |
| 조화로운 해 | 1, 2, 4, 7 | 2, 1, 7, 4 | 3, 1, 6, 9 | 1, 3, 9, 6 |
| 알맞은 숫자 사업에 | 1, 4, 8, 9 | 2, 7, 8 | 3, 5, 6, 7, 9 | 1, 4, 6 |
| 결혼에 | 1, 2, 4, 8, 9 | 1, 2 ,7, 8 | 3, 5, 6, 7, 9 | 1, 4, 6, 8 |
| 연애에 | 1, 3, 4, 6, 8 | 2, 3, 7, 8 | 1, 3, 6, 9 | 1, 4, 6, 8 |
| 행동 | 주장이 강한 | 입장을 밝히지 않는 | 낙천주의자, 기회주의자 | 반대하는 |
| 카르마 배움 | 포기 | 개인적 안정 | 이타적 봉사 | 만족 |
| 경향성 | 물질주의 | 자급 | 전통적인 방식에서 영적이나 그들의 종교에 반하여 저항하는 | 무신론, 허무주의, 물질주의 |
| 견해 | 현대적인 생각에 개방 | 헌신적, 이상주의 | 옛 가치에 새로운 의미 제공 | 비인습적 |
| 가장 적합한 직업 | 부서책임자, 행정관 | 외교관, 중재인, 부동산 판매인, 정치인, 교사, 연구사, 개혁가 | 학자, 교수, 은행가, 과학자, 사업 대표, 배우 | 기획자, 변호사, 정치인, 기술자 |

| 5 | 6 | 7 | 8 | 9 |
|---|---|---|---|---|
| 약한/ 가냘픈 | 강한 | 강한 | 강한 | 강한 |
| 숲,<br>거룩한 장소 | 평원과 숲 | 바다와 하늘 | 숲과 평원 | 산, 숲, 강,<br>수원지 |
| 1, 3, 5 | 6, 3, 9 | 7, 1, 2, 4 | 1, 3, 6 | 3, 6, 9 |
| 3, 5, 9 | 3, 6, 9 | 2, 3, 6, 7 | 1, 2, 8 | 1, 3, 6, 9 |
| 3, 5, 9 | 3, 6, 9 | 2, 3, 6, 7 | 1, 2, 4 | 1, 3, 6, 9 |
| 3, 5, 6, 8 | 2, 1, 5, 6,<br>8, 9 | 2, 3, 7, 9 | 1, 2, 4, 5, 7 | 1, 3, 7, 9 |
| 어린애 같은 | 매혹적인 | 반영하는,<br>철학적인 | 냉정한 | 공격적인 |
| 절제 | 규율 | 실제성 | 친절, 용서 | 인내 |
| 무신론 /<br>모든 것에 개<br>방 | 무신론 /<br>오컬트 | 손수 만든<br>종교 | 무신론 /<br>오컬트 | 종교적,<br>영적,<br>내면의<br>참나에<br>안내된 |
| 물질주의 | 물질주의,<br>박식한,<br>행운 | 이상주의,<br>유토피아적인<br>관점 | 물질주의,<br>신비주의 | 이상주의 |
| 사업가,<br>발명가,<br>은행가,<br>증권중개인 | 의료인,<br>연금술사,<br>예술비평가,<br>저널리스트 | 교사,<br>예술가,<br>저널리스트,<br>영화제작자 | 공무원<br>또는<br>임원 | 조직자,<br>관리자 |

# 재료 공급

1) 젬스톤 가루는 서구로 상품을 공급하는 아유르베딕 회사를 통해 구할 수 있다.
2) 젬 부적, 젬 가루, 9-젬 펜듈럼은 다음에서 주문할 수 있다.

Mr. Dinesh Johari
368, Govindpuri. Pincod: 249403
Haridwar, U.P.
India

3) 숫자에 대한 젬 가루, 얀트라, 신성의 그림이나 프린트된 그림은 저자에게
주문할 수 있다.

Mr. Harish Johari
368, Govindpuri. Pincod: 249403
Haridwar, U.P.
India

※ 위 재료는 상시 준비되어 있지 않기 때문에 반드시 주문을 한 후에 기다려야 한다.
주문할 때 주문자의 주소와 태어난 그 주의 요일, 날짜, 시간을 기입해야 한다. 우송료는 선불이다.

9-젬 펜듈럼은 미국에서 주문할 수 있다.

Harmat Enterprises Ltd.
50 Wesst 34th Street
Suite 23 C10
New York, NY 10001